广东技术师范学院
广东省普通高校省级重点提升平台岭南民族研究中心 | 资助出版
广东省普通高校人文社科重点研究基地广东技术师范学院民族研究所

民族经济研究概论

Minzu Jingji Yanjiu Gailun

朱宏伟 ◎ 编著

·广州·

版权所有　翻印必究

图书在版编目（CIP）数据

民族经济研究概论/朱宏伟编著. —广州：中山大学出版社，2016.9
ISBN 978 – 7 – 306 – 05712 – 9

Ⅰ.①民…　Ⅱ.①朱…　Ⅲ.①民族经济—研究—中国　Ⅳ.①F127.8

中国版本图书馆 CIP 数据核字（2016）第 123669 号

出 版 人：徐　劲
策划编辑：吕肖剑
责任编辑：廉　锋
封面设计：林绵华
责任校对：陈　芳
责任技编：黄少伟
出版发行：中山大学出版社
电　　话：编辑部 020 – 84113349，84111996，84111997，84110771
　　　　　发行部 020 – 84111998，84111981，84111160
地　　址：广州市新港西路 135 号
邮　　编：510275　　　传　真：020 – 84036565
网　　址：http://www.zsup.com.cn　　E-mail:zdcbs@mail.sysu.edu.cn
印 刷 者：广东省农垦总局印刷厂
规　　格：787mm×960mm　1/16　17.25 印张　320 千字
版次印次：2016 年 9 月第 1 版　2016 年 9 月第 1 次印刷
定　　价：32.00 元

如发现本书因印装质量影响阅读，请与出版社发行部联系调换

前　言

　　加快民族经济发展是构建社会主义和谐社会的基本任务之一。本书从民族经济的概论和研究方法出发，围绕加快民族经济发展、促进各民族共同繁荣的主题，论述了发展民族经济的热点问题，包括民族经济的地位，民族经济政策，民族地区产业结构调整与发展战略，民族旅游经济，民族地区生态经济，民族地区人力资源开发，民族地区扶贫开发，民族地区资源、环境与可持续发展，民族经济发展的非经济因素，城市少数民族经济与社会问题研究等。

　　本书可用作民族学及相关专业研究生和博士生的参考书，也可作为民族经济研究和民族政策制定的参考书，还可供其他相关学科的教学和研究使用。

目 录

第一章 民族经济学研究概述 /1
第一节 民族经济学的学科建设 /1
第二节 民族经济学的概念 /3
第三节 民族经济学的研究对象 /5
第四节 民族经济学的研究内容 /8
第五节 民族经济学与其他学科的关系 /9

第二章 民族经济学研究方法 /13
第一节 民族经济学方法论研究概述 /13
第二节 民族经济学研究的主要方法 /16
第三节 民族经济学研究方法的对比与总结 /24
第四节 建议 /25

第三章 民族经济的地位 /29
第一节 加快民族经济发展是构建社会主义和谐社会的基本任务之一 /29
第二节 我国民族经济发展的现状及制约因素分析 /33
第三节 促进我国民族经济发展，构建社会主义和谐社会的对策 /38

第四章 民族经济政策 /49
第一节 民族经济政策的研究对象 /50
第二节 民族经济政策的研究方法 /52
第三节 民族经济政策的研究内容 /54
第四节 我国民族经济发展中的理论政策 /59
第五节 总结 /66

第五章 民族地区产业结构调整与发展战略 /72
第一节 产业结构的含义 /72
第二节 产业结构演变的相关理论 /73
第三节 产业结构与经济增长关系研究 /79

第四节　我国产业结构发展历史　/83
第五节　民族地区产业结构优势与劣势　/84
第六节　民族地区产业发展战略　/90

第六章　民族旅游经济　/103
第一节　关于民族旅游的一般论述　/103
第二节　民族旅游细分　/110
第三节　民族旅游资源开发　/112
第四节　文化视角下的民族旅游　/116
第五节　民族旅游的个案研究　/119
第六节　民族旅游经济研究　/124
第七节　总结　/126

第七章　民族地区生态经济　/132
第一节　生态经济的基本内涵及特征　/132
第二节　民族地区生态经济发展的现状　/138
第三节　民族地区发展生态经济的重要性和必要性　/143
第四节　民族地区生态经济的发展模式　/145
第五节　民族地区发展生态经济的对策　/147

第八章　民族地区人力资源开发　/154
第一节　人力资源开发的一般理论　/155
第二节　民族地区人力资源开发的重要性　/161
第三节　民族地区人力资源开发的现状、问题及其成因　/165
第四节　民族地区人力资源开发的途径与对策　/169

第九章　民族地区扶贫开发　/178
第一节　关于贫困的一般论述　/178
第二节　民族地区扶贫开发的历史与现状　/188
第三节　民族地区扶贫开发的对策　/194

第十章　民族地区资源、环境与可持续发展　/202
第一节　可持续发展的含义　/202
第二节　人口—资源—环境　/204

第三节　资源诅咒　/209
　　第四节　对策　/216

第十一章　民族经济发展的非经济因素　/222
　　第一节　文化因素对民族经济发展的影响　/223
　　第二节　人口素质与教育因素对民族经济发展的影响　/230
　　第三节　思想观念因素对民族经济发展的影响　/237
　　第四节　其他非经济因素　/238

第十二章　城市少数民族经济与社会问题研究　/247
　　第一节　城市民族经济的重要性　/247
　　第二节　少数民族流动人口研究　/248
　　第三节　城市少数民族流动人口与经济发展的关系　/250
　　第四节　城市少数民族流动人口流动的原因、特点　/254
　　第五节　城市少数民族流动人口的服务与管理　/257

参考文献　/261

后　记　/267

第一章 民族经济学研究概述

第一节 民族经济学的学科建设

民族经济学是一门新兴学科，是20世纪80年代由我国经济学理论界首先提出，并逐步形成体系的、研究各民族经济问题的新型学科。它是从民族方面来研究经济问题，或者说是从经济方面来研究民族问题。民族经济学就是把民族经济作为自己的研究对象，它既是民族科学的一个分支学科，又是经济科学的一个分支学科。

1979年3月，在北京召开的全国经济科学规划会议上，"中国少数民族经济"被确定为当时经济学的第27个分支学科。同年9月，在中央民族学院召开的庆祝中华人民共和国成立30周年学术讨论会上，有专家第一次提出了创立"民族经济学"这一新学科的建议，并在会后组织班子编写了这门学科的第一本教材——《中国少数民族经济概论》。1999年的《中国图书分类法》（第四版）中，把"民族经济学"作为一门独立的经济学分支学科，专门设置类目，表明"民族经济学"已经成为一门拥有大量著述、比较成熟的理论体系，足以建立自身独立图书类目的学科。民族经济学是基于中国统一多民族国家和各民族及民族地区发展不平衡的国情需要而创立的，是当代经济学学科中唯一由中国人创造的，具有真正意义上的本土化的经济学分支学科。民族经济学的创建，主要目的在于研究解决少数民族与民族地区经济发展问题。

然而，作为一门独立的学科，民族经济学还有很多问题需要解决，其中一个问题是民族经济学理论体系不成熟。理论在学科建设及研究工作中起着灵魂与导向的作用。对于一门科学或学科的掌握，必须把对相关理论的认识与研究放在首位，只有深入理解该学科理论，掌握学科方法，才能科学地进行分析和研究，才能体现科学的真正意义。王文长在谈到民族经济学的学科建设时指出，民族经济学距离建成完整的学科体系还差得很远，这一学科的理论体系、研究方法等还存在着许多缺陷。① 李忠斌指出，如果不能完成系统的理论架构，不能在宏观上把握现实世界，在微观上又无所作为，那么这门学科离消逝的时间也就不远了。② 自 2006 年起，刘永佶教授主编的《民族经济学大纲》《民族经济学》《中华民族经济发展论》《中国少数民族经济学》等一系列著作先后出版，民族经济学的理论体系问题得到了一定程度的解决，但目前这个理论体系仍仅仅是一个初级体系，还有待完善。③

2010 年 6 月 12 日，在内蒙古师范大学举行的中国少数民族经济学科理论专题研讨会上，包玉山教授做了发言。他指出："中国少数民族经济学科至今还没有自己的具有确切含义的、具有分析意义的核心概念以及概念体系，更没有在核心概念内涵基础上得以建立起来的学科体系。"会议上，有学者指出民族经济的研究应该在三个层面展开，第一是理论层面，第二是民族经济学学科层面，第三是历史研究的层面。一个学科发展的要点，并不在于确立人所共奉的标准规范，不在于确立或维护某一个观点的权威性，而在于更多的人参与学科的研究，有更多的观点提出和分享，这样一个学科才会有希望。④ 可见，民族经济学作为一门新兴学科，学科的建设、完善和发展任务还很艰巨；学科发展和民族地区经济实践都需要理论创新；民族经济学是一个多学科交叉的边缘学科，需要多学科知识的融会贯通。

民族经济学的创始人施正一教授指出，民族经济的本质特征具有二重性，既可以从民族方面来研究经济问题，是经济学的一个分支学科，即"民族经济学"；也可以从经济方面来研究民族问题，成为民族学的一个分支学科，即"经济民族学"。当被称为"民族经济学"而不是"经济民族学"时，民族经济学应是"经济学"的一个分支学科而不是"民族学"的一个分支学科。厘清学科性质对民族经济学学科的发展是极为关键的。民族经济学的进一步发展，有赖于总体研究思路从民族学范式向经济学范式的转变，民族学与经济学、民族因素与经济因素的结合，应当是经济学框架内的结合。把民族经济学看作是研究民族经济问题的经济学，既能明确界定民族经济学的学科性质、

---

① 王文长. 关于民族经济学研究的几个问题 [J]. 民族研究, 1999 (4): 44 - 53.
② 李忠斌. 关于民族经济学学科体系建构的宏观思考 [J]. 思想战线, 2004 (3): 79 - 83.
③ 王建红. 论民族经济学体系构建方法 [J]. 世界民族, 2010 (3): 55 - 59.
④ 王秀艳, 麦丽苏. 中国少数民族经济学科理论专题研讨会述要 [J]. 民族研究, 2010 (5): 48 - 49.

学科特点，又能使学科名称与其研究内容、研究角度、研究方法一致起来。①

第二节 民族经济学的概念

对于民族经济学的概念界定，目前尚未达成一致意见。施正一指出："民族经济学就其研究范围来说，可以划分为广义和狭义的两个方面：从广义上来说，它可以根据研究的需要研究世界上各个民族或民族国家的经济问题；从狭义上来说，它是研究多民族国家中的少数民族经济问题，在我国则是研究除汉族以外的各个少数民族和民族地区的经济问题。"② 这一观点清晰地界定了民族经济学的内涵和外延，对民族经济学概念的统一起了重要作用。以下基于此讨论少数民族经济的研究范畴。少数民族地区经济并不等同于少数民族经济，两者之间既有联系也有区别。龙远蔚等学者认为，"少数民族地区"是"民族地区"的全称，少数民族地区经济既有区域经济的共性，也有属于"民族"这一特殊因素所带来的特性。所谓的特性，其一是区域经济中的民族侧重，即具有民族个性的微观经济基础使区域经济整体上呈现出有别于一般区域经济的民族特点，从而使民族地区经济具有少数民族经济的本质内涵。其二是由于我国的少数民族聚居区基本上都实行了民族区域自治的政治制度，从而使"民族自治地方经济"，也就是"民族地区经济"具有一定的政治内涵。于光远认为，少数民族地区经济是从"地区"的角度来研究少数民族经济的问题，它属于"地区经济"的范畴；由于大多数少数民族地区都有汉族人口居住，而地区内的大量经济生活如交通设施、商业设施等都不能按民族成分划分，故少数民族地区经济涉及的范围应该包含多民族的地区经济。少数民族必须在一定的地域空间运行，少数民族地区经济事实上是少数民族经济的基本载体和表现形式。我国学术界对少数民族经济的研究，主要是以民族地区经济或少数民族地区经济为主。

"中国少数民族经济专业"导师组指出：所谓民族经济学，简单说来，就是研究各民族的经济问题。它既从民族方面来研究经济问题，又从经济方面研究民族问题。它是介于民族学、经济学两门学科之间的一个分支学科，是

---

① 田玉立. 民族经济学学科的演变及发展趋势分析 [J]. 中国集体经济，2009 (18)：73-74.

② 施正一. 民族经济学导论 [M]. 北京：民族出版社，1993：44.

一门边缘学科或中介学科。①

龙远蔚高度认同施正一的观点,他认为:"学科理论的狭义层面,就是研究由民族内生属性所定义的民族的经济生活的特殊性,民族的行为、习惯、规则在经济生活中的表现、作用,以及相应所呈现的规律、结构变迁的条件和状态等。狭义层面在学科体系中是基础性的,具有核心理论的地位……在这一基础上进一步扩展,形成学科理论的广义层面,包括涵盖民族国家概念含义的经济和民族区域概念含义的经济"。②李忠斌认为:"民族经济学就是研究多民族国家内民族集团与单个民族的经济生活及居住区域经济增长与经济发展的特殊性及其一般规律的一门科学。这一概念体现出一般和个别的关系,一般我们把所有少数民族作为一个整体来看待,这有利于我们制定民族经济政策;个别即研究单个民族的经济生活与其居住区域的经济增长与发展"。③刘永佶认为:"民族经济学是处于经济学系统第一层次的研究,它以全世界所有民族经济发展与经济关系一般性矛盾为对象,以揭示其一般性规律和发展趋势为目的。它是一门新兴的科学,它的提出和形成,是由社会经济的发展决定和要求的。"④

2010年6月,包玉山在中国少数民族经济学科理论专题研讨会的发言中指出:"中国少数民族经济学科至今还没有自己的具有确切含义的、具有分析意义的核心概念以及概念体系,更没有在核心概念内涵基础上得以建立起来的学科体系。"他在梳理于光远、施正一、刘永佶等人研究的基础上,对中国少数民族经济学科的核心概念,即"少数民族经济"概念进行了界定,认为"少数民族经济是指由多民族国家中处于非主流地位的各少数民族独立经营和发展的经济活动,或其参与者以少数民族成员为多数的经济活动,或是由少数民族成员控制和支配的经济活动"。⑤

综合学者们的观点来看,施正一从广义和狭义两方面来界定,高屋建瓴,为民族经济学概念的探讨打下了坚实的基础;龙远蔚等人的观点是对施正一

---

① "中国少数民族经济专业"导师组. 民族经济学的创建与发展 [J]. 中央民族大学学报(社会科学版), 1999 (2): 38.

② 龙远蔚. 中国少数民族经济研究导论 [M]. 北京: 民族出版社, 2004: 8-9.

③ 李忠斌. 关于民族经济学研究中几个问题的讨论 [J]. 中南民族大学学报(人文社会科学版), 2003 (1): 38-40.

④ 刘永佶. 民族经济学 [M]. 北京: 中国经济出版社. 2007 (1): 1.

⑤ 王秀艳, 麦丽苏. 中国少数民族经济学科理论专题研讨会述要 [J]. 民族研究, 2010 (5): 48-49.

提出的观点的深化，并使其具体化；李忠斌提出的观点与前二者并无本质区别，只是从一般与个别的角度来阐述。①

第三节　民族经济学的研究对象

民族经济学的研究对象从其创立之时起，就一直存在着争议。

施正一从广义和狭义两个方面界定民族经济学，显然是从比较宽泛、宏观的角度描述出民族经济学的研究对象。

于光远认为，民族经济学应以"少数民族的人民的生活状况，少数民族家庭经济生活的特点，少数民族生活的习惯、文化传统、文化水平对它的经济生活，包括生产、分配、交换、消费的影响"为研究对象，并且"还要研究少数民族经济和少数民族地区经济之间的相互关系"。②

庄万禄认为，"民族经济学的研究任务就是揭示民族经济发展的特殊规律、基本原则、途径和方法，以推动或促进民族经济的快速发展"。③

陈庆德把民族经济学的研究对象聚焦于工业化后少数民族的经济发展问题，并把侧重点放在中国少数民族经济发展的研究上。④

王文长认为："民族经济学研究涉及两个方面，其一是实践的民族经济，即民族经济运行的活生生现实，这是民族经济的客观存在形式，是民族经济研究的客观基础和依据，对策性研究和规范分析方法是其重要特点；其二是理论的民族经济，即民族经济理论的构造，这是对民族经济客观存在形式的理论抽象，实证分析是其主要研究方法。"他还指出，民族经济学是"对经济学与民族学的综合，表现为经济学研究指向的具体化和民族学研究内容的纵深化，是二者的有机结合"。⑤

龙远蔚认为，民族经济学的研究对象是"研究一般经济规律与民族发展条件共同作用下社会经济生活的民族特色和生产力与生产关系的运用形式，研究这一过程的经济行为、经济制度、结构变迁；研究这一具体过程与一般

---

① 王新红，胡莹. 民族经济学的研究现状与未来发展［J］. 西北民族研究，2009（3）：164－168.

② 于光远. 少数民族地区经济和少数民族经济［C］//民族经济学研究：第一集. 银川：宁夏人民出版社，1983：2.

③ 庄万禄. 民族经济学［M］. 成都：四川民族出版社，2003.

④ 陈庆德. 民族经济学［M］. 昆明：云南人民出版社，1994.

⑤ 王文长. 关于民族经济学研究的几个问题［J］. 民族研究，1999（4）：44－52.

经济过程的联系与区别；研究经济发展和民族现代化过程的趋势特征；研究民族利益的实现方式，民族团结的经济基础。"[①]

邓艾、李辉对国内学术界研究民族经济和西部少数民族地区经济的五种基本思路做了概括，见表1-1：

表1-1 国内学术界研究民族经济和西部少数民族地区经济的五种基本思路

研究思路及学科角度	研究对象	研究重点	研究方法	研究特点	代表性研究者
经济学：经济学、发展经济学、区域经济学、产业经济学、环境经济学	西部（民族）地区经济、社会、人口、资源、环境	地区差距、经济社会发展战略与对策	宏观分析、量化分析、实证分析、规范分析	以地区为基本单元；侧重宏观经济变量，不深究民族因素	陈栋生等，1996；中科院国情研究小组，2000
政治经济学：新政治经济学、新制度经济学、经济学	西部（民族）地区经济政治关系	地区差距与社会稳定、经济社会协调发展战略	宏观分析、实证分析、规范分析	以地区为基本单元；重视民族政治因素	王绍光等，1999
民族经济学：民族学、经济学	各个民族、民族国家、民族地区的经济	民族经济的特点、规律	定性分析、规范分析、综合分析	以民族为基本单元；研究不同层次民族经济	施正一，2001；李竹青等，1998
经济人类学：经济人类学、发展经济学、人类学	民族集团（经济体）、族群、社区的经济	工业后发展民族的经济问题	定性分析、规范分析、综合分析	以民族为基本单元；重视文化因素	陈庆德，1994

---

① 龙远蔚. 中国少数民族经济研究导论[M]. 北京：民族出版社，2004：10.

（续上表）

研究思路及学科角度	研究对象	研究重点	研究方法	研究特点	代表性研究者
民族学、社会人类学：民族学、社会人类学、文化人类学	民族社区（地区）经济、社会、文化	民族经济社会特点、发展变迁模式	田野调查、综合分析、定性分析	强调实地调查；重视民族文化因素	潘乃谷等，2000；马戎等，1999

资料来源：邓艾，李辉. 民族经济学研究思路的转变［J］. 中央民族大学学报（哲学社会科学版），2005（2）：21.

刘永佶在《民族经济学》一书中指出，民族经济学就是以民族经济发展和民族经济关系为研究对象，但并非对各民族的经济活动进行平面性式描述，必须找到民族经济中特定的性质和关系、矛盾，而这些性质和关系、矛盾又是政治经济学及其经济科学所未曾涉及或不能系统研究的。[①] 他认为，中国少数民族经济学的研究对象，就是现实存在的中国少数民族经济活动与关系，主要包括：一是少数民族族裔人口的经济活动与关系，二是少数民族地区的经济，三是少数民族之间及其与汉族之间的经济关系，四是少数民族地区之间及其非少数民族地区之间的经济关系，五是少数民族地区与国外的经济交往与关系。[②]

施正一在《民族经济学教程》中也对我国学术界对民族经济学研究对象的认识及发展过程做了一个梳理，指出对民族经济学的定义和看法主要体现在五个方面。[③]

从民族经济学研究对象的研究中不难看出，民族经济学是伴随着我国经济发展而发展的，根据不同的经济发展时期，研究对象也发生着细微的改变，逐渐从狭义向广义方向发展，逐渐扩大研究对象的范畴。[④]

笔者同意施正一的观点：从广义上来说，民族经济学是以某些民族的经济问题作为自己的专门研究对象的。如果脱离了具体民族，就社会和国家范

---

① 刘永佶. 民族经济学［M］. 北京：中国经济出版社，2007：6.
② 刘永佶. 中国少数民族经济学［M］. 北京：中国经济出版社，2008：4.
③ 施正一. 民族经济学教程［M］. 北京：中央民族大学出版社，2007：6-8.
④ 王新红，胡莹. 民族经济学的研究现状与未来发展［J］. 西北民族研究，2009（3）：164-168.

围来研究经济问题,则不是民族经济学。从狭义上来说,民族经济学的研究对象是指中国少数民族的经济问题,它既可以把一个民族的经济问题作为专门研究对象,也可以把一个民族地区(包括若干个少数民族)的经济问题作为专门研究对象,还可以把所有少数民族的经济问题作为综合研究的对象。

第四节 民族经济学的研究内容

民族经济学的研究内容与民族经济学的概念及研究对象的界定是分不开的。关于民族经济学的研究内容,施正一指出:"不仅要研究民族经济发展中的各种理论问题,而且也要研究民族经济发展中的各种实际问题;不仅要研究各个民族地区经济发展的现状,而且也要研究各民族、各地区的经济发展史;不仅要研究关于发展民族经济的各种理论、观点与政策,而且也要研究各个民族的经济思想发展史;不仅要分别研究各个民族经济或各个民族地区不同特点的经济问题,而且也要综合研究全国少数民族地区经济发展中的共同问题;不仅要研究少数民族地区经济中生产关系方面的问题,而且也要研究少数民族地区经济中的生产力方面的问题;不仅要着重研究国内各个少数民族地区的经济问题,而且在有条件的情况下也要注意研究国外有关的民族经济问题。"[①]

纵观改革开放 30 多年来关于我国少数民族地区经济研究的成果,即从研究的成果分析研究者事实上的研究视角,总体上可归纳为几类:①从民族发展的视角研究少数民族,包括从民族文化、民族关系、民族宗教、民族风俗习惯等方面和从民族发展的视角研究少数民族经济的内在运行规律和民族的经济发展;②从区域的视角研究少数民族地区经济;③从部门或行业的视角研究少数民族经济;④从民族、区域、部门、行业等方面交叉、综合地研究少数民族经济发展问题等。

黄健英在谈到民族经济学的研究内容时指出:"民族内部的经济关系和不同民族之间的经济关系构成了民族经济学研究的重要内容,而民族内部或民族之间经济关系的研究离不开各民族的经济行为,民族经济学要通过这些经济关系和经济行为的研究探寻民族经济发展的规律和特点。"[②] 除此之外,利益关系也是民族经济学研究的重要内容,因为民族关系的实质是经济关系,

---

① 施正一. 民族经济学教程 [M]. 北京:中央民族大学出版社,1997.
② 黄健英. 民族经济学研究中几个问题的讨论 [J]. 中央民族大学学报(哲学社会科学版),2005(6):33-39.

所以经济关系的关键就是民族经济利益。黄万纶先生在《中国少数民族经济教程》中认为,中国少数民族经济研究概括来讲,包括理论、历史和现状三个方面的内容,即中国少数民族经济史、中国少数民族经济思想史、中国少数民族地区经济。

刘永佶认为民族经济学的内容是其主题的展开,是研究主体按其主义的方法对对象进行研究的过程和成果,这就是揭示和论证了民族经济发展及民族经济关系中的矛盾。对民族关系的研究,要立足于对民族经济发展矛盾的探讨,同时又会对民族经济发展的揭示和论证提供必要的参照和启示,这两方面的统一就构成民族经济学的内容。①

王新红、胡莹认为,目前学界对关于民族经济学研究内容的表述存在分歧,虽然学者们的研究视角和领域相对广泛,但是从中不难看出,无论是对研究内容概念性的描述,还是对具体内容的阐述,上升到理论层次,民族经济学的研究内容即是民族地区经济发展及其相关问题,属于经济学的范畴。②

综观学者们的研究,民族经济学的研究内容因各自对其定义和研究对象的界定而在微观层面上有所不同,笔者认为,民族经济学的研究内容相对广泛,不仅可以研究广义层面的民族经济,还更应该重视狭义层面的民族经济。随着社会和时代的不断发展,我国民族经济的研究内容将不断扩展,研究范围也将不断扩大。近年来,有关我国民族地区经济、城市民族经济与社会、民族旅游经济、民族特色经济等方面的研究增多,这体现了民族经济学科建设随着社会的不断发展而发展。

第五节 民族经济学与其他学科的关系

民族经济学具有民族学和经济学的双重属性,是一门交叉学科或中介学科,它与很多相关学科都有不同程度的关系,特别是与民族学、区域经济学、政治经济学、发展经济学及经济人类学关系较为密切。

民族经济学与民族学的关系。民族学是以民族为研究对象的学科。它对民族进行全面的考察,研究民族的起源、发展及消亡的过程,研究各族体的生产力和生产关系、经济基础和上层建筑。民族经济学身着"民族服装",在狭义上主要是指多民族国家少数民族的经济;广义上主要是指以国家或地区

---

① 刘永佶. 民族经济学 [M]. 北京:中国经济出版社,2007:24-31.

② 王新红,胡莹. 民族经济学的研究现状与未来发展 [J]. 西北民族研究,2009(3):164-168.

为单位的民族经济，比如"中华民族""日本民族"等。民族经济学作为一个新兴学科，可以借鉴民族学的理论和方法，加快完善自身学科建设；民族经济学扩展了民族学研究的范畴，充实了民族学研究的内容。

民族经济学与区域经济学的关系。区域经济学兴起于西方国家，20世纪50年代在宏观区位论的基础上逐渐演变并发展起来，我国在20世纪80年代才开始这方面的研究工作。区域经济学研究的区域是具有某种经济特征和经济发展规律的经济地理区域，其基点为区域，重视经济发展规律的共性，以求使一个区域的经济发展达到整体最优效果，一般不考虑民族因素；民族经济学研究的是单一或多民族聚居区域，其基点为民族，重视经济发展规律的特性，以求区域内各民族的经济发展与社会进步，考虑区域经济与民族因素的关联。在研究方法方面，区域经济学注重实证与数理统计，追求理想的经济增长模型。民族经济学除了运用经济学的数量分析法之外，还有人类学、民族学、社会学等多学科的研究方法，诸如田野调查法、比较分析法等。

民族经济学与政治经济学的关系。民族经济学的研究内容是少数民族和民族地区的经济问题，所以马克思主义经济理论特别是政治经济学的基本原理也就成了它更为重要的理论依据之一，此外许多研究方法包括抽象法在内，在民族经济学中也有广泛运用。[①]

民族经济学与发展经济学的关系。发展经济学与民族经济学的相同之处在于两者都研究后发展地区的经济问题，在研究对象和研究目的方面具有一定的相似性。但是，发展经济学关注的是欠发达国家和地区经济发展的一般规律，把主要注意力放在产业经济的后发展上；而中国的独特国情决定了我国大部分后发展地区的经济研究，必须注重民族因素即族群的后发展，或者说需要从民族角度出发来研究欠发达地区的经济发展，这就形成了发展经济学与民族经济学的不同之处，这也体现了民族经济学研究的不可替代性。

另外，民族经济学与经济人类学也存在紧密的联系。民族经济学与经济人类学都关注民族经济，但两者的明显区别在于：经济人类学家往往采用人类学的田野调查、比较分析等方法，对静态的单个或多个落后民族观察、归纳，以便认识落后民族的经济特点；民族经济学学者除秉承民族学传统外，还运用经济学方法，定性分析与定量分析并重，对动态的少数民族与民族地区经济进行研究，为经济运行的高效化和各民族成员福利的最大化服务。

民族经济学还同其他学科，如历史学、地理学等有着广泛的联系，并且

---

① 施正一. 民族经济学教程 [M]. 北京：中央民族大学出版社，2007：6-8.

相互间存在很强的互补作用。因此，在学习和研究这门学科的时候，不能采用孤立的思维方法，要注意学习和研究相关学科的理论与方法，借鉴好的研究方法，促进民族经济学科的不断完善。

另外，在讲到民族经济学与其他学科关系的同时，东人达指出：虽然民族经济学与相关学科有一定的联系，在研究领域和研究对象方面也存在着一定的交叉。但是，其独特的学科地位不可能由其他相关学科所替代。民族经济学的创建，应对了解决我国少数民族与民族地区经济发展的迫切现实需要，是真正意义上的本土化的民族学、经济学分支学科。① 刘永佶对民族经济学的研究还涉及民族学、人类学、社会学、政治学、文化学等概念和范畴，也都应与对政治经济学和其他经济学科的态度和方法来对待。② 他认为，中国少数民族经济学与经济学的其他学科是密切相关的，其关系大体分为五个层次：一是与一般性、总体性的政治经济学的关系；二是与中国经济学的关系；三是与部门、行业经济学的关系；四是与具体专题性经济学研究的关系；五是与资本主义经济学系统各学科的关系。③

因此，在研究民族经济学时，我们不仅应学习和借鉴其他学科的长处，还应看到民族经济学独特性质的一面，充分利用民族经济学的研究方法，合理应用别的学科的有效方法，加强民族经济的深入研究，从而在实践层面更好地促进民族经济的不断发展。

本章参考文献：

［1］王文长．关于民族经济学研究的几个问题［J］．民族研究，1999（4）．

［2］李忠斌．关于民族经济学学科体系建构的宏观思考［J］．思想战线，2004（3）．

［3］王建红．论民族经济学体系构建方法［J］．世界民族，2010（3）．

［4］王秀艳，麦丽苏．中国少数民族经济学科理论专题研讨会述要［J］．民族研究．2010（5）．

［5］田玉立．民族经济学学科的演变及发展趋势分析［J］．中国集体经济，2009（18）．

［6］施正一．民族经济学导论［M］．北京：民族出版社，1993．

---

① 东人达．论民族经济学的学科地位与作用［J］．黑龙江民族丛刊（双月刊），2006（6）：46－51．
② 刘永佶．民族经济学［M］．北京：中国经济出版社，2007：34．
③ 刘永佶．中国少数民族经济学［M］．北京：中国经济出版社，2008：12－14．

［7］"中国少数民族经济专业"导师组.民族经济学的创建与发展［J］.中央民族大学学报（社会科学版），1999（2）.

［8］龙远蔚.中国少数民族经济研究导论［M］.北京：民族出版社，2004.

［9］王新红，胡莹.民族经济学的研究现状与未来发展［J］.西北民族研究，2009（3）.

［10］于光远.少数民族地区经济和少数民族经济［C］//民族经济学研究：第一集.银川：宁夏人民出版社，1983.

［11］陈庆德.民族经济学［M］.昆明：云南人民出版社，1994.

［12］刘永佶.民族经济学［M］.北京：中国经济出版社，2007.

［13］刘永佶.中国少数民族经济学［M］.北京：中国经济出版社，2008.

［14］施正一.民族经济学教程［M］.北京：中央民族大学出版社，2007.

［15］施正一.民族经济学教程［M］.北京：中央民族大学出版社，1997.

［16］东人达.论民族经济学的学科地位与作用［J］.黑龙江民族丛刊（双月刊），2006，（6）：46－51.

［17］黄健英.民族经济学研究中几个问题的讨论［J］.中央民族大学学报，2005（6）.

［18］沈道权.民族经济学的学科性质探析［J］.中南民族大学学报（人文社会科学版），2004（2）.

［19］东人达.民族经济学的学科范畴与研究方法［J］.湖北民族学院学报（哲学社会科学版），2006（2）.

［20］百度百科.管理［EB/OL］.http：//baike.baidu.com/subview/18841/20326756.htm.

［21］郭广迪.少数民族经济发展的两层含义及其相互关系［J］.中南民族大学学报（人文社会科学版），2007（1）.

［22］谢迅.促进我国民族经济发展的税收优惠政策研究［D］.武汉：华中师范大学，2008.

［23］王燕祥.经济人类学与民族经济学［J］.中央民族大学学报，1998（3）.

第二章 民族经济学研究方法

民族经济学是一门新兴学科，是研究民族与经济两者相结合的一门边缘学科，是研究人类社会不同形态条件下的民族因素和经济因素两者间互动过程、特点与规律的一门交叉性学科。它既从民族的角度研究经济问题，又从经济的角度研究民族问题。民族经济学作为一个重要的研究领域和独立的学科范畴，其学科的发展与研究方法密不可分，一个学科的方法的选取直接关系到该学科的发展前途。民族经济学的研究方法借鉴和吸收民族学与经济学的研究方法与思路，并结合当前社会科学研究方法的发展趋势，推动学科研究的发展。而民族经济学研究方法本身也是民族经济学研究中争论较大的问题。

第一节 民族经济学方法论研究概述

在对民族经济学方法论进行概述之前，首先应该区分清楚方法和方法论的区别。方法在科学研究中是指研究的技术或收集资料的工作；方法论是指研究过程的哲学，是人们认识世界、改造世界的一般方法，是人们用什么样的方式、方法来观察事物和处理问题，它包括作为研究理论基础的各种假说和价值，以及研究者用以解释资料和得出研究结论的准绳或标准。

总的说来，方法论是关于社会学研究方法的原则，它处在社会学方法体系的最高层，指导或决定社会学研究将采取何种具体方法；方法受方法论的指导和影响，两者具体包括以下几个方面的内容。

（1）方法论在不同层次上有哲学方法论、一般科学方法论、具体科学方法论之分。关于认识世界、改造世界、探索实现主观世界与客观世界相一致的最一般的方法理论是哲学方法论，如经验主义方法论、实证主义方法论、人文主义方法论、结构主义方法论等。马克思主义哲学是一种科学的哲学方法论，它不仅是认识客观世界的武器，也是改造现实的武器。研究各门具体学科，带有一定普遍意义，适用于许多有关领域的方法理论是一般科学方法论，如功能主义理论、结构主义理论等。研究某一具体学科，涉及某一具体领域的方法理论是具体科学方法论，如民族学中的田野调查理论等。三者之间的关系是互相依存、互相影响、互相补充的对立统一关系。而哲学方法论在一定意义上带有决定性作用，它是各门科学方法论的概括和总结，是最一般的方法论，对一般科学方法论、具体科学方法论有着指导意义。

（2）人类社会认识世界和改造世界的方法是多样的，存在着由低级向高级、从简单到复杂发展的规律性，主要表现为三个层次。第一个层次是人类有史以来的最高方法——马克思主义唯物辩证法。它不仅适用于自然科学，也适用于社会科学和思维科学。第二个层次是一般科学方法。它是人们探讨自然界、社会历史和人类思维的某一侧面所使用的一般原则和方法、科学抽象和比较的方法、历史和逻辑的方法、调查研究的方法、数学方法、系统方法等。第三个层次是专门科学方法。它适用范围小，针对性强，研究对象较具体。这三个层次互相联系，互相渗透，但不能互相取代。较高层次的方法对较低层次的方法有指导性意义，较低层次的方法又是较高层次方法的具体化表现。抽象程度较高的方法要通过抽象程度较低的方法才能起作用。方法是从实际生活中总结出来的，一种方法一经提出或许就具有一定范围和某种程度的普适性和规范性。

对于民族经济学方法论的研究，目前国内存在各种不同的观点。总体来讲，学者们普遍认为唯物辩证法是民族经济学的基本研究方法。此外，彭武兴指出，民族经济学研究方法的选取，要在客观实在和实际有效原则的指导下，根据民族经济学的特点，引入现代分析方法，并结合传统的研究方法，使民族经济学的研究方法形成一个方法系统，循环使用，以促进该学科的发展。[①] 施正一针对目前民族经济学的研究现状，把民族经济学的研究方法划分为指导方法、基本方法和具体方法三个层次，并认为在学习和研究民族经济学时，三个层次的方法都是适用的。[②] 施琳认为，民族经济学的研究方法以唯物辩证法为指导性研究方法，充分运用来自民族学、经济学、社会学、历史学等学科的多种基本研究方法。例如，宋蜀华、白振声在《民族学理论与方法》一书中指出，民族学的研究方法主要包括民族学实地调查方法、历史文献研究法、跨文化比较研究法和跨学科结合研究方法，而实地调查法和文献研究法也是民族经济学的基本研究方法。研究许多具体课题时，还会运用区域经济学、发展经济学或生态学等方面的具体研究方法。[③] 王文长认为，民族

---

① 彭武兴．浅谈民族经济学的研究对象及方法 [J]．中央民族学院学报，1993（5）：13-18．

② 施正一．民族经济学教程 [M]．北京：中央民族大学出版社，1997．

③ 施琳．论中国民族经济学之路——发展轨迹与理论创新 [J]．黑龙江民族丛刊（双月刊），2006（1）：57-61．

经济学的研究方法涉及的是一个方法体系,不仅仅是某个单项方法。这也与学科的交叉和综合性有某种联系。民族经济学的研究方法可以分为认识论方法、基本论证方法和具体分析方法三个层次。历史唯物主义和唯物辩证法是民族经济学研究方法的灵魂;实证分析与规范分析是民族经济学的基本方法;具体分析方法主要包括个体分析与总体分析相结合的方法、归纳与演绎相结合的方法。① 李忠斌认为,具体要采用什么样的研究方法,要针对具体学科、研究对象和研究目的而选择,没有孰优孰劣的区别。应该把各种研究方法当作一种科学的手段,只要达到异曲同工的效果就行。他指出,目前民族经济学研究方法论上存在两种歧义:一是认为民族经济学研究方法是民族理论与经济学方法的糅合,二是认为民族经济学是"穿着民族服装"的经济学。② 王燕祥认为,民族经济学在吸收民族学、人类学有益的研究方法的同时,秉承了经济学的研究传统,定性分析与定量分析并重,可能采用统计学、数学等有效的工具,并运用计算机等信息处理手段,进行抽象、深刻、精密地分析,从而得出具有较高层次的概括性、普遍性的规律性认识,具有更为广泛的适用性和普遍的指导意义。③ 刘永佶认为,基于民族经济学的特殊性,民族经济学的研究方法应是实证与抽象的辩证统一。具体而言包括:①在明确民族经济学的主体和主义的前提下,以社会主义为指导,概括作为主体的各民族劳动者的经济利益和意识,确定民族经济学具体的主义;②民族经济学的方法,是辩证法的具体化;③民族经济学的特殊性决定了它在方法上更要注意实证性;④实证基础上的抽象;⑤以初级概念体系为前提的进一步实证;⑥在反复的、不断深化的概念运动中,辩证处理实证与抽象的关系;⑦在理论与实践的统一中丰富研究方法。④ 东人达指出,民族经济学应对民族学和经济学的研究方法兼收并蓄,不仅要吸收民族学、人类学的研究方法,还需秉承经济学传统,采用定量分析的方法,使研究结果具有更大成分的概括性、深刻性与应用性。常用方法有:田野调查法、实证分析法、数量分析法、历

---

① 王文长. 关于民族经济学研究的几个问题 [J]. 民族研究, 1999 (4): 44 - 53.

② 李忠斌. 关于民族经济学学科体系建构的宏观思考 [J]. 思想战线, 2004 (3): 79 - 83.

③ 王燕祥. 经济人类学与民族经济学 [J]. 中央民族大学学报(社会科学版), 1998 (3): 81 - 86.

④ 刘永佶. 民族经济学的主体、对象、主义、方法、主题、内容、范畴、体系 [J]. 中央民族大学学报(哲学社会科学版), 2007, 34 (5): 27 - 37.

史分析法、比较分析法与科学抽象法等。[①]

第二节 民族经济学研究的主要方法

总结各种对民族经济学研究方法的观点，对近 20 年的民族经济学相关文献进行研究分析，笔者认为，至少可以从四个不同的维度来看民族经济学的研究方法。从思维方式的角度来看，民族经济学的研究方法可分为归纳法与演绎法；从资料来源来看，可分为实地调研和文献查阅；从研究问题来看，可分为实证分析与规范分析；从分析技术来看，可分为质化研究和量化研究。

一、归纳与演绎

归纳与演绎是两种不同的思维方法。归纳是首先观察某些现象并据此得到结论的过程，是对具体的经验事实进行研究，从中形成理论并用之于理论假说的过程。演绎是指从一些假设命题或已知事实出发，经过推理导出另一命题或获得结论的过程，它探究与理论命题相关的资料并探讨理论自身的一致性。归纳法遵从由个别到一般的推导过程，而演绎法则遵从由一般到个别的推导过程。在民族经济学研究中，归纳与演绎是推导结论的两种常用的重要逻辑研究方法。

归纳是民族经济学的学科研究得以披荆斩棘、开拓前进的基本方法。民族经济学的研究面对众多的经济现象、因素和经验，对这些复杂纷繁的经济现象和行为方式进行经验的、详细的观察分析，没有归纳的方法，难以理顺其内在联系，发现其中的特征和规律。如张澎归纳分析了世界贸易组织（WTO）背景下区域民族传统知识遗产保护策略及其对区域民族经济可持续性发展的影响[②]；于春梅、张博洋在分析达斡尔族经济发展受到诸多因素的影响或制约基础上，指出加快该民族经济发展的有效路径和实现形式；[③] 崔亚虹在分析黑龙江省赫哲族加快全面建设小康社会步伐的现实基础和有利条件，以

[①] 东人达. 民族经济学的学科范畴与研究方法 [J]. 湖北民族学院学报（哲学社会科学版），2008（2）：64 – 68.

[②] 张澎. WTO 背景下区域民族传统知识遗产保护策略及其对区域民族经济可持续性发展的影响 [J]. 中央民族大学学报（哲学社会科学版），2004，31（1）：29 – 32.

[③] 于春梅，张博洋. 关于发展达斡尔民族经济的几点思考 [J]. 黑龙江民族丛刊（双月刊），2011（2）：48 – 51.

及赫哲族民营经济的主要特点等问题的研究中，都运用了归纳的方法，通过对调查资料进行归纳分析，概括出其要点。①民族调查的成果是民族经济学研究的基本资料，大量的民族调查成果都需要在详细观察的基础上进行归纳，对资料进行取舍、分类，去伪存真。对民族经济现象进行归纳分析，为进一步对研究主体深入分析提供了逻辑前提。

演绎是构建民族经济学理论体系不可缺少的手段，需要演绎推理的逻辑力量来补充归纳方法的不足。因为仅仅依靠归纳，无法揭示民族经济运动的动因、机体的特质、结构状态、运动形式和其在开放环境下的发展状况等逻辑关系。在民族经济研究中，演绎就是沿着民族经济最基本的逻辑前提，将民族经济从有机整体的要素形式到整体运动形态，从民族个体到民族个体的总和进行纵深剖析和理论推演。吴钦敏在城市化与民族地区经济持续发展问题的研究中，运用演绎的思维方法，以我国城市化道路为推导的起点，探讨了民族地区城市化发展模式的选择问题；②景芳在阐述人力资本理论及分析人力资本的政策意义上，结合青海民族地区的实际，指出人力资本理论对青海民族地区经济发展的启示：①转变观念，要提高对教育战略地位的认识，增强办好教育的紧迫感和责任感；②大力发展民族教育；③调整投资结构，实现资本投资重点的转移；④努力实现教育公平，减少贫困，缩小差别；⑤建立健全人力资本利用和配置的市场机制等。③

归纳和演绎是民族经济学研究中最常用的两种思维方法，两者相互联系，相互补充。很少有研究方法是纯粹的归纳法或是纯粹的演绎法。运用归纳与演绎的逻辑方法，一般遵循"观察—经验概化（即归纳）—理论抽象—假设检验（即演绎）"的过程，如图2-1所示。结合具体的研究问题与所搜集的数据资料，对资料进行归纳，在已有结论的基础上进行演绎，这是民族经济学分析推理的基础方法。

---

① 崔亚虹．发展人口较少民族经济加快全面建设小康社会步伐——黑龙江省赫哲族经济发展现状、目标与思路[J]．满族研究，2008（1）：11-16．
② 吴钦敏．城市化与民族地区经济持续发展试论[J]．贵州民族研究（季刊），2000（1）：76-77．
③ 景芳．人力资本理论对青海民族经济发展的启示[J]．区域经济，2010（12）：44-45．

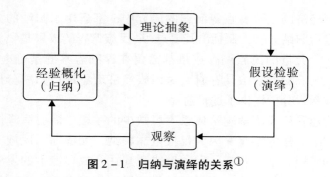

图2-1　归纳与演绎的关系①

二、实地调研与文献查阅

（一）实地调研

实地调研是对客观存在的事物进行实地考察并加以理论化的一种方法。民族学研究中经常使用的田野调查法就是实地调研的一种，这种方法的主要优势在于，它可以使研究者"看"到事物的全貌，直接全面地观察现象，使人对事物有深刻和充分的理解。调查的主要内容是民族地区拥有的自然资源和社会资源，即物的潜在力和现实力；以及人口的数量、文化素质、非经济因素，如民族风俗习惯、宗教信仰、民族认识问题的角度、态度等。这种方法能够获得第一手资料，通过对第一手资料的分析，获取最贴近现实情况的信息，如胡天才通过对新生鄂伦春民族乡发展乡村企业的调查来探寻振兴少数民族经济的启示；② 杨丰陌通过对宽甸、岫岩满族自治县民营经济进行调查来研究民族地区民营经济的发展问题；③ 农四师党校课题组通过对农四团场少数民族经济发展状况的调研活动，指出其经济发展存在的问题及制约因素，并给农四师团场少数民族经济发展提出相应的对策和建议等。④

在实际调研中，如何使调查研究的结果更加客观与真实，如何才能做到

---

① 孙国强．管理研究方法［M］．上海：上海人民出版社，2007：105．

② 胡天才．振兴少数民族经济的一点启示——对新生鄂伦春民族乡发展乡村企业的调查［J］．黑龙江民族丛刊，1990（3）：18-19．

③ 杨丰陌．大力发展民营经济，加快民族自治县振兴步伐——关于宽甸、岫岩满族自治县民营经济的调查［J］．满族研究，2004（3）：1-7．

④ 农四师党校课题组．关于团场少数民族经济发展状况的调研与思考［J］．中共伊犁州委党校学报，2010（2）：74-76．

"价值中立"等问题引起了社会学、人类学、民族学等多个学科专家学者的关注。笔者认为,在实地调查研究中只能是无限地接近客观,却不能完全地反映客观。因为人类作为文化现象中的一部分,既是文化的创造者,又是文化的体验者,人类与文化之间是相互作用、相互影响的。正如后现代主义者所认为的,我们越来越难以理解自己所创造的世界了。文化现象具有历史性、复杂性、客观性、多元性等特征,我们很难全面、客观地去反映它,只能选择某个角度来理解和阐释它。但是在做研究过程中,我们可以通过一些客观实用的方法来尽可能地保持研究结果的客观性,对此笔者有以下粗略的思考。

第一,做到客观的前提条件是要充分发挥我们的主观能动性。在进行研究实践之前,必须清楚地知道要研究的主题是什么,研究对象的大概情况是怎样的,现有的研究达到了怎样的程度。在研究方法、研究范式、研究理论、研究工具的选择上都要充分考虑到它们对我们的研究是不是最有效的,能否客观反映所研究的对象。

第二,必须要有一个真诚客观的研究态度。在研究之前要做很多准备工作,其他方面可以持相当的主观性,但是在态度上必须是客观的,不应该带着主观的设想进入研究。对研究对象、研究结果的主观设想都是不科学的,都会影响研究结果。

第三,采用多种研究方法相结合进行研究。在研究过程中,多种研究方法的运用能够对事物进行更加全面客观的认识。例如,王明珂在1994—2003年间,多次利用寒暑期在川西地区进行羌族田野研究。在做羌族的田野研究中,他同时采用了参与式调查法、历史文献研究法、深度访谈法等,他在著作中引用了大量的历史文献、考古资料以及当地羌族对自己祖先、族源等的解释,客观真实地展现了羌族的历史。笔者认为他的研究是比较客观的。

因此,在民族经济学的调查研究中,虽然不可能做到完全的客观,也不可能做到真正的"价值中立",但是我们必须尽量地保持客观,不断地接近客观,用科学的态度和正确的价值观对待民族经济学的调查与研究。

(二)文献查阅

查阅已有的相关研究和最新研究动态,是科研工作者首先要做的事情。简单来讲,文献查阅是指通过查阅相关文献,总结与分析前人的研究成果,从而形成一些新观点或研究成果的一种研究方法。

我国古代思想家、教育家荀子有言:"假舆马者,非利足也,而致千里;假舟楫者,非能水也,而绝江河;君子生非异也,善假于物也。"重视对已有信息的检索,能够避免重复研究或少走弯路,节省学习者的时间,并能获取新的知识。常见的信息检索方式主要包括以下三种。①追溯法。可分为向前追溯法和向后追溯法。向前追溯法是一种传统的方法,是利用有关图书文献后所附的参考文献进行追溯查找的方法。向后追溯法是利用图书文献之间的互相引用关系,采用名为"引文索引"的图书文献检索工具进行追溯查找的方法。②工具法。即利用图书文献、索引、题录等各种文献检索工具的查找方法。在检索中常使用顺查、倒查和抽查三种方法。③交替法。也称循环法,实际上是追溯法和工具法的结合。

合理应用文献查阅的研究方法,其优点是能够快速地对某一相关问题有较全面的认识,能够很好地吸收前人的研究成果,在前人研究成果的基础上深化和发展。例如,孙懿对1996年民族政策的研究,[①] 邓艾对1980年以来甘肃民族经济问题理论的研究,[②] 朱宏伟对民族地区产业结构调整与发展战略的研究,[③] 都是通过文献查阅的方法对民族经济相关问题进行探讨与研究。

查阅文献的步骤主要有:①使用文献检索数据库,通过关键词、主题、作者等,查找相关文献资料;②根据文献检索的结果,进一步查找网络期刊全文数据库,下载所需文章的全文。

实地调研与文献查阅这两种研究方法,由于其资料来源的途径不同,其特点也有所不同。实地调研由于采用的是第一手资料,具有很强的时效性,但需要花费较长的时间,成本较高;而文献查阅一般是在过去研究成果的基础上进行的研究,很多资料都是来源于过去的调查和研究,时效性较弱,需要花费的时间较短,成本也较低。

三、实证分析与规范分析

实证分析与规范分析是经济学研究的基本方法,也是民族经济学研究的基本方法。民族经济学中的实证分析与社会科学中的实证研究是两个不同的概念。实证分析与规范分析是经济学分析的两种范式,而实证研究是社会科学中与理论研究相对的一类研究。

民族经济学的研究对象是民族经济,民族经济学要研究民族经济这一社

---

① 孙懿. 1996年民族政策研究综述 [J]. 黑龙江民族丛刊(季刊), 1997 (3): 30 – 33.

② 邓艾. 1980年以来的甘肃民族经济问题理论研究 [J]. 西北民族学院学报(哲学社会科学版), 2001 (1): 25 – 30.

③ 朱宏伟. 民族地区产业结构调整与发展战略研究述评 [J]. 广东商学院学报, 2007 (5): 14 – 19.

会有机整体的演化过程，对其概念和现象进行解释和描述，这是民族经济学的实证分析部分。如杨军昌、陈萧洁基于对黔东7个民族县的实证资料，分析了贵州民族地区的高龄人口状况及特征，以及该地区高龄老人生活质量状况，指出在建设贵州少数民族地区对高龄老人生活质量保障体系时，应做好以下四点：①在制度安排上，打破城乡分割的二元化制度，完善社会保障制度；②在经济供养上，探索多种养老方式，多管齐下，务求落实；③在权利保障与生活照顾上，突出政策法规的作用和发挥各种资源的作用；④在精神慰藉上，多方满足老年人的精神需求，发挥孝文化的作用。① 又如金枫对1999年辽宁省民族自治地方国民经济和社会发展的统计分析，② 李丽对北方民族地区中小城市区域经济发展状况的分析，③ 张广裕对甘肃省民族地区畜牧业经济的实证分析，④ 来仪对"参与式"农村扶贫模式在四川民族地区的实施及非经济性因素的分析，⑤ 袁丽红对少数民族农村商品经济的发展与局限的分析，⑥ 朱宏伟对少数民族地区发展的优势、劣势及产业结构的相关分析研究，⑦ 均属于民族经济研究中的实证分析。

民族经济学研究的目的，是要在厘清民族经济的特征和运行规律的基础上，解决如何从制度安排、政策选择、行为规范等方面有效、持续地发展民族经济的问题，这是民族经济学研究的规范分析。如张英探讨如何充分利用非公有制经济推进湘鄂西民族地区旅游业的发展；⑧ 赵文洲研究推进黑龙江省

---

① 杨军昌，陈萧洁. 贵州少数民族地区高龄人口状况与生活质量保障体系建设——基于黔东7个民族县的实证资料分析 [J]. 中国人口科学，2010 (S1)：115-122.

② 金枫. 1999年辽宁省民族自治地方国民经济和社会发展统计分析 [J]. 满族研究，2000 (4)：10-12.

③ 李丽. 北方民族地区中小城市区域经济发展状况分析——以呼伦贝尔市为例 [J]. 黑龙江民族丛刊（双月刊），2003 (6)：51-53.

④ 张广裕. 甘肃省民族地区畜牧业经济的实证分析 [J]. 甘肃社会科学，2003 (3)：118-120.

⑤ 来仪. "参与式"农村扶贫模式在四川民族地区的实施及非经济性因素分析 [J]. 西南民族大学学报（人文社会科学版），2004 (10)：1-5.

⑥ 袁丽红. 从"二重性"角度看少数民族农村商品经济的发展与局限——以近代广西为中心的考察 [J]. 广西民族研究，2006 (4)：188-193.

⑦ 朱宏伟. 民族地区产业结构调整与发展战略研究述评 [J]. 广东商学院学报，2007 (5)：14-19.

⑧ 张英. 充分利用非公有制经济推进湘鄂西民族地区旅游业发展 [J]. 西南民族大学学报（人文社会科学版），2006 (1)：11-15.

民族经济发展的措施;① 孙婷研究如何通过发展贵州民族旅游业以促进经济发展②等,均属于民族经济学研究中的规范分析。

实证分析解决"是什么"的问题,是对民族经济的基本特征和运行规律的探讨;规范分析解决"应该是什么"的问题,是在特定的价值标准下如何发展民族经济的问题。在民族经济的研究中,我们不仅要解决"是什么"的问题,还要解决"应该是什么"的问题。因此,在民族经济学的研究中单一地选择实证分析或规范分析是不可取的。民族经济学以民族为研究主体,对民族行为进行分析,既以实证研究为基础,又以规范研究为归宿。我们必须重视二者的结合运用,民族经济的分析必须以存在的事实为研究基础,但同时需要依据事实的分析进而提出促进发展的途径和解决问题的方法。

四、质化研究与量化研究

质化研究与量化研究是社会科学研究中的两个重要的研究方法(两者的比较可参考表2-1)。质化研究(又称定性研究),是以研究者本人作为研究工具,在自然情境下采用多种资料收集方法对社会现象进行整体性探究,分析资料,形成理论,通过与研究对象互动,对其行为和意义建构获得解释性理解的一种研究方法。它以现象学、诠释学、批判理论、民俗方法学等为其哲学基础,强调主体性在认知过程中的重要性,期望把握真理。量化研究(又称定量研究),是一种对事物可以量化的部分进行测量和分析,以检验关于该事物的某些理论假设的研究方法。它遵循实证主义的方法,重视知识的客观性,强调科学方法的普遍性及妥当性。量化研究与质化研究收集资料的方法以及所收集的资料不同,属于不同的科学思考典范。③

---

① 赵文洲. 采取措施推进黑龙江省民族经济的发展 [J]. 黑龙江民族丛刊(双月刊),2004(6):5-6.
② 孙婷. 发展贵州民族旅游业,促进经济发展 [J]. 贵州民族研究,2005(6):67-71.
③ 陈向明. 质的研究方法与社会科学研究 [M]. 北京:教育科学出版社,2008:9-13.

表2-1 定量研究与定性研究的比较

定性研究	定量研究
建构社会实相、意义	测量客观事实
焦点是互动过程与事件	焦点是"变量"
真实是关键	信度是关键
价值无所不在	价值中立
受情景限制	不受情景的影响
涉及少数个案、受试者	涉及多个个案、受试者
主题分析	统计分析
研究者置身其中	研究者保持中立
一旦掌握资料便开始	始于验证假设
概念以主题、通则、类型的形式存在	概念以变量的形式存在
创造的测量工具未必有普遍意义	测量工具是标准的，已经存在
资料来自文字、观察、笔记	资料来自精确测定的数字
理论由归纳得出，可以是有因果关系的，也可以是没有因果关系的	理论是因果、演绎的
程序是特殊的，很少被复制	程序是标准的、可复制的
研究是经由抽取主题或通则、整理资料来完成	研究是由统计、图、表来完成

资料来源：孙国强. 管理研究方法 [M]. 上海：上海人民出版社，2007：16.

在民族经济学研究中，质化研究与量化研究也是其广泛使用的研究方法。如马淮指出，在当今民族经济学的研究中，往往存在着直接将民族经济体制等同于国家经济体制的现象，一方面不利于民族经济学的学科建设，另一方面使得学界对于民族国家的经济体制之间的差异性及产生这些差异的民族性原因缺乏深入认识，形成民族国家的制度和体制建设的掣肘，并具体分析了民族经济体制和国家经济体制的联系和区别。[①] 另外，韩有峰研究黑龙江省边境地区少数民族发展情况，[②] 以及朱宏伟对民族经济发展与构建和谐社会的研

[①] 马淮. 民族经济体制与国家经济体制关系探析 [J]. 广西民族师范学院学报，2011（2）：86-88.
[②] 韩有峰. 关于黑龙江省边境地区少数民族发展情况的调查报告 [J]. 黑龙江民族丛刊，1993（4）：28-33.

究等,① 都是属于质化研究。而高新才、滕堂伟对西北民族地区经济发展差距及其产业经济的分析,② 曾海鹰对我国欠发达地区外向型经济的外溢效益的分析,③ 以及黄毅、陈雳桢对四川省少数民族经济发展态势与民营经济发展相关性分析等方面的研究④,则属于量化研究的范畴。

任何理论的建立都需要广泛的实际调研,而理论的检验则需要客观精密的论证。量化研究与质化研究二者在认识论、假设和研究范式都存在着差异,但这并不意味着两种方法之间相互排斥、自相矛盾。量化研究与质化研究具有不同的向度和贡献,质化研究回答"是什么"的问题,而量化研究回答"有多少"的问题。民族经济学作为社会科学的一个分支,应当是建立在质化研究与量化研究相互结合的基础上,不断形成新理论、新观点,从而推动学科的发展。

第三节 民族经济学研究方法的对比与总结

综上所述,可以对比各民族经济学研究方法的特点。依据上述四个不同的维度,对1990年以来发表于国内核心期刊的有关民族经济学的224篇文章所采用的主要研究方法进行统计(详见表2-2所示)。分析表明,目前我国对民族经济学的研究侧重于质化研究,量化研究不到10%,规范分析和实地调研同样也不够,只占1/3。这反映了我国对民族经济学的研究还多以民族学的研究方法为主,经济学的数量分析方法在民族经济学研究中的应用相当少。

当然,部分文献采用了多种方法相结合的方式,如有些文献探讨了民族经济的特征和存在问题,这是实证分析的方法;继而提出了解决问题的对策与措施,这是规范分析的方法。而上述统计的依据是文献所采用的最主要的研究方法,因此并没有把研究中研究方法的结合性反映出来。

---

① 朱宏伟. 民族经济发展与和谐社会的构建 [J]. 理论月刊, 2007 (5): 29-32.
② 高新才,滕堂伟. 西北民族地区经济发展差距及其产业经济分析 [J]. 民族研究, 2006 (1): 21-31.
③ 曾海鹰. 我国欠发达地区外向型经济的外溢效益分析——贵州少数民族地区企业可持续创新能力的调研分析 [J]. 贵州民族研究, 2006 (3): 81-86.
④ 黄毅,陈雳桢. 四川省少数民族经济发展态势与民营经济发展相关性分析 [J]. 西南民族大学学报(人文社会科学版), 2007 (1): 68-69.

表2-2 民族经济学研究方法对比及归类统计

维度	研究方法	特 点	文章数（篇）
思维方式	归纳法	从"个别"到"一般"的推导过程	123
	演绎法	从"一般"到"个别"的推导过程	101
资料来源	实地调研	时效性较强，时间花费多，成本相对较高	70
	文献查阅	时效性较弱，时间花费少，成本相对较低	154
研究问题	实证分析	研究"是什么"的问题，不涉及价值判断标准	155
	规范分析	研究"应该是什么"的问题，涉及价值判断标准	69
分析技术	质化研究	研究"是什么"的问题，侧重于定性分析	207
	量化研究	研究"有多少"的问题，侧重于定量分析	17

此外，民族经济学的研究方法还有案例研究、个体分析与总体分析、历史分析法、比较分析法等。其中，案例研究是一种非常完整的研究方法，包含了特有的设计逻辑、特定的资料搜集及独特的资料分析方法。相较于其他研究方法，案例研究能够对案例进行翔实的描述与系统的理解，对动态的互动历程与所处的情境脉络也会加以掌握，可以获得较全面与整体的观点。在民族经济学研究中案例研究也是较为普遍的一种研究方法。[1]

总之，民族经济学的研究方法有很多，在具体的民族经济研究中具体采用什么样的研究方法，要根据所要研究的问题而定，各种方法之间并不是相互排斥和相互矛盾的，研究中大可采用多种方法相互结合，发挥各种方法在研究中的优点，从而使民族经济的研究更完善。

第四节 建议

目前，民族经济研究方法越来越多样化，研究方法本身也在不断地发展和变化。随着社会科学研究的不断发展，笔者认为，民族经济学研究方法应在以下几个方面加以改进。

（1）质化研究与量化研究的整合。质化研究和量化研究是民族经济学研

---

[1] 陈晓萍，徐淑英，樊景立. 组织与管理研究的实证方法 [M]. 北京：北京大学出版社，2008：202.

究中两个重要的研究方法。近年来，由于科学哲学和科学方法论的发展，量化研究与质化研究呈现兼容与统合的趋势，通过质化研究建立理论，再通过量化研究来检验所建立的理论，这种从"理论到假设，再到实证"的研究思路在社会科学研究中使用越来越广泛。民族经济学作为社会科学的一个分支，也应汲取先进的研究思想，从而推动学科的发展。

（2）统计学分析方法的引入。过往民族经济学的研究主要侧重于定性分析，或简单的数量描述统计。随着计算机技术以及统计学的不断发展，统计学分析方法已经取得了一些较大的突破和发展，民族经济学研究应当利用这些新的分析方法与技术，通过新的分析方法和技术来认识民族经济，促进学科发展不断向前。

（3）经济数学模型导入。民族经济学研究的既是民族问题，也是经济问题。在经济学研究中，经常会使用经济数学模型，但在民族经济学研究中却并不多见。这说明目前在研究民族经济学时，更多的还是偏向采用民族研究的方法，但民族经济也属于经济问题，也可以尝试通过建立一些经济数学模型来对其进行研究。笔者认为，在今后民族经济研究中，应当增加一些定量的分析，适当地导入经济数学模型，通过建立经济数学模型来研究民族经济问题。

本章参考文献：

[1] 彭武兴．浅谈民族经济学的研究对象及方法 [J]．中央民族学院学报，1993（5）．

[2] 施正一．民族经济学教程 [M]．北京：中央民族大学出版社，1997．

[3] 施琳．论中国民族经济学之路——发展轨迹与理论创新 [J]．黑龙江民族丛刊（双月刊），2006（1）．

[4] 王文长．关于民族经济学研究的几个问题 [J]．民族研究，1999（4）．

[5] 李忠斌．关于民族经济学学科体系建构的宏观思考 [J]．思想战线，2004（3）．

[6] 王燕祥．经济人类学与民族经济学 [J]．中央民族大学学报（社会科学版），1998（3）．

[7] 刘永佶．民族经济学的主体、对象、主义、方法、主题、内容、范畴、体系 [J]．中央民族大学学报（哲学社会科学版），2007，34（5）．

[8] 东人达．民族经济学的学科范畴与研究方法 [J]．湖北民族学院学报（哲学社会科学版），2008（2）．

[9] 张澎．WTO背景下区域民族传统知识遗产保护策略及其对区域民族

经济可持续性发展的影响［J］.中央民族大学学报（哲学社会科学版），2004，31（1）.

［10］于春梅，张博洋.关于发展达斡尔民族经济的几点思考［J］.黑龙江民族丛刊（双月刊），2011（2）.

［11］崔亚虹.发展人口较少民族经济加快全面建设小康社会步伐——黑龙江省赫哲族经济发展现状、目标与思路［J］.满族研究，2008（1）.

［12］吴钦敏.城市化与民族地区经济持续发展试论［J］.贵州民族研究（季刊），2000（1）.

［13］景芳.人力资本理论对青海民族经济发展的启示［J］.区域经济，2010（12）.

［14］孙国强.管理研究方法［M］.上海：上海人民出版社.2007.

［15］胡天才.振兴少数民族经济的一点启示——对新生鄂伦春民族乡发展乡村企业的调查［J］.黑龙江民族丛刊，1990（3）.

［16］杨丰陌.大力发展民营经济，加快民族自治县振兴步伐——关于宽甸、岫岩满族自治县民营经济的调查［J］.满族研究，2004（3）.

［17］农四师党校课题组.关于团场少数民族经济发展状况的调研与思考［J］.中共伊犁州委党校学报，2010（2）.

［18］孙懿.1996年民族政策研究综述［J］.黑龙江民族丛刊（季刊），1997（3）.

［19］邓艾.1980年以来的甘肃民族经济问题理论研究［J］.西北民族学院学报（哲学社会科学版），2001（1）.

［20］朱宏伟.民族地区产业结构调整与发展战略研究述评［J］.广东商学院学报，2007（5）.

［21］杨军昌，陈萧洁.贵州少数民族地区高龄人口状况与生活质量保障体系建设——基于黔东7个民族县的实证资料分析［J］.中国人口科学，2010（S1）.

［22］金枫.1999年辽宁省民族自治地方国民经济和社会发展统计分析［J］.满族研究，2000（4）.

［23］李丽.北方民族地区中小城市区域经济发展状况分析——以呼伦贝尔市为例［J］.黑龙江民族丛刊（双月刊），2003（6）.

［24］张广裕.甘肃省民族地区畜牧业经济的实证分析［J］.甘肃社会科学，2003（3）.

［25］来仪."参与式"农村扶贫模式在四川民族地区的实施及非经济性因素分析［J］.西南民族大学学报（人文社会科学版），2004（10）.

[26] 袁丽红. 从"二重性"角度看少数民族农村商品经济的发展与局限——以近代广西为中心的考察 [J]. 广西民族研究, 2006 (4).

[27] 张英. 充分利用非公有制经济推进湘鄂西民族地区旅游业发展 [J]. 西南民族大学学报（人文社会科学版), 2006 (1).

[28] 赵文洲. 采取措施推进黑龙江省民族经济的发展 [J]. 黑龙江民族丛刊（双月刊), 2004 (6).

[29] 孙婷. 发展贵州民族旅游业，促进经济发展 [J]. 贵州民族研究, 2005 (6).

[30] 陈向明. 质的研究方法与社会科学研究 [M]. 北京：教育科学出版社, 2008.

[31] 马淮. 民族经济体制与国家经济体制关系探析 [J]. 广西民族师范学院学报, 2011 (2).

[32] 韩有峰. 关于黑龙江省边境地区少数民族发展情况的调查报告 [J]. 黑龙江民族丛刊, 1993 (4).

[33] 朱宏伟. 民族经济发展与和谐社会的构建 [J]. 理论月刊, 2007 (5).

[34] 高新才, 滕堂伟. 西北民族地区经济发展差距及其产业经济分析 [J]. 民族研究, 2006 (1).

[35] 曾海鹰. 我国欠发达地区外向型经济的外溢效益分析——贵州少数民族地区企业可持续创新能力的调研分析 [J]. 贵州民族研究, 2006 (3).

[36] 黄毅, 陈雩桢. 四川省少数民族经济发展态势与民营经济发展相关性分析 [J]. 西南民族大学学报（人文社会科学版), 2007 (1).

[37] 陈晓萍, 徐淑英, 樊景立. 组织与管理研究的实证方法 [M]. 北京：北京大学出版社, 2008.

[38] 朱宏伟. 论民族经济学研究方法 [J]. 广东技术师范学院学报, 2009 (10).

[39] 朱宏伟. 民族经济政策研究的若干问题 [J]. 广西民族研究, 2011 (1).

[40] 王建红. 论民族经济学体系构建方法 [J]. 世界民族, 2010 (3).

[41] 张艺昆. 高校毕业生思想政治教育的理论与方法构建初探 [D]. 西安：西北大学, 2010.

[42] 百度百科. 方法论 [EB/OL]. http://baike.baidu.com/subview/14069/11111558.htm.

第三章　民族经济的地位

作为当今世界最被关注的社会问题之一——民族问题，在全球化加速过程中其问题的严重性与尖锐性也日渐凸显。无论是发达国家或是欠发达国家，不同国家和地区种族间的各种问题都呈现出不断升级的趋势，而这种冲突与矛盾对国家的经济发展、政治稳定、社会和谐都产生了不良影响。由于民族经济所占国家整体经济发展比例相当大，即使发达地区的经济也会受到民族经济市场发展的影响。换言之，没有少数民族地区的经济繁荣，国家经济的快速稳定增长就是空谈；所以，大力发展民族地区经济，是真正实现国家繁荣昌盛的必经途径，我们无论如何都不能回避这个现实问题，民族与国家之间密切的相关性毋庸置疑。

因此，少数民族和民族地区的经济发展，关系到整个国家经济和社会全局的战略性发展。改革开放30多年来，我国民族地区的发展步伐大大加快，但与沿海地区还存在着相当大的差距，现阶段的民族问题只有在建设有中国特色社会主义的共同事业中逐步解决，逐步缩小发展差距，实现共同繁荣。党的十七大提出，社会和谐是中国特色社会主义的本质属性，要积极构建社会主义和谐社会。加快少数民族和民族地区的经济发展，不仅是一个重大的政治问题，也是一个重大的社会问题。本章在指出民族经济对于构建社会主义和谐社会意义的基础上，针对我国民族经济发展的制约因素，提出促进我国民族经济发展、构建社会主义和谐社会的对策。

第一节　加快民族经济发展是构建社会主义和谐社会的基本任务之一

我国是一个多民族国家，少数民族和民族地区的社会发展任务十分繁重，统一的多民族社会的发展问题成为国家建设和发展中关乎大局的、紧迫而且突出的重大问题。新中国成立后，党和政府十分重视多民族社会的发展，无论从我国自身的发展历史来看，还是从其他国家的历史经验来看，促进民族的经济发展对政治稳定、经济发展、社会和谐有着十分重要的影响和作用，所以我国始终将民族经济问题放在很重要的位置，因其是社会主义发展过程中不可回避的。

由于历史的原因，我国少数民族大多分布于边陲，所处的自然环境相当恶劣；加之历代统治者施行民族歧视与压迫，致使少数民族经济长期落后于全国总体水平。新中国成立初期的少数民族大调查显示，少数民族地区尚存在四种经济文化类型，落后和不平衡是其主要特点。经济生产的落后是制约少数民族自身发展的根本原因，而且也危及中华民族多元一体化格局的稳固。

党和国家一直非常重视改变少数民族经济落后的面貌，为此投入了大量人力、物力和财力，制定了一系列的特殊优惠政策。

2006年10月11日，中国共产党第十六届中央委员会第六次全体会议通过了《中共中央关于构建社会主义和谐社会若干重大问题的决定》（以下简称《决定》）。《决定》阐明了构建社会主义和谐社会的重要性、紧迫性，提出了构建社会主义和谐社会的指导思想、目标任务和原则，从坚持协调发展、加强制度建设、建设和谐文化、完善社会管理、激发社会活力五个方面论述了构建社会主义和谐社会的主要任务。学习和领悟《决定》的精神，对我们重新认识民族经济的地位和作用，重新思考民族经济发展的对策，具有积极的指导意义。

《决定》在阐述构建社会主义和谐社会的目标和主要任务时指出："到2020年，城乡、区域发展差距扩大的趋势逐步扭转"；在阐述我国和谐社会的现状时指出："目前，我国社会总体上是和谐的。但是，也存在不少影响社会和谐的矛盾和问题，主要是：城乡、区域、经济社会发展很不平衡，人口资源环境压力加大"。我国城乡和区域经济发展不平衡主要表现在东西部差距在扩大。新中国成立后，政府开始在少数民族聚居的地方全面推行民族区域自治。根据2010年第六次全国人口普查结果显示，我国各少数民族人口为113 792 211人，占全国总人口的8.49%。同2000年第五次全国人口普查相比，各少数民族人口增加7 362 627人，增长6.92%。在55个少数民族中，有44个建立了自治地方，包括5个自治区、30个自治州、116个自治县、3个自治旗。实行区域自治的少数民族人口占少数民族总人口的71%，民族自治地方的面积占全国国土总面积的64%左右。据2005年相关调查统计，少数民族人口最多的民族自治地区（包括青海、新疆、广西、宁夏、内蒙古、贵州、西藏、云南等）GDP总值，却只占全国GDP总值的不足9.5%。而当年占全国GDP最高的为广东省，比值是11.903%，相当于所有民族自治地区GDP总值的1.25倍；最低的为西藏，占0.137%，只有当年广东省GDP总量的1.155%。① 由此可见，民族自治地区的经济发展和发达地区相比还存在很大的差距。

随着国家人力、物力的投入，根据《2008年全国少数民族和民族自治地方国民经济社会发展统计公报》，2008年全国民族自治地方生产总值完成27 940亿元，按可比价格计算，比上年增长13.8%。民族自治地方生产总值占全国各地区总体生产总值的8.54%。其中第一产业增加值完成5 002亿元，比上年增长6.4%；第二产业增加值完成13 202亿元，比上年增长17.1%；第三产业增加值完成9 736亿元，比上年增长12.9%。2008年民族自治地方人均生产总值达到15 889元。第一、第二、第三产业构成由2007年的18.9：44.9：36.2调整到2008年的17.9：47.3：34.8。在5个自治区中，内蒙古自治区生产总值增长速度达到17.2%，居于5个自治区首位。5个自治区的人均GDP均超过1 000美元。②

早在20世纪50年代，毛泽东同志对发展民族地区经济的意义就有深刻的认识。新中国成立初期，我国少数民族地区人民生活极端贫苦，经济建设十分落后。为了改变这种局面，我国政府及时提出了把恢复和发展经济建设、改善人民生活作为民族工作的根本任务，把实现各民族共同发展与繁荣作为新中国经济建设的根本方针。毛泽东同志号召各民族地区"努力生产，改善自己的物质生活；并在这个基础上，一步一步地提高自己的文化水平"③。周恩来同志也指出，"最根本的问题是帮助少数民族发展生产，如果少数民族在经济上不发展，那就不是真正的平等"④。对此，党中央一直十分重视，并对加快少数民族和民族地区的发展做出了重要的部署，提出了一系列重大的政策和措施。

改革开放以后，随着党的工作重点转移到社会主义现代化建设上，邓小平同志明确地提出了民族工作必须以经济建设为中心的思想。在民族工作中，

---

① 国家统计局. 2005年全国及地方国内生产总值（GDP）一览［EB/OL］. http：//data. stats. gov. cn/easyquery. htm？cn = C01.

② 中华人民共和国国家民族事务委员会官网. 2008年全国少数民族和民族自治地方国民经济社会发展统计公报［EB/OL］.（2010 - 05 - 25）［2010 - 05 - 25］. http：//www. seac. gov. cn/art/2010/5/25/art_ 151_ 113740. html.

③ 金炳镐. 毛泽东对马克思主义民族理论的伟大贡献［J］. 中央民族学院学报，1993（纪念毛泽东诞辰100周年专刊）：7 - 13.

④ 西藏自治区党史办公室. 周恩来与西藏［M］. 北京：中国藏学出版社，1998：133.

他始终强调发展生产力的重要意义。根据邓小平的上述思想，1987年中共中央、国务院批转的《关于民族工作几个重要问题的报告》中，明确规定"以经济建设为中心，全面发展少数民族的政治、经济、文化，不断巩固社会主义的新型民族关系，实现各民族的共同繁荣"作为新时期民族工作的根本任务。把生产力标准引入民族工作，把发展问题作为解决民族问题的核心，把以经济建设为中心，大力发展生产力作为现阶段民族工作的根本任务，是邓小平同志在党的民族理论上的重大突破。他指出："我们帮助少数民族地区发展的政策是坚定不移的。"①

1992年1月14日，江泽民同志在中央民族工作会议上的讲话中指出：民族问题始终是我国革命和建设中的一个重大问题；要充分认识民族工作的长期性、复杂性、重要性，民族工作的主要任务；要坚持各民族平等、团结、互助的原则，坚持实行民族区域自治制度，在建设社会主义事业中促进各民族共同繁荣，走出一条具有中国特色的解决民族问题的正确道路；要巩固和发展社会主义民族关系，坚持和完善民族区域自治制度，为实现现代化建设第二步战略目标共同奋斗。其后，在相关的各次工作会议上，江泽民同志又提出：加快民族地区的经济发展和社会进步，是对我国的民族工作提出的要求之一。

胡锦涛同志在进入21世纪的新阶段提出全面建设小康社会的宏伟目标，对做好民族工作提出了新的课题和更高的要求：正确认识和把握新形势下的民族问题，切实做好民族工作，加快少数民族和民族地区经济社会发展，促进各民族共同繁荣发展，是全面建设小康社会、加快推进社会主义现代化的必然要求，是巩固和发展全国各族人民的大团结、确保党和国家长治久安的必然要求，也是开创中国特色社会主义事业新局面、实现中华民族伟大复兴的必然要求。同时，他指出："切实做好新形势下的民族工作，推进我国民族团结进步事业，促进民族地区实现全面建设小康社会的宏伟目标，进一步开创我国各民族共同团结奋斗、共同繁荣发展的新局面，具有十分重要的意义。"②

总之，加快民族经济发展贯穿中国特色社会主义事业全过程，是构建社会主义和谐社会的基本任务之一，它还将贯穿整个中国特色社会主义现代化建设过程和中国特色社会主义道路。它的长期性、历史性是由社会本身的发

---

① 邓小平．立足民族平等，加快西藏发展［M］//邓小平文选：第3卷．北京：人民出版社，1993：246．

② 胡锦涛．在中央民族工作会议暨国务院第四次全国民族团结进步表彰大会上的讲话［J］．今日民族，2005（6）：4-11．

展规律决定的。在新的时代背景、实践特点和理论视野下反思新中国成立以来的民族发展理论,既是民族发展理论的发展需要,也是进一步推进统一的多民族社会发展的实践要求,同时也是构建民族和谐社会的必然要求。

坚持发展民族经济,构建社会主义和谐社会,是把我国建设成为富强、民主、文明的社会主义现代化国家的前提条件,必须付出几代人的长期努力。

第二节 我国民族经济发展的现状及制约因素分析

加快民族经济发展,构建社会主义和谐社会,是我国在21世纪新阶段提出的一项重大的战略任务。在现阶段,我国的民族问题突出和集中地表现为少数民族和民族地区迫切要求加快经济发展和其发展能力不足的矛盾。因此,正确地分析民族经济发展的制约因素,进而采取适当的措施,对于促进民族地区经济发展、构建社会主义和谐社会具有重要的意义。

在分析民族经济发展的不利因素时,赵晓华等认为,民族地区经济发展取得显著成就的同时,由于受传统增长方式的影响,增长效率较低、速度较慢并导致生态环境恶化。因此,实现增长方式由粗放型向集约型转变并加快这一转变的进程,才能真正实现民族地区经济持续、快速、健康发展。[①]

巨澜指出,改变少数民族和民族地区落后面貌离不开外部的支援,但是改变落后的最终力量在于少数民族和民族地区本身,认为民族经济发展问题应该主要从自身因素和外部因素两个方面找原因。在谈到自身因素时,他认为,导致我国民族经济发展缓慢的原因首先是历史的遗留问题,其次是民族文化发展缓慢对经济发展的限制,最后是民族地区自身的基础环境因素的影响。其中,影响民族经济发展缓慢的外部因素体现在:①外部经济环境氛围以及国家政策对民族地区经济发展的拉动不足;②国家对民族地区的基础设施的建设欠缺;③边缘政治环境的动荡对于民族经济发展的影响。[②]

袁珠盈分析了云南民族经济发展的难点,指出制约云南经济发展的不利因素主要体现在思想观念、生产要素、基础设施、产业结构四个方面,认为今后云南民族地区经济发展的战略目标是:积极恢复和建设生态环境,促进生态环境的良性循环,采取加速发展战略,努力提高经济效益,大力加强基

---

① 赵晓华,李琳. 科学发展观与民族地区经济增长方式的转变 [J]. 贵州民族研究, 2004 (4): 21-26.

② 巨澜. 当代中国民族经济发展问题浅析 [J]. 齐齐哈尔大学学报(哲学社会科学版), 2009 (3): 66-68.

础设施建设,加快改革开放步伐,使民族经济运行机制走上良性循环的轨道,民族地区的财政能力大大增强,人民生活水平迅速提高,绝大部分达到小康水平,进一步缩小民族地区与全国发展水平的差距。①

其他学者也从不同角度分析了制约民族经济发展的因素,如张冬梅基于民族文化的视角,对民族经济发展做了一番探讨;② 胡怀应指出要加强民族法治建设,促进民族经济发展;③ 杨蕊认为在分析民族地区经济发展制约因素的基础上,必须进一步明确民族地区政府的经济管理职能。④

笔者认为,制约民族经济发展的因素主要体现在以下几个方面。

1. 恶劣的自然地理环境不利于民族地区经济发展

(1) 自然生态环境恶劣。民族地区绝大部分是干旱或半干旱地区,年降水量在 400 毫米以下(西南地区稍多),西北地区则多在 200 毫米以下,致使很多地区沙化严重;而且大部分地区气候寒冷,不利于农业发展。西南地区多是山地土壤,西北和华北则多为黄土和沙漠,土壤含有机质少,不利于农作物生长。另外,民族地区普遍地形复杂,气候多变,自然灾害频繁,风沙、风暴、滑坡、泥石流、雪灾、地震等较多发。最后,民族地区多是岩溶裸露,森林被乱砍滥伐,导致水土流失严重,生态环境恶化。如西南地区地形复杂,海拔高,多石山、峡谷、沼泽地、草地、雪山和石灰岩等不利于生产、生活的地区面积大;西北和北方地处内陆,远离海洋,因降水量少,沙漠面积大,地面沙化、碱化严重,森林覆盖率极低;青藏高原地区的部分地表常年积雪。这是少数民族地区经济发展困难的一个重要原因。

(2) 交通闭塞。我国很多少数民族地区地处群山峻岭、戈壁荒漠或原始森林之中,与外界联通极为不便。国家民族事务委员会(以下简称"国家民委")2001 年的调查显示,在我国相对聚居的 587 个少数民族行政村中,有人口较少民族居住的自然村(屯、寨)2 519 个。在这些村中总人口 947 244 人,其中少数民族人口 359 107 人,占总人口的 37.9%。而在这些村中,不

---

① 袁珠盈. 刍议云南民族经济发展的难点与对策 [J]. 云南财经大学学报(社会科学版), 2009 (1): 80-81.

② 张冬梅. 基于民族文化的民族经济发展研究 [J]. 中央民族大学学报(哲学社会科学版), 2009 (6): 22-26.

③ 胡怀应. 加强民族法治建设对促进民族经济发展的时代意义 [J]. 湖北民族学院学报(哲学社会科学版), 2006 (6): 134-137.

④ 杨蕊. 民族地区政府经济管理职能研究 [J]. 知识经济, 2010 (16): 70-71.

通公路的自然村就达到 1 089 个，占其总数的 43.2%。①

2. 基础设施落后，经济环境差阻碍了民族经济的发展

（1）基础设施落后且不健全。民族地区多在大山深处或草原腹地，自然地理条件十分复杂，基础设施规模偏小，仅能维持最基本的生活需求，如通电、通邮、通公路、通电话、安全用水以及接收电视节目等。即使这样，目前许多少数民族地区仍难以做到。2001 年国家民委的摸底调查资料显示，在全国 2 591 个自然少数民族村（屯、寨）中，尚未通电的村落占总数的 24.6%；未通电话的有 1 791 个，占 71.1%；未通邮政的村落占 53.7%；未通公路的有 1 089 个，占 43.2%；而没有有线广播的则有 2 175 个，占总量的 86.3%；而不能接收电视节目的占 50.1%；没有安全饮用水的高达 67.2%。②

（2）信息不通畅。目前，民族地区邮电通信布点密度小、设施落后、线路短、容量小、业务量少，广播电视覆盖区内信息量小，报纸杂志订阅量小。这种状况对经济发展造成的制约是很大的。另外，民族地区语言差异很大，这也在很大程度上影响了民族间的经济联系，并削弱了各少数民族获取信息的能力，造成其对市场反应的迟钝，在市场竞争中处于劣势地位，阻碍了民族地区经济往来，必然制约民族地区经济的发展。

（3）经济基础薄弱，结构不合理，生产力发展水平低下。民族地区经济基础薄弱，经济水平仍停留在传统农业阶段，其经济结构的基础在于自给性的农业体系，工业化水平低，规模和总量小，质量差，乡镇企业没有发展起来，导致经济效益很差。工业方面，据统计，2004 年成长型中小企业主要集中于广东、江苏、浙江、山东、上海、福建和河北 7 个省份，而这 7 个省份全部为沿海地区，其成长型中小企业数量占全部成长型中小企业的 61.81%。其中，仅广东省就占全部成长型中小企业的 14.77%；而西藏、青海、宁夏、新疆、甘肃、内蒙古、贵州、陕西、重庆、广西 10 个民族地区的成长型中小企业总数还不到全部成长型中小企业的 10%，其资产总额占全国的 10.10%，而利润额仅占全国的 8.26%。③（其中部分数据经作者计算整理得出）

民族地区的经济结构不合理。首先，第一产业比重大，第二产业比重较小，第三产业增长缓慢。少数民族地区在新中国成立以来的经济建设中，工

---

① 李岚. 影响我国人口较少民族经济发展的原因分析 [J]. 黑龙江民族丛刊（双月刊），2004（1）：29 – 35.
② 王铁志. 人口较少民族研究的意义 [J]. 黑龙江民族丛刊，2005（5）：110 – 118.
③ 荆纪. 2005 年成长型中小企业发展报告 [J]. 中国工商，2005（11）.

农业生产有了一定的发展，但是由于底子薄、基础差，很多少数民族地区经济仍是以农业经济为主，乡镇企业等工业经济还不发达。其次，在第二、第三产业中，轻重比例失调，提供社会服务的部门严重滞后。而工业又主要是为中东部地区提供原材料、能源等初级产品的低端加工业。这样的经济结构构成，使民族地区处于一种非常不利的地位。最后，在经济的成分之中，国有经济比重大，非国有经济（如股份经济、外资经济、民营经济等）比重小；在各类生产企业中，劳动密集型企业比重大，资金、技术密集型企业比重小。

（4）市场机制不健全。民族地区由于长期处于自给自足的自然经济状态，受传统计划经济的影响较深，造成社会分工水平低，市场体系很不完善；对外界要求低，交换少，这样就造成了其社会的封闭性和自我循环状态。很多少数民族群众从事传统的农牧业生产，对现代商品经济的商品、价值、市场、效益、竞争等概念缺乏理解，甚至排斥，致使市场环境差，与我国市场经济发展相配套的政策、法规和措施的匹配程度跟不上，市场经济的经营管理水平低，指令性计划约束多，市场调节的手段弱化，竞争机制、社会保障机制以及各种生产服务体系不健全，上述因素使民族地区封闭、行业分割等现象不断出现，束缚了生产力的发展。

（5）经济效益差，地方财政困难。我国少数民族地区的人均工农业总值大大低于全国平均水平，且财政收入几乎全为赤字，经济效益差、地方财政困难的情况极为明显。在改革开放后，国家采取了先发展东部沿海、后发展西部地区的做法，从而使投入西部地区的各种资金量相对减少，加之我国少数民族地区群众自身的资金积累差，导致原本发展资金就已不足的西部民族地区显得更加缺乏资金。同时，国家在实行市场开放和各项政策时，没有根据民族地区经济发展和市场发育的实际情况区别对待，客观上阻碍了民族地区资本市场的培育、形成和有效扩张，拉大了与东部地区的差距。而市场需求和价值法则决定资本总是要向投资收益率高的地区流动，所以投资者更偏好各种基础条件完备、回报率较高的东部地区。西部民族地区虽然有国家投资政策的倾斜，但"资金瓶颈效应"长期以来并没有得到改观，资金来源渠道非常狭窄，基本依靠国家的投入，很少有其他资金的注入，即使能够靠拆借引进部分资金，但其高利率对于缺乏自我积累且绝大部分资金靠银行贷款的西部民族地区的企业来说，风险和压力都是巨大的。另一方面，由于人口增长快，长期的经济贫困和资源价格体系扭曲，自然资源和自然环境被非持续利用和掠夺性开发，导致贫困、环境和发展陷入了一种恶性循环的状态。这也是造成民族地区经济增长乏力的因素之一。

3. 社会发育程度低,制度体系发展滞后

(1) 在社会主义改造前,有相当一部分少数民族的生产力水平仍处在原始社会末期,如独龙族、黎族、哈尼族等民族,他们从事极其原始的耕作,尚保留着氏族公有、家庭公有、村社公有及个体私有等多种形式,生产、生活方式都十分落后;还有一些民族实行封建农奴制或封建领主制,生产力发展水平也相当低下。新中国成立后,特别是改革开放后,少数民族地区的落后状况虽得到一定程度的改观,但其成员对于土地的产权观念较模糊;生产中人与人的关系还保留着原始的相互帮工、不计报酬的习俗;分配方面还保留着原始社会平均分配的习惯,这些因素阻碍了当地经济社会的进一步发展。

(2) 思想观念保守落后。民族地区群众由于多居住在偏远地区,受现代思想尤其是市场经济的价值准则影响较小,持有很多不利于现代经济发展的思想观念。如怒族、佤族、独龙族等,仍保留着每年"杀牲祭鬼""剽牛"等传统习俗;一些少数民族群众每年都要耗费大量的粮食用于酿酒,以举行各种仪式,他们没有积累财富的观念,从而使有限的财富加速消耗,扩大再生产受阻。另外,"重农轻商"思想观念仍存在于相当部分的少数民族群众头脑当中。在生活中他们与外界的交往不是很多,从事的生产劳动又主要是单一的农业生产,受传统思想的影响,他们一般都重农轻商,视经商为不务正业。而强烈的本土观念和排外意识,使得他们对外界的思想、生活方式、技术等存在不自觉的抵触情绪。他们安于现状的思想与现代社会市场经济要求竞争、追求利润最大化、突出个人价值等观念是格格不入的。

(3) 民族地区教育落后,人才奇缺。具体表现如下:①人口数量快速增长,但人口素质相对较低。根据《2010 年第六次全国人口普查主要数据公报(第 1 号)》,内地 31 个省、自治区、直辖市和现役军人的人口中,汉族人口为 1 225 932 641 人,占 91.51%;各少数民族人口为 113 792 211 人,占 8.49%。同 2000 年第五次全国人口普查相比,汉族人口增加 66 537 177 人,增长 5.74%;各少数民族人口增加 7 362 627 人,增长 6.92%。[①] 我国民族地区少数民族人口增长率远远高于全国平均水平。但是,高出生率加剧了贫困,另外由于"读书无用论"的盛行使部分民族地区对初等教育投入不足,导致民族地区适龄儿童上学困难,人口素质偏低,平均受教育年限不尽如人意。

---

① 国家统计局.2010 年第六次全国人口普查主要数据公报(第 1 号)[EB/OL]. http://www.stats.gov.cn/tjsj/tjgb/rkpcgb/qgrkpcgb/201104/t20110428_30327.html.

西部各个省、自治区，除甘肃省高于全国平均水平外，其余省（区）都低于全国平均水平；而2005年全国1%人口抽样调查发现，全国15岁及以上年龄段文盲人口所占比重为11.04%，而人口文盲率超过20%的省和自治区有5个，依次是西藏（44.84%）、青海（24.07%）、贵州（21.41%）、甘肃（20.83%）和云南（20.07）。① 可见，文盲率最高的省份主要集中在西部少数民族地区。大多数西部少数民族地区的文盲率均高于同期全国人口平均水平，不仅高于东部沿海地区，而且大大高于全国平均水平。②人才缺乏。大量科技力量雄厚的科研院所、大专院校，以及科技人才与尖端技术领域的人才都远离民族地区，造成了民族地区科技人才、管理人才、教育人才严重缺乏。③人才大量外流。在科技领域主要表现为专业技术人才少，科技力量薄弱，对科技的应用程度低。由于多数民族地区经济结构不合理，工业经济与高科技产业发展十分缓慢，致使追求事业成功、关注人文社会环境的高级人才大量外流。④人力资源结构配置不尽合理，不能充分发挥人才的劳动能力。一是许多专业技术人才身处县级以上的国家机关和单位，这些传统的事业单位业务量有限，导致数量极大的智力资源聚集在一起却无法产生较大的社会经济效益；二是对高新技术人才的培养缺乏力度；三是企业人才流失相当严重，很多企业人才向事业单位流动，导致民族地区人才资源积压浪费。在文化生活上，民族地区普遍文化事业落后，现代文化对群众影响小，人们仍生活在传统的文化氛围中，思想保守落后。落后的科学文化教育，导致民族人口素质偏低。

在民族经济发展过程中，这些制约因素是相互联系、相互渗透的，它们共同起阻碍作用，而只有针对他们各自不同的特征对症下药，才能促进民族地区的经济发展，构建更加和谐的社会主义社会。

第三节　促进我国民族经济发展，构建社会主义和谐社会的对策

少数民族和民族地区的经济建设事业是中国社会主义现代化建设的重要组成部分，加快发展少数民族经济，符合少数民族的根本利益，是消除各民

---

① 张翼. 我国人口结构的若干重要新变化［J］. 党政干部文摘，2007（2）：26-27.

族间发展的差距,实现各民族共同发展繁荣的根本途径。进一步促进我国民族经济的发展,是构建社会主义和谐社会的必然要求,有利于社会稳定、人民生活水平的提高。如何在新的时代背景下推进我国民族经济的稳步发展,成为我们必须面对并解决的问题。

张冬梅认为,尊重民族文化、建立和谐的民族关系有利于民族地区的全面发展,因此要从以下四方面积极促进民族文化与民族经济的互动:①加强与少数民族群众的互动,完善民族地区就业政策;②加强与科技人才的互动,完善民族地区科技人才政策;③加强与族群整体的互动,完善民族地区文化产业政策;④基于民族文化的民族经济发展,有利于提高经济效益。①

胡怀应指出在市场经济条件下,民族经济发展需要以民族法治建设作保障,促进民族经济持续、快速、健康、协调、稳定地发展。②

赵晓华等认为,制约民族地区经济增长方式转变的主要因素是基础设施落后、劳动者素质低、市场经济体制不完善和政府宏观政策不完善。应树立和落实科学发展观,加快民族地区经济增长方式转变;加大基础设施建设力度;加快科技进步和教育发展;更大程度地发挥市场在资源配置中的基础性作用;完善基本经济制度,增强企业活力和竞争力;转变政府职能;建立促进经济社会可持续发展的相关机制。③

陈丽明等认为,民族平等、团结、互助、和谐是民族地区和谐社会构建的基础和前提,我们应加强各民族的团结,实现民族友爱合作、社会团结和睦。反对民族分裂主义,维护祖国统一和社会和睦稳定。④

韩生贵在分析欠发达地区民族经济型构的现状的基础上,认为欠发达地区民族经济的持续发展必须具备地区禀赋性要素、独特的市场经营特色、经济型构的市场化发展趋势三个基本要素。其中,禀赋性要素是基础,独特的市场经营特色是前提,经济型构的市场化发展趋势是关键。⑤

---

① 张冬梅. 基于民族文化的民族经济发展研究 [J]. 中央民族大学学报(哲学社会科学版),2009 (6):22-26.

② 胡怀应. 加强民族法治建设对促进民族经济发展的时代意义 [J]. 湖北民族学院学报(哲学社会科学版),2006 (6):134-137.

③ 赵晓华,李琳. 科学发展观与民族地区经济增长方式的转变 [J]. 贵州民族研究,2004 (4):21-26.

④ 陈丽明,金浩. 民族关系特征:民族和谐社会建设的理论指导——纪念中国共产党建党90周年民族理论系列论文之四 [J]. 黑龙江民族丛刊(双月刊),2011 (2):11-15.

⑤ 韩生贵. 欠发达地区民族经济发展探析 [J]. 攀登(双月刊),2008 (4):67-71.

笔者综合学者们的观点，在分析制约民族经济发展因素的基础上，结合民族地区经济发展现状，认为促进民族经济发展主要应从以下几个方面着手。

1. 树立科学发展观，加大政策扶贫力度，完善市场经济体制，促进民族经济快速发展

（1）树立和落实科学发展观，各级党委政府要把加快少数民族和民族地区发展摆在更加突出的战略位置。对关系民族地区发展的重大产业、重大项目，要优先给予安排。辖有民族乡（镇）的市、州、县政府，要制定相应政策，扶持民族乡（镇）加快发展。民族地区各族干部群众要立足于自力更生、艰苦奋斗的思想，充分发挥积极性、主动性、创造性，认真用好优惠扶持政策，增强自我发展能力，促进经济社会全面、协调、可持续发展。

（2）尽最大可能放宽少数民族贫困县的扶持标准。在确定《国家八七扶贫攻坚计划》时，对少数民族地区更大程度地放宽标准，扩大扶持范围。

（3）国家应进一步加大对民族地区的财政转移支付力度，提高一般性转移支付比重，并加强财政转移支付工作的规范化、法制化建设，将各自治区、自治州、自治县都统一纳入中央对民族地区转移支付范围。

（4）加大资金投入，国家的扶贫资金应重点向西南、西北等少数民族地区倾斜。通过"以工代赈"实物投入的方式，积极改善少数民族贫困地区的基础设施条件，为脱贫致富创造良好的外部环境。另外，国家还应专门设立诸如"少数民族贫困地区温饱基金"等各类保障基金项目，重点扶持少数民族重点贫困县，同时扩大项目覆盖范围。

（5）积极组织沿海经济发达省市对口帮扶少数民族地区。1996年国务院办公厅转发的，由国务院扶贫开发领导小组颁布的《关于组织经济较发达地区与经济欠发达地区开展扶贫协作的报告》，对扶贫协作做了详尽且具体的部署，即北京支援内蒙古，天津支援甘肃，上海支援云南，广东支援广西，江苏支援陕西，浙江支援四川，山东支援新疆，辽宁支援青海，福建支援宁夏，深圳、青岛、大连、宁波支援贵州，通过这种"一对一、多对一"的协作方式，促进少数民族地区经济快速发展。

（6）努力动员全社会力量参与民族地区的扶贫。加大各民主党派和全国工商联开展的智力支边活动频率，充分发挥各民主党派、工商联的人才、智力和网络优势，帮助少数民族贫困地区培训人才、制定脱贫规划、进行项目论证和咨询等，为少数民族贫困地区解决扶贫工作中的实际问题和困难，提高少数民族贫困县干部的科技素质。

（7）积极利用外资扶贫。如亚洲开发银行TAl356"中国西南部分省区乡村综合发展"项目，对云南、贵州、广西石山地区18个贫困县利用外资进行开发扶贫做了有益尝试,积累了经验。此后,我们应该更大幅度地争取世界银行等外资扶贫贷款项目并采用综合扶贫的方式,增加民族地区在教育、卫生、劳务输出、基础设施、土地与农户开发、乡镇企业等方面的重点投入,改善贫困地区生产条件,提高贫困人口自身素质,同时积极扩大覆盖面,增大受益人口。

(8) 建立和完善民族地区市场经济体制,尤其是要建立和完善生态环境和基本资源作为生产要素进入市场"流通"的机制,建立和完善生态环境和基本资源的产权关系及交易机制,完善涉及循环经济中各利益实体的权利与责任问题、利益分配问题、效率与公平问题,为循环经济的建立提供完善的市场体制基础。建立和完善循环经济与市场经济的相互协调关系,使少数民族地区经济不断发展提高,最大限度地减少污染排放和使用资源,逐步建立自我发展的良性机制,提高民族地区经济活力和市场竞争力。

(9) 尽快建立资源开发和生态保护补偿机制,按照"谁开发谁补偿、谁受益谁补偿"的原则,明确补偿范围、标准和程序,落实补偿政策,提高现有补偿标准,以切实维护对国家生态环境保护和资源开发做出贡献的民族地区的利益。

(10) 坚持和完善民族区域自治制度,提供构建和谐社会的制度保障,实现各民族政治上的平等权利。构建和谐社会的重要任务之一,是充分发扬社会主义民主,切实落实依法治国的基本方略。民族区域自治制度是我国的基本政治制度之一,是解决我国民族问题的基本政策,是从根本上维护民族关系健康发展的重要制度,是发展社会主义民主政治、建设社会主义政治文明的重要内容。在新的历史条件下,坚持和完善民族区域自治制度是建设社会主义和谐社会的重要内容,其关键是贯彻落实好《中华人民共和国民族区域自治法》。全面贯彻落实《中华人民共和国民族区域自治法》,是做好民族工作根本性的重要环节。

2. 重建生态环境,搞好循环经济

(1) 要从根本上认识到,西部民族地区生态重建是全国防灾、治灾之根本。党和政府应把重建生态作为21世纪前叶的头等大事,集中充足的人力、财力、物力,用一两代人的时间,植树造林,开展"绿色革命",重建生态环境。要加强对少数民族地区政府、企业、公众的循环经济宣传教育,提高他们对循环经济的认识,引导企事业单位和个人积极参与循环经济的建设和发展,使循环经济的理念贯穿到经济、生产、生活的各个领域,变成政府、企业、公众的自觉行为,使其在政策和行动上有大的突破,并把循环经济发展规划纳入少数民族地区国民经济和社会发展规划，对执行情况进行监督和检查，确保规划目标的实现。

（2）民族地区各省区一方面要指定专门机构组织专业队伍，划拨足够经费，用于生态重建工程规划，可以考虑采取"公司＋农户"、定向拍卖、租赁、承包等多种方式，实施植树造林和管护工作，搞好生态绿化工程，财政应对这些项目给予最大的支持；另一方面要加强对生态重建科学研究的投入，争取做到每个地区的生态效益、经济效益和社会效益三者有机结合，相互促进，以利民族地区经济的可持续发展。

（3）国家在提供足够的人力、财力、物力支持外，还应完善法制建设。中央和地方政府要集中优势和资源进行民族地区生态重建工程，并长期积极争取每年中央财政拨款，地方财政筹资，社会各方和企业界、金融界捐资，用于民族地区的生态重建工程。同时，国家需要尽快实行循环经济立法，填补相关空白，为国家提供良好的生态安全保障法律体系。建议各民族地区政府也应尽快研究制定民族地区循环经济促进法、资源循环利用法和可持续消费法等相关法律体系。转变现行环境立法观念还局限于"污染治理"的思维模式，要用循环经济的理念，尽快地对现行的环保法律进行系统地修改，以"减量化""再利用"和"再循环"原则为指导，促使法律法规成为循环经济建立的有力保障。

（4）在民族地区开发资源的大型企业，要切实做到带动当地发展，促进当地就业，为当地群众生产生活提供帮助。同时，加大天然林保护、防沙治沙、退耕还林还草、重点防护林等生态工程的投入力度，不断改善民族地区的生态环境。

3. 加大对少数民族地区基础设施建设的投入，加快产业结构调整

要将基础设施建设的项目和资金进一步向民族地区倾斜，并切实落实配套资金的减免政策，以加快民族地区交通、水利、电力、通信等基础设施建设，尽快解决农牧区群众"行路难""用水难""通信难"等问题，不断增强民族地区的发展后劲。

（1）国家应优先合理安排少数民族地区基础设施建设项目和资源开发，适当提高投资比重和政策性银行贷款比重。要采取积极有效的措施，增加民族地区基础设施建设投入，重点解决好交通、通信、供水、供电等基础设施和教育、文化、卫生、体育、广播电视等公共设施建设，使民族地区的基础设施得到较为全面的改善，并继续加强广大农村以水利灌溉和中低产田土改造为重点的基本农田建设，在国家财政支持下优先建设一批中小型水利灌溉

工程，提高农村人口旱涝保收的基本农田面积。

（2）加快民族地区经济结构和产业结构调整，建立成熟完善的市场机制。要立足于发挥民族地区资源优势，发展优势产业和特色经济，优化和调整经济结构，创造更好的发展条件，进一步搞好资源转化战略，促进民族地区经济可持续发展。第一，必须充分发挥民族地区的后发优势，着力培育能够发挥本地优势的支柱产业和特色产业，走出一条科技含量高、经济效益好、资源消耗低、环境污染少、人力资源得到充分发挥的新型工业化路子。要用工业化的思维来谋求农业的发展，逐渐转变以资源密集型为基础的粗放经济增长模式，把资源优势与市场优势有效地整合起来，促进传统农业向现代农业的转变，走上一条集约型发展的路子。第二，民族地区一方面应积极开展经济技术合作，扩大生产规模，与同行和外界建立广泛的联系，并根据自己的特点和优势，在合作群体中找准自己的位置，以增强市场竞争力，获得规模效益；另一方面应不断拓宽市场，灵活且合理地配置各种资源，充分发挥资源的效用，敢于面对市场，敢于竞争，在竞争中求生存、求发展。第三，尽可能采用先进技术，使生产效率成倍增长，从而降低单位产品成本，增强在市场经济中的竞争力。第四，采用科学管理方法，充分调动员工的积极性，创造出最大的经济效益。

4. 大力发展教育事业，提高民族地区群众素质

（1）实施计划生育，提高人口素质。西部民族地区控制人口必须采取相应措施。首先，从我国国情和该地区实际出发，贯彻计划生育政策，通过立法，遏制人口增长，调整人与自然的不协调关系，提高人口素质。计划生育的行政管理立法，一要考虑到控制人口，二要考虑到优生。其次，实行优生和优育结合。除继续实行9年义务制教育的政策外，还必须明确规定：在子女未满18周岁之前，父母须送子女上学，子女有接受高中和职业教育的权利。最后，加强对计划生育管理队伍的法治教育和行政管理。坚决杜绝以罚代法、以权谋私的腐败行为，通过培训和清理整顿，逐步建立一支精通业务、执法水平高的计划生育管理队伍，使西部民族地区的计划生育工作尽快步入健康有序的轨道。

（2）大力培养和引进高素质人才，加快民族地区经济发展。西部民族地区面临的优先课题是"加快发展和消除贫困"，而加快发展和消除贫困的关键就是人才问题。第一，加快改革步伐，创新教育体制。改革传统的教育体制，建立具有法人资格，自主独立办学，以贯彻开发创新为主，符合"三个面向"的"教学—科研—生产"相结合的新型教育管理体制，以适合党和政府实施

科教兴国战略决策的要求。第二，要加快民族地区高等院校的内部管理体制的改革，精简机构，压缩非教学人员，按照"四化"原则选配好校级领导班子，让专家、教育家管理学校；采取有力措施加快师资队伍建设，合理配置有限资源，挖掘潜力，走以内涵发展为主的办学道路，进一步提高教学质量和办学效益。第三，在实施改革的基础上，加大投入，改善软件、硬件条件，创造适宜人才成长的人文环境，稳住现有人才，防止人才再度流失；积极创造条件，吸引外流人才和引进外地人才。与此同时，国家应采取措施加大对民族地区高等院校的财政投入，并且促使该地区政府重视高校投入，以改变民族地区传统落后观念，加快民族经济发展，积极为构建社会主义和谐社会做出应有的贡献。

5. 利用民族地区独特优势，大力发展特色产业

（1）少数民族地区应充分发挥民族旅游资源丰富的优势，加大投资力度，加快旅游设施建设步伐，提升旅游业在少数民族地区国民经济中的战略地位，把民族旅游业作为新的经济增长点加以培育，促进民族旅游业快速发展。打出民族旅游中"特色旅游"和"边境旅游"这两张"王牌"，以"丝绸之路""沙漠之旅""青藏高原之行"等为样板，打造特色旅游线路，使其成为民族旅游产品的象征，以壮大产业规模，增加旅游收入。另外，稳步发展旅游购物和旅游贸易。在旅游商品生产规范管理的基础上，发展"旅游搭台、经贸唱戏"，快速提升旅游贸易发展势头。同时，兼顾旅游扶贫。少数民族边远贫困地区大多是待开发的旅游资源富集区，而旅游业又是劳动密集型产业，通过大力发展旅游产业，能广泛带动少数民族贫困群众脱贫致富。

（2）积极扶持中小企业发展。一要完善相关配套政策和制度。制定和完善鼓励外来投资的若干优惠政策；对全县形成规模和有发展前景的民营企业实行挂牌保护制度，对挂牌保护企业实行处罚预告、"一把手"批准制度和"一票制"收费制度；对招商引资和项目引进的单位和个人给予奖励，对纳税人给予奖励，对优化环境、支持中小企业发展做出贡献的单位和个人给予奖励。二要加快企业改革步伐。采取租赁、兼并、承包经营和股份合作等多种形式，放开、搞活国有企业。三要支持企业优化产业结构。积极抓好工业小区的规划论证等前期工作，引导企业向小区集中，逐步形成工业支柱产业。四要优化企业发展环境。政府相关部门应定期走访企业，协调解决企业存在的实际困难和问题。五要扩大政府采购力度，政府一方面运用宏观调控力量，另一方面通过采购中心这一机构行使政府采购职能，扶持中小企业拓宽市场。

（3）大力发展特色产业。第一，大力发展特色农业。以产品或服务的市

场前景为导向,优势资源为依托,环境保护为前提,生态保育为出发点,积极促进科技进步,提高农产品的科技含量,并在发展中对特色产品或服务不断进行优化和调整。第二,大力发展西部能源特色经济。重点突出以"西电东送"为目标市场的电力建设;加快"西气东输"石油天然气开发。加大勘探强度和深度,重点进行新疆塔里木、准噶尔、吐鲁番盆地,陕北地区、青海柴达木盆地,以及川渝地区的石油天然气勘探工程,逐步建成开采和外输基地,特别是塔里木盆地、陕北地区、柴达木盆地的天然气生产基地。加快油气管道建设,提高管道运输能力,推进"西气东输"工程;同时,调整和优化西部煤炭资源开发,实施"西煤东运"。重点建设陕西、内蒙古、贵州等地的大中型煤炭生产基地和配套选煤厂。第三,大力发展轻纺工业特色经济。着力发展新型食品饮料和烟草产品,提高品牌档次,重点发展可以提高人民生活水平和生活质量的奶制品、绿色食品、功能性食品、方便食品等优质、高效食品品种。把传统中藏药优势与现代科技、生产工艺、管理营销模式结合起来,开发出一批既符合现代医学标准,又能保持中藏药特色的新品种。因地制宜开展中藏药动植物资源的繁育和种植,使中藏药生产成为新的经济增长点。着眼于开发新、奇、独、特产品,增加产品附加值和竞争能力。通过不断采用新技术、新工艺、新材料,发展新产品、新样式,实现产品的更新换代。第四,大力发展原材料工业特色经济。重点发展黄河上游沿岸的铜、铝、镁、铅、锌、镍等有色金属工业,推进铝电、镁电联合,对铝、镁、锌等进行深加工开发,最终形成我国强大的有色金属工业基地。努力争取国家政策的支持,在现有一次加工能力的基础上,主要建设和完善二次加工能力,在重点产品、关键技术上实现局部突破。在深加工和提高产品市场竞争力上狠下功夫。积极争取利用外资,立足较高起点,在规模经济的基础上实现进口替代。以磷、钾资源开发为重点,积极发展钾肥、磷复肥。搞好盐湖资源的深度开发,以钾肥为重点,大力发展钾、钠、镁、锂、锶、硼等系列产品。第五,大力发展西部国防与机电工业特色经济。在我国的三线建设时期,西部布局了一批高科技的军工产业,这些军工企业在军工转民用中成为西部现代工业的骨干企业,其产品在国内具有较强的竞争力。此外,这些军工企业中聚集着西部主要的科技队伍,是发展高科技产品的重要人才资源。按照"寓军于民"的思路,军民通用产品要进一步打破军用和民用的界限,加强与民用行业部门、地方政府的协调合作。依托国家和地方高新技术开发区,营造"虚拟园区"实行军地合作,建立军民两用技术开发中心,促进高技术成果工程化、产业化发展,推动地方传统产业的改造和新兴产业的崛起。要选择具有竞争优势的民用机电产品进行重点培育,以实现国防高技术与传统机电行业相结合的局部突破,形成特色优势产业。

此外,还可以利用民族地区的自身优势,通过发展民族贸易和资本市场,培养上市公司,带动民族经济发展。

综上所述,发展少数民族经济既要重视国家民族政策的引导和支持,还应充分利用民族地区优势,发挥民族特色。

唯物辩证法认为,事物的内部矛盾(即内因)是事物自身运动的源泉和动力,是事物发展的根本原因;外部矛盾(即外因)是事物发展、变化的第二位的原因;内因是变化的根据,外因是变化的条件,外因通过内因而起作用。因此,要使少数民族地区尽快富裕起来,就要从各个方面加强少数民族地区生产力的发展,民族经济的增长是内因和外因共同作用的结果。

少数民族地区的经济基础较差,自身的发展力量还较弱小,需要通过外部的推动,即凭借国家行政力量,通过国家大规模的投资和资源开发推动经济增长;要从根本上注重民族地区自身生产力的发展,发展根本力量,保持经济发展的持久生命力,加大内因作用的影响。

因此,简单来讲,促进少数民族经济发展,要一切从实际出发,尊重民族地区经济发展的规律,注重民族特色经济的开发;大力发展教育,这是发展民族经济的持续动力和根本力量,可以从少数民族地区干部和民族工作者的培养、劳动技能培训、学校教育等几个方面努力;加强信息的引导,促进民族产品的开发和消费;注重人与自然的和谐发展,保护生态环境。

本章参考文献:

[1] 国家统计局. 2005年全国及地方国内生产总值(GDP)一览[EB/OL]. http://data.stats.gov.cn/easyquery.htm?cn=C01.

[2] 金炳镐. 毛泽东对马克思主义民族理论的伟大贡献[J]. 中央民族学院学报,1993(纪念毛泽东诞辰100周年专刊).

[3] 西藏自治区党史办公室. 周恩来与西藏[M]. 北京:中国藏学出版社,1998.

[4] 邓小平. 邓小平文选:第3卷[M]. 北京:人民出版社,1993.

[5] 胡锦涛. 在中央民族工作会议暨国务院第四次全国民族团结进步表彰大会上的讲话[J]. 今日民族,2005(6).

[6] 赵晓华,李琳. 科学发展观与民族地区经济增长方式的转变[J]. 贵州民族研究,2004(4).

[7] 巨澜. 当代中国民族经济发展问题浅析[J]. 齐齐哈尔大学学报(哲学社会科学版),2009(3).

［8］袁珠盈．刍议云南民族经济发展的难点与对策［J］．云南财经大学学报（社会科学版），2009（1）．

［9］张冬梅．基于民族文化的民族经济发展研究［J］．中央民族大学学报（哲学社会科学版），2009（6）．

［10］胡怀应．加强民族法治建设对促进民族经济发展的时代意义［J］．湖北民族学院学报（哲学社会科学版），2006（6）．

［11］杨蕊，民族地区政府经济管理职能研究［J］．知识经济，2010（16）．

［12］李岚．影响我国人口较少民族经济发展的原因分析［J］．黑龙江民族丛刊（双月刊），2004（1）．

［13］王铁志．人口较少民族研究的意义［J］．黑龙江民族丛刊，2005（5）．

［14］荆纪．2005年成长型中小企业发展报告［J］．中国工商，2005（11）．

［15］国家统计局．2010年第六次全国人口普查主要数据公报（第1号）［EB/OL］．http：//www.stats.gov.cn/tjsj/tjgb/rkpcgb/qgrkpcgb/201104/t20110428_30327.html.

［16］张翼．我国人口结构的若干重要新变化［J］．党政干部文摘，2007（2）．

［17］陈丽明，金浩．民族关系特征：民族和谐社会建设的理论指导——纪念中国共产党建党90周年民族理论系列论文之四［J］．黑龙江民族丛刊（双月刊），2011（2）．

［18］韩生贵．欠发达地区民族经济发展探析［J］．攀登（双月刊），2008（8）．

［19］本书编写组．构建社会主义和谐社会的行动指南——党的十六届六中全会精神学习读本［M］．北京：研究出版社，2006．

［20］李卉子，韩晓东．中国民族经济的必由之路——加速兼并与重组形成市场寡头格局［J］．商场现代化，2006（5）．

［21］青觉，金炳镐．中国共产党第三代领导集体关于少数民族和民族地区经济发展的理论与政策——中国共产党第三代领导集体民族理论研究之八［J］．黑龙江民族丛刊，2003（3）．

［22］杜平．西部开发论［M］．重庆：重庆出版社，2000．

［23］黄保勤．西部民族地区经济社会现状与发展研究［J］．民族研究，1999（5）．

［24］王存教．论民族地区经济发展的制约因素和对策［J］．西北民族学院学报，1998（1）．

［25］雷根虎．西部民族地区经济发展的制约因素与对策思考［J］．开发研究，2005（3）．

[26] 张小兰. 少数民族地区经济开发应走循环经济之路 [J]. 贵州民族研究, 2006 (2).

[27] 朱正华, 窦开龙, 介小兵, 刘澈元. 西部民族地区经济发展的三大制约因素 [J]. 经济观察, 2006 (8).

[28] 杨聪. 积极引导西部民族地区民营经济的发展 [J]. 中央民族大学学报 (哲学社会科学版) .2004 (4).

[29] 赵颖新. 开放经济条件下民族地区产业结构的转换与升级 [J]. 南方经济, 2005 (8).

[30] 庄万禄. 论西部民族地区特色经济发展战略 [J]. 中南民族大学学报 (人文社会科学版), 2004 (1).

[31] 朱宏伟. 民族经济发展与和谐社会的构建 [J]. 理论月刊, 2007 (5).

[32] 刘庸. 民族地区经济发展的九大制约因素 [J]. 西北第二民族学院学报 (哲学社会科学版), 2003 (2).

[33] 马秀萍. 论制约我国民族经济发展的因素及对策 [J]. 黑龙江民族丛刊 (双月刊), 2009 (02).

[34] 宝日格勒图. 加快地区经济发展 着力构建和谐社会——以乌兰察布市地方经济为例 [J]. 内蒙古科技与经济, 2010 (13).

[35] 李丽. 毛泽东与邓小平发展民族地区经济思想之比较 [J]. 广西大学学报 (哲学社会科学版), 2004 (02).

[36] 甘肃省财政学会课题组, 孙得才. 甘肃民族地区社会主义新农村建设中的特殊性研究 [J]. 经济研究参考, 2008 (58).

[37] 杨延昭. 民族地区贫困原因与扶贫对策 [J]. 理论月刊, 2005 (3).

[38] 陈应成. 建国以来中国共产党边疆治理理论与实践研究 [D]. 西安: 陕西师范大学, 2011.

第四章 民族经济政策

政策是指国家政权机关、政党组织和其他社会政治集团为了实现自己所代表的阶级、阶层的利益与意志,以权威形式标准化地规定在一定的历史时期内应该达到的奋斗目标、遵循的行动原则、完成的明确任务、实行的工作方式、采取的一般步骤和具体措施。民族政策是指国家和政党为调节民族关系、处理民族问题而采取的相关措施、规定等的总和。从世界范围来看,民族政策的实质和作用有积极和消极之分,前者如民族平等、民族团结和民族发展政策,后者如种族隔离、种族歧视政策等。从内容来看,民族政策有政策原则和政策措施之分。民族政策原则一般是指在民族工作全局中必须遵循的大政方针,如我国实行的民族平等、团结和民族区域自治政策;具体的民族政策措施,通常是对涉及民族问题的某一方面而做出的具体规定。

民族经济政策是发展民族经济的政策,具体是指国家为发展、扶持、帮助少数民族和民族地区发展经济而实施的政策,是为指导和影响少数民族和民族地区经济活动所规定并付诸实施的准则和措施,是国家宏观调控的手段。

自新中国成立以来,中国政府始终把解决少数民族社会、政治、经济、文化等方面的民族问题,作为国家发展战略的一个重要组成部分。除一贯坚持民族区域自治政策外,还根据民族地区的现实特点,具体问题具体分析,制定出适合民族经济发展的各项政策。我国的民族经济政策经历了从无到有、从少到多,从不成熟到日臻成熟、完善的发展过程。

民族经济政策是国家基本政策之一,是整个国家经济政策的重要组成部分,是党和国家为了解决少数民族和民族地区的经济发展问题而制定和实施的一系列政策,是国家宏观经济控制的手段之一,其根本目的是使各民族共同繁荣发展。民族经济政策受国家宏观经济战略制约,体现民族地区因地制宜的经济发展模式,对发展民族经济,推动民族地区全面建设小康社会的步伐,提高人民的生活水平,缩小城乡差距、东西部区域发展差距,构建和谐社会,提高综合国力以及实现各民族共同繁荣的奋斗目标,具有举足轻重的作用。

加强对我国民族经济政策的研究,有助于正确认识民族经济政策制定的理性逻辑,有助于正确认识我国民族经济政策实施的现状,总结经验教训,为促进民族地区经济社会发展提供指导意见。本章对我国民族经济政策研究的对象、方法以及内容等若干基本问题进行了探讨，最后归纳出我国民族经济政策研究基本框架，并对研究中的不足进行总结。

第一节 民族经济政策的研究对象

民族经济政策研究是以国家制定和实施的民族经济政策为研究对象。从时间上来看，任何民族经济政策都是在某一特定时期内制定和实施的，具有时间界限；从空间上来看，民族经济政策是针对民族地区的经济发展而制定和实施的，具有空间界限。因此，我国民族经济政策的研究对象可以从时间和空间两个维度进行界定。

（1）从时间维度上看，我国民族经济政策的研究对象包括各历史阶段我国的民族经济政策。如徐杰舜、罗树杰研究了中国古代民族经济政策；① 杨军、章育良研究了左宗棠在西北的民族经济政策；② 彭谦③和青觉等④对新民主主义革命时期中国共产党民族经济政策的形成与发展进行了研究；袁雅丽研究了新中国成立以来党的民族经济政策在青海的实践；⑤ 栾爱峰、秉浩对新中国成立60年来的民族经济政策进行探讨；⑥ 张红梅对当代中国少数民族经济发展政策的研究；⑦ 彭秋虹探讨了党的第三代领导集体的民族经济政策；⑧ 等等。

---

① 徐杰舜，罗树杰．中国古代民族经济政策初论［J］．贵州民族研究，1994（3）：98－107．

② 杨军，章育良．论左宗棠在西北的民族经济政策［J］．湖南省社会主义学院学报，2003（4）：47－49．

③ 彭谦．新民主主义革命时期中国共产党民族经济政策的形成与发展［J］．广西民族研究，2001（4）：1－8．

④ 青觉，金炳镐，朱振军．中国共产党少数民族经济政策的形成和发展——中国共产党民族纲领政策形成和发展研究之十二［J］．黑龙江民族丛刊（季刊），2002（2）：52－61．

⑤ 袁雅丽．建国以来党的民族经济政策在青海的实践［J］．青海民族学院学报（社会科学版），2006，32（4）：84－87．

⑥ 栾爱峰，秉浩．新中国民族经济政策60年——纪念新中国成立60周年民族政策系列研究之五［J］．黑龙江民族丛刊（双月刊），2009（5）：21－26．

⑦ 张红梅．当代中国少数民族经济发展政策研究——兼论西部大开发战略对民族经济政策的完善和发展［D］．北京：中央民族大学，2004．

⑧ 彭秋虹．论中国共产党第三代领导集体的民族经济政策［D］．北京：中央民族大学，2005．

(2) 从空间维度上看,我国民族经济政策研究的对象主要有三大类。一类是把我国的全部民族地区作为一个整体,研究其民族经济政策。如杨寿川发表的《我国民族经济政策与实践》①;温军发表的《中国民族经济政策的形成、演变与评价》②和《中国少数民族经济政策的演变与启示》③;红梅发表的《中国少数民族经济政策50年》④;张凤艳等发表的《实现中国民族和谐的经济政策及其调整》⑤。第二类是针对具体某一民族地区的经济政策而进行的研究。如韩红等研究的改革开放以来辽宁民族经济政策演变特点及影响,指出辽宁省民族经济政策主要体现在对少数民族在财政、税收、信贷、贸易、基础建设、扶贫开发、资源开发乃至民族产业的发展等方面给予特殊的照顾和倾斜,认为今后辽宁民族经济政策应本着集聚优势资源、注重经济绩效的原则,力求在各个民族自治区域的某一产业领域率先有所突破,从而以点带面地提高全省民族经济的整体水平;⑥克训对黑龙江省民族经济政策落实情况进行了总结;⑦冷志明、游新彩对湘西土家族苗族自治州的民族地区经济政策进行实证分析;⑧等等。第三类是对具体的某一民族经济政策进行的研究。如桂宇对我国少数民族地区旅游产业经济体系做了较为细致的研究,认为少数民族地区旅游发展对政策的依赖性比较强,少数民族地区目前的旅游产业相关政策体系还需要完善,民族文化是民族地区旅游发展潜力之所在,促进民族地区积极参与旅游业发展是使民族旅游地保持长久生命力的有效方式,也是民族文化保护和传承的动力。⑨又如,曾志勇、李俊杰以恩施州为例,对民族地区税收优惠政策进行了梳理,分析了民族地区税收优惠政策取得的成效

---

① 杨寿川. 我国民族经济政策与实践 [J]. 思想战线, 2000, 26 (4): 62 – 65.
② 温军. 中国民族经济政策的形成、演变与评价 [J]. 民族研究, 1998 (6): 13 – 26.
③ 温军. 中国少数民族经济政策的演变与启示 [J]. 贵州民族研究, 2001 (2): 14 – 20.
④ 红梅. 中国少数民族经济政策50年 [J]. 广西民族研究, 2000 (2): 1 – 6.
⑤ 张凤艳, 张湛, 高岗仓. 实现中国民族和谐的经济政策及其调整 [J]. 青海民族研究, 2005, 16 (4): 77 – 82.
⑥ 韩红, 梁启东, 王建忠. 改革开放以来辽宁民族经济政策演变特点及影响解读 [J]. 满族研究, 2008 (3): 29 – 34.
⑦ 克训. 关于民族经济政策落实情况的综合报告 [J]. 黑龙江民族丛刊, 1996 (1): 10 – 14.
⑧ 冷志明, 游新彩. 民族地区经济政策研究——对湘西土家族苗族自治州的实证分析 [J]. 中央民族大学学报 (哲学社会科学版), 2008, 35 (5): 5 – 10.
⑨ 桂宇. 少数民族地区旅游产业政策体系研究 [D]. 昆明: 云南师范大学, 2006.

及其存在的问题,提出了恩施州应以产业优惠与区域优惠并重为原则,应建立税收减免额的财政会计监督机制等建设性意见;[①] 白丹丹、白阳对民族贸易优惠政策做了较为细致的分析[②];李琼针对民族地区优惠利率贷款政策实施效应进行了分析;[③] 等等。

从这些文献资料分析中不难看出,除了以上三类从空间维度对民族经济政策进行的研究外,还包括关于某一特定民族地区某一特定政策的研究,或者是侧重全国范围内的民族地区某一特定政策的研究等。

第二节 民族经济政策的研究方法

学科的发展与研究方法密不可分,一个学科研究方法的选取直接关系到该学科的发展前途。不同学科的研究对象和研究内容不同,所采用的主要方法也不一样。比如,经济学要进行抽样分析和定量研究,物理学侧重于试验研究,社会学要进行社会调查研究,等等。但是,对于理论工作者来讲,最重要的是要有科学的指导思想和理论方法。民族经济政策作为民族学、政治学与经济学的交叉学科,其研究方法应当借鉴这三个学科的研究方法,并有选择性地吸收当前一些新的科学研究方法,使民族经济政策的研究更加深入,指导性更强。

民族经济学是广义民族学的一个分支,施正一在讲到民族经济学的研究方法时指出,它可以划分为三个层次:指导方法、基本方法和具体方法,在学习和研究民族经济学时,所有这三个层次的方法都是适用的。[④] 朱宏伟在《论民族经济学研究方法》一文中探讨了民族经济学研究的一般方法,从研究问题、思维方式、资料来源以及分析技术来看,民族经济政策研究主要采取的研究方法包括实证分析与规范分析、归纳与演绎、实地调研与文献查阅、质化研究与量化研究等。[⑤]

实证分析解决"是什么"的问题,是对民族经济的基本特征和运行规律的探讨;规范分析解决的是"应该是什么"的问题,是讨论在特定的价值标

[①] 曾志勇,李俊杰. 西部大开发以来民族地区税收优惠政策实施绩效评价——以湖北省恩施土家族苗族自治州为例 [J]. 湖北社会科学,2011 (1):72-75.

[②] 白丹丹,白阳. 关于民族贸易优惠政策的解析 [J]. 企业导报,2010 (7):60-61.

[③] 李琼. 民族地区优惠利率贷款政策实施效应分析 [J]. 武汉金融,2010 (10):23-24.

[④] 施正一. 民族经济学教程 [M]. 北京:中央民族大学出版社,2009:14.

[⑤] 朱宏伟. 论民族经济学研究方法 [J]. 广东技术师范学院学报,2009 (5):21-24.

准下如何发展民族经济的问题。归纳是首先观察某些现象并据此得到结论的过程,是对具体的经验事实进行研究,从中形成理论并运用于理论假说的过程;演绎是指通过逻辑性分析已知事实,经过推理获得结论的过程,它探究与理论命题相关的资料并探讨理论自身的一致性。实地调研是对客观存在的事物进行实地考察并加以理论化的一种方法;文献查阅是指通过查阅相关文献,总结与分析前人的研究成果,从而形成一些新的观点或研究成果的一种研究方法。质化研究,是以研究者本人作为研究工具,在自然情境下采用多种资料收集方法,对社会现象进行整体性探究,分析资料并形成理论,通过与研究对象互动,对其行为和意义建构获得解释性理解的一种研究方法;量化研究,是一种对事物可以量化部分进行测量和分析,以检验关于该事物的某些理论假设的研究方法。

我国民族经济政策的研究融合了多学科的研究方法,总体来讲表现在以下三个方面。

(1)从研究问题上看,目前大多对我国民族经济政策的研究都把实证分析与规范分析结合起来运用,如对民族经济政策各具体政策的制定与实施状况及其形成、演变过程的分析属于实证分析的范畴,而政策评价及针对存在问题提出建议等方面的研究则是属于规范分析的范畴。如袁雅丽对新中国成立以来党的民族经济政策在青海的实践进行了论述,并针对实践中存在的问题提出相关对策,这一研究就是把实证分析和规范分析结合起来运用的。[1]

(2)从思维方式来看,对民族经济政策的研究多以归纳与演绎相结合的方式进行。如栾爱峰、秉浩在《新中国民族经济政策60年——纪念新中国成立60周年民族政策系列研究之五》中对民族经济政策取得的成就与存在的问题采用了归纳的方法,而在论述如何构建与市场经济体制和WTO规则相适应,并建立有利于帮助少数民族经济发展的政策体系,则采用演绎的方法。[2]

(3)从资料来源上看,更多的关于民族经济政策的研究都是通过文献查阅来获取资料的。如李霞林在对中国民族经济政策的制度创新研究中主要采用了文献查阅的研究方法。文献查阅的方法获得的信息面比较广泛,成本较低,同时也有助于对问题形成一个较为全面系统的认识,但由于所采用的并非第一手数据,而是经过过滤和处理的数据,这可能使得一些对研究者具有

---

[1] 袁雅丽. 建国以来党的民族经济政策在青海的实践 [J]. 青海民族学院学报(社会科学版),2006(9):84-87.

[2] 栾爱峰,秉浩. 新中国民族经济政策60年——纪念新中国成立60周年民族政策系列研究之五 [J]. 黑龙江民族丛刊(双月刊),2009(5):21-26.

重大研究价值的信息在数据加工过程中被过滤掉或处理掉。从分析技术上看，我国民族经济政策研究大多数为质化研究，少数采用量化研究，基本上也都只是对一些经济数量指标进行简单的统计分析，缺乏能够更深入地反映问题的量化分析。因此，在研究方法方面，我国民族经济政策研究存在着"重定性分析，轻定量分析"的问题。当然，政策本身是一个比较难以量化的变量，对政策的量化处理在学术界一直存在争议。在今后的研究中，对民族经济政策的定量化研究，有可能成为学科发展的重要突破口。[1]

第三节 民族经济政策的研究内容

民族经济政策，是党的民族政策和国家经济政策的重要组成部分。不断解放和发展生产力，实现各民族共同繁荣，是我们党民族工作的根本宗旨和在民族政策上的根本立场。

新中国成立60多年来，我国民族地区经济发展成就显著，这是党和国家根据不同历史时期民族地区发展的实际，制定和实施一系列民族经济政策（涉及税收、民族贸易、扶贫、产业发展等各个方面）的结果。随着我国民族经济政策的不断发展和完善，有关民族经济政策研究也不断深入，现实意义更强。

1. 根据民族经济政策的具体内容，对民族经济政策的研究主要包括对产业政策、财政政策、税收政策、优惠政策、贸易政策、扶贫政策等方面的研究

在产业政策方面，为实现少数民族和民族地区经济的快速发展，党的第三代领导集体十分重视制定发展少数民族产业经济的政策，注重少数民族地区经济结构的调整。桂宇对少数民族地区旅游产业政策体系进行了研究。他指出，少数民族地区目前的旅游产业相关政策体系还需要完善，各项政策还需要进一步细化。政策制定应结合民族地区经济、社会发展的实际情况，充分考虑民族地区旅游产业发展的特殊性，制定注重社会全面发展的科学发展政策。[2] 孔祥恩强调，建设民族经济强市，必须坚持产业优先，大力发展民族经济。[3]

在财政政策方面，李惠英研究了西部大开发中少数民族地区财政政策，她对西部大开发中少数民族地区财政政策进行回顾，分析了少数民族地区财

---

[1] 李霞林. 试论中国民族经济政策的制度创新 [J]. 科技经济市场, 2007 (1): 93-94.
[2] 桂宇. 少数民族地区旅游产业政策体系研究 [D]. 昆明: 云南师范大学, 2006.
[3] 孔祥恩. 全面落实民族政策建设民族经济强市 [J]. 民族大家庭, 2008 (2): 29-30.

政政策现状及主要存在问题,并提出少数民族地区财政政策支持的思路和对策。① 万圭从财政收入和支出两个方面分析了民族自治地方财政现状,指出了分税制存在的缺陷,同时分析了民族地区财政支出的不合理性,并对如何增加民族自治地方的财政收入、合理财政支出结构提出了一些政策建议。②

在税收政策方面,冷志明、游新彩对20世纪50年代以来在湘西土家族苗族自治州实施的税收政策了进行实证分析,分析了这些税收政策所带来的正面效益,同时也指出为切实有效地保护民族地区的自身经济利益,现行税收政策的调整和补充已成当务之急。③ 周莉莉在谈到少数民族地区税收优惠政策时提出:①应合理调整划分中央税、共享税和地方税;②自治州和自治县应享有地方税收立法权;③应改革现行资源税,并将其培育为一个主体税种;④注重对民族特色产业的财政投入;⑤适当降低少数民族地区税负,吸引生产要素参与民族地区建设,实行吸引投资的税收政策。④

在优惠政策方面,许文苑、白蕊认为,坚持和完善对民族地区的优惠政策是新世纪民族工作的一项重要任务,是民族地区全面建设小康社会的客观要求,在坚持对民族地区实行优惠政策问题上,要走出"市场经济是竞争经济,实行民族优惠政策会妨碍市场经济发展""实行民族优惠政策,会助长民族自治地方等、靠、要"和"扶贫政策等同于民族优惠政策"等认识误区,必须运用法律手段坚持和完善民族地区的优惠政策。⑤ 马清俊、马少虎指出,随着改革开放和社会主义市场经济体制的不断深入,原来针对少数民族地区制定的一系列优惠政策面临着不能很好地为少数民族群众服务的尴尬,这个问题在经济领域尤为突出,具体表现为:有些政策因与现行政策不一致而失去了其"优惠"的功能;有些政策实施难度增大,甚至无法实施;市场经济下政策"先发效应"更加明显。⑥

---

① 李惠英. 西部大开发中少数民族地区财政政策研究 [D]. 北京:中央民族大学,2005.
② 万圭. 民族地区财政政策创新思考 [J]. 现代商贸工业,2009 (15):103-104.
③ 冷志明,游新彩. 民族地区经济政策研究——对湘西土家族苗族自治州的实证分析 [J]. 中央民族大学学报(哲学社会科学版),2008,35 (5):5-10.
④ 周莉莉. 问题视阈中的少数民族地区税收优惠政策思考 [J]. 贵州民族研究,2010 (3):120-126.
⑤ 许文苑,白蕊. 关于坚持和完善对民族地区优惠政策问题的思考. 云南社会主义学院学报,2005 (3):31-34.
⑥ 马清俊,马少虎. 市场经济下民族经济优惠政策的坚持和完善 [J]. 黑河学刊,2008 (6):33-35.

在贸易政策方面,彭秋虹指出,民族贸易政策是体现国家对少数民族特殊照顾的重要标志之一。民族贸易的发展巩固了民族地区自我发展的物质基础,增强民族经济加速发展的动力。20世纪90年代以来,党的第三代领导集体提出:加强领导、调整民族贸易县,给予民族贸易企业流动资金贷款利率优惠政策、税收优惠政策和专项贷款政策。① 李裕鸿、汪晓银以西南民族地区为例,对我国对外贸易对经济增长影响做了实证研究,得出了如下结论:①改革开放以来,出口是继固定资产投资之外能够促进西南民族地区经济增长的又一个动力因素;②随着自由贸易的发展,出口(对经济增长)的边际贡献是整体下降的;③在西南民族地区,劳动力增长对经济增长有负的效应,但是其边际效应是逐年降低的;④在西南民族地区,进口不是理想的贸易选择。作者还对促进西南民族地区的对外贸易与经济持续健康地发展提出了政策建议。②

在扶贫政策方面,刘慧丽对我国少数民族地区的扶贫开发政策进行研究,指出国家对少数民族地区的扶贫政策主要是:放宽标准,扩大扶持范围,加大扶贫力度,在扶资金和物资的分配上重点向少数民族贫困地区倾斜,安排专项扶贫资金。③ 别振宇对我国少数民族地区扶贫政策存在的问题进行了分析,指出我国应该:①加快民族地区扶贫开发法制化建设步伐;②继续加大国家对少数民族地区的资金投入和政策优惠;③加快少数民族地区教育事业发展,提高人口素质,改变贫困意识;④加强基础设施和生态建设,改善生产生活条件;⑤加快易地扶贫开发步伐,充分解决移民搬迁问题;⑥认真研究农牧交错区和边境地区的贫困问题,突出扶贫特色。④

2. 从民族经济政策的发展过程来看,对民族经济政策的研究还涉及政策形成、政策演变、政策过程和评价等问题

(1) 在政策形成方面,彭谦对我国新民主主义革命时期中国共产党的民族经济政策的形成进行了分析,指出新民主主义革命时期的民族经济政策是坚持马克思主义民族理论政策原则,根据少数民族和民族地区的实际情况而

---

① 彭秋虹. 论中国共产党第三代领导集体的民族经济政策 [D]. 北京:中央民族大学,2005.
② 李裕鸿,汪晓银. 对外贸易对经济增长影响的实证研究——以西南民族地区为例 [J]. 生态经济,2010 (11):104 - 108.
③ 刘慧丽. 我国少数民族地区的扶贫开发政策研究 [J]. 企业导报,2009 (3):132.
④ 别振宇. 关于少数民族地区扶贫政策的思考 [J]. 湖北民族学院学报(哲学社会科学版),2009 (4):35 - 40.

制定的适合少数民族、民族地区经济发展的政策。①

（2）在政策演变方面，温军把少数民族经济政策发展演变过程大致分为初步形成、曲折发展、停滞徘徊、恢复发展四个阶段，并通过考察少数民族经济政策的演进历程，认为新世纪应在少数民族地区实施"以人为本、优先加快社会发展"的新追赶战略，重新界定传统发展方向，以加快少数民族的现代化发展进程②。韩红等分析了改革开放以来辽宁民族经济政策演变特点，指出辽宁省民族经济政策演变具有三个显著的特点：从政策侧重点上，早期的救济式脱贫优惠政策逐渐向开发式致富扶持政策转变；从政策的覆盖面上，早期的全面覆盖式优惠政策逐渐转为侧重民族贸易和加大基础设施建设投入等专项扶持政策；从政策的稳定性上，财税优惠和产业扶持政策稳定性较差，扶贫政策特别是专项基金扶持政策稳定性较高。③

（3）政策过程是政策制定、政策实施、政策评估及政策调整、终结的整个运行过程。唐世亮对街津口赫哲民族乡少数民族经济政策的制定、执行、评估、监控和终结阶段进行分析。他认为，政策制定主要有两种类型：一是自下而上，二是自上而下。政策执行是实现政策目标的基本途径，也是检验政策正确与否的唯一标准。政策评估是检验政策效果、效益和效率的基本途径，是决定政策修正、调整、继续或终止的重要依据，是有效配置资源的基础，是决策科学化、民主化的必由之路。政策监控是政策信息反馈的一种途径，通过政策监控可以保证政策合法化，保证政策贯彻实施，保证政策调整与完善，并促进政策的终结。④

（4）政策评价是指依据一定的标准、程序，对实施民族经济政策的效益、效率、效果及价值进行综合性分析判断的行为。民族政策是一个动态的循环过程，只有通过科学的评估活动，人们才能判断某一项民族政策本身的价值，从而决定民族政策的延续、革新或终结。

何伟华指出，对当代民族政策进行评估是检验其效果、效益和效率的基本途径，是决定民族政策修正、调整、继续或终止的重要依据，是有效配置

---

① 彭谦．新民主主义革命时期中国共产党民族经济政策的形成与发展［J］．广西民族研究，2001（4）：1-8．

② 温军．中国少数民族经济政策的演变与启示［J］．贵州民族研究，2001（2）：14-20．

③ 韩红，梁启东，王建忠．改革开放以来辽宁民族经济政策演变特点及影响解读［J］．满族研究，2008（3）：29-34．

④ 唐世亮．从街津口赫哲族经济发展看我国民族经济政策过程［D］．北京：中央民族大学，2007．

资源的基础。他认为对民族政策的评估和评价标准的设定,主要有民族政策的生产力标准、民族政策的效益标准、民族政策的效率标准、民族政策的公正标准、民族政策的政策回应度等。① 张丽君等对新中国成立60年来中国民族经济政策演进的历史轨迹做了探析,并得出启示:①民族经济政策体系的构建,必须将国家宏观发展战略与民族地区经济发展的微观实际相结合;②确保民族经济政策的相对独立地位,与区域经济政策相区别;③民族经济政策的制定与实施要实现稳定性与灵活性的统一;④大力推进民族地区的开发式扶贫,培育民族地区经济发展的"造血"功能;⑤加强民族经济政策实施的社会监督力度和绩效评估体系建设;⑥坚持环境保护与经济发展相协调。② 杨云嫱对少数民族经济政策评估体系构建的二重结构进行了探讨,认为一个科学、公正且有效的少数民族经济政策的评估体系,主要应当从宏观与微观、静态与动态两种维度来构建。③

温军用定量的方法对1949—2002年中国少数民族地区财政优惠、税收优惠、人口生育等13项经济政策的稳定性进行评估。他根据各政策的稳定性程度,把政策分为高稳定程度、中上稳定程度、中下稳定程度、低稳定程度、极低稳定程度五种类型。研究表明,随着中国市场经济体制的全面展开,形成于计划经济时代的绝大多数少数民族经济政策,已经基本失去其功能作用。1949—2002年少数民族经济政策变更频率较高、稳定程度相对较低、执行连续性相对较差。国家比较重视就业、教育、扶贫优惠、扶贫专项基金、对口支援、计划生育、农业及外贸边贸等政策的贯彻落实,对于少数民族贸易和民族特需用生产企业、财政、扶贫开发计划、工业、税收等政策的贯彻落实则重视不够。④⑤ 他的研究尝试用定量的方法对政策稳定性进行评估,具有重要参考价值。

---

① 何伟华. 对当代中国民族政策评估的思考 [J]. 广西民族学院学报(哲学社会科学版), 2002 (5): 15 – 18.

② 张丽君, 韩笑妍, 王菲. 中国民族经济政策回顾及其评价 [J]. 民族研究, 2010 (4): 42 – 53.

③ 杨云嫱. 少数民族经济政策评估体系构建的二重结构探讨 [J]. 吉林广播电视大学学报, 2005 (4): 99 – 102.

④ 温军. 中国少数民族经济政策稳定性评估(1949—2002年)(上)[J]. 民族经济, 2004 (3): 40 – 45.

⑤ 温军. 中国少数民族经济政策稳定性评估(1949—2002年)(下)[J]. 民族经济, 2004 (4): 19 – 23.

第四节 我国民族经济发展中的理论政策

由于各种因素的制约,我国少数民族地区一直处于缓慢发展状态。深入探析我国民族经济发展中的各项政策措施,研究民族经济发展理论基础,综述民族经济发展的理论政策,对我国民族经济的发展具有较大的实践价值。

近年来,研究民族经济发展的国内学者很多,各类有关民族经济发展的研究论文也频频发表于国内各类学术期刊上,笔者从中国学术期刊网上搜索了1999—2010年所有研究民族经济发展理论基础的论文,并做综述。

一、民族经济政策形成和发展的历史

发展民族经济的政策是我党的一项重要政策。有学者(青觉等)提出,我党的少数民族经济政策在新民主主义革命时期就已形成并得到了一定的发展,新中国成立以后,特别是改革开放以来,党和政府民族经济政策经历了发展和完善的过程。自从第一次国内革命战争时期(1924—1927年),我党对少数民族就采取了"经济上保障少数民族的利益和生存权利,少数民族与汉族在经济上一律平等"的政策。第二次国内革命战争时期(1927—1937年),我党对于少数民族及民族地区的经济状况和经济发展问题是非常注意和关心的,并相应地制定了一些针对少数民族及民族地区经济发展的纲领和政策。抗日战争时期(1937—1945年),我党对少数民族及民族地区的经济建设相当重视,制定了一些切合实际情况、有利于发展民族经济的政策和措施。推翻封建剥削制度,改善少数民族人民生活,发展少数民族经济,这是我党的一贯民族经济政策。解放战争时期(1945—1949年),根据我党新民主主义革命经济纲领和新民主主义国民经济的指导方针,少数民族地区采取了进行土地改革、发展生产、繁荣经济的政策。新中国成立初期(1949—1956年),我党为扶持地方尽快恢复经济和帮助少数民族群众提高生活水平,除了政治制度和政权建设的特殊规定外,也相应采取了特殊的经济政策,归纳起来主要有以下几方面:"休养生息"的农牧业政策、"统收统支"的财政政策、"重点倾斜"的生产力布局政策、"机动灵活"的边贸政策、"赔钱补贴"的民族贸易政策、"抢救保护"的民族用品生产政策。到全面建设社会主义时期(1956—1966年),民族经济政策更具有代表性和鲜明性特色,如建立了日臻完善的民族自治地方财政管理体制、规范完整的民族贸易政策体系。到"文化大革命"时期(1966—1976年),虽然我国政治社会生活发生了巨大变

化，经济生活秩序出现了前所未有的混乱，但是这一时期国家为保障民族地区社会经济的基本稳定，对新中国成立以来的一些优惠政策，基本上采取了"能维持的维持，能执行的执行"原则。改革开放初期（1978—1991年），国务院有关部门在制定国民经济和社会发展的相关规划和年度计划中，对民族地区给予了相应的照顾与支持。同时，针对民族地区社会经济发展的突出特点，制定了相关的优惠政策和措施，如制定了对开发民族地区矿产资源的有关政策、鼓励对口支援的相关政策、对农牧业发展方面的相关政策、"分级包干"的财政经济政策、边境贸易的相关政策、改革开放时期的扶贫开发政策、民族贸易的优惠政策等。在我国进入社会主义市场经济时期之后，为适应国家经济政策的调整，中央人民政府对少数民族地区的经济政策也进行了必要的调整，在少数民族和民族地区经济发展方面采取了许多优惠照顾政策，促使少数民族地区经济沿着社会主义市场经济的轨道发展。①

二、民族经济发展的理论指导思想

（一）毛泽东同志的民族经济思想

王冬梅指出，毛泽东在第一次全国统战工作会议的发言记录上做过批示，指出今天的斗争对象主要是帝国主义、封建主义及其走狗国民党反动派残余，而不是民族资产阶级。对于民族资产阶级是有斗争的，但必须团结它，是采用既团结又斗争的政策以达到共同发展国民经济的目的。后来，毛泽东在1952年9月5日致信黄炎培时再次强调，在现阶段对于民族资产阶级"只应当责成他们接受工人阶级的领导，亦即接受共同纲领，而不宜过此限度"。在党内的一部分同志看不到国内主要矛盾的变化，仍把民族资产阶级称作"中间阶级"。对此，毛泽东做了批示，指出："在打倒地主阶级和官僚资产阶级以后，中国内部的主要矛盾即是工人阶级与民族资产阶级的矛盾，故不应再将民族资产阶级称为'中间阶级'。"②

林祥庚认为，中国共产党和毛泽东在领导中国各族人民争取解放的斗争

---

① 青觉，金炳镐，朱振军. 中国共产党少数民族经济政策的形成和发展——中国共产党民族纲领政策形成和发展研究之十二 [J]. 黑龙江民族丛刊（季刊），2002（2）：52-61.

② 王冬梅. 国民经济恢复时期党对民族资本主义经济的政策 [J]. 当代中国史研究，1999（3）：10-18.

中，注重从中国民族问题的实际出发，创造性地运用马克思主义关于民族问题的理论原则，逐步形成了适合中国国情的民族区域自治的理论和政策。早在1938年，毛泽东在中共六届六中全会上就比较明确地提出了民族区域自治的主张。1945年4月，他在党的七大政治报告中又明确提出"允许各少数民族有民族自治的权利"，并把它作为党的具体纲领之一。而后形成的民族区域自治制度的实行，保证了中国民族的平等和少数民族当家做主的基本权利，加强了民族团结，巩固了国家的统一。1953年，毛泽东在《论十大关系》中提出："我们要诚心诚意地积极地帮助少数民族发展经济建设和文化建设。"这些都极大地促进了少数民族经济和社会的进步，少数民族的经济与文化发展实现了巨大的历史性变化。①

杨志玲、盛美真认为，毛泽东民族经济思想的内容主要包括：第一，提倡民族平等，把它作为民族经济发展的前提和保证；第二，采取"灵活性和原则性相结合"的发展策略；第三，主张诚心诚意帮助少数民族发展；第四，在条件成熟时实施社会改革，实现民族经济的大发展；第五，强调少数民族地区要以经济工作为中心，提高人民生活水平，在此基础上实现全面发展。毛泽东以鲜明的中国特色创造性地丰富和发展了马列主义民族理论，为我们今天发展民族经济，实现全国各族人民共同富裕提供了强有力的理论武器和实践经验，为少数民族的发展指明了正确方向，奠定了坚实的基础。②

毛泽东同志曾强调，"在少数民族地区，经济管理体制和财政体制，究竟怎样才适合，要好好研究一下。汉族人民要诚心诚意地积极帮助少数民族发展经济建设和文化建设。在苏联，俄罗斯民族同少数民族的关系很不正常，我们应当接受这个教训。我们必须搞好汉族和少数民族的关系，巩固各民族的团结，共同努力建设伟大的社会主义祖国。"

（二）邓小平同志的民族经济思想

张伟夫等提出，邓小平同志认为对外开放是民族地区经济发展的必由之路。首先，它是时代发展的要求；其次，这是世界各国、各民族经济发展的共同经验；第三，对外开放是促进民族地区社会经济发展，实现各民族共同繁荣的必由之路；第四，实行对外开放是社会主义本质的内在要求。一直以

---

① 林祥庚. 中国共产党与中国少数民族的社会改革和经济发展 [J]. 高校理论战线, 2003（2）: 32-34.

② 杨志玲, 盛美真. 毛泽东民族经济思想初探 [J]. 毛泽东思想研究, 2004（2）: 134-136.

来，在邓小平同志关于加大民族地区对外开放力度的精神指引下，中华民族迎来了各民族的大团结、经济的大发展和生活水平的大提高。①

翁乾麟等则认为，邓小平建设有中国特色社会主义理论的重要组成部分是他的民族经济思想，他提出了落后民族如何建设社会主义的科学理论，极大地发展了马克思主义，为我国民族地区的经济发展指明了根本方向。② 同时，在区域经济发展问题上，贾兴元和喇明英也认为，邓小平同志提出了"既允许一部分地区先富起来，又要实行先富带动后富，最终走向共同富裕"的战略构想，为民族地区的经济发展指明了道路。另外，邓小平同志提出了加快民族地区经济发展的一系列方针、政策，发展了毛泽东同志关于诚心诚意帮助少数民族发展经济的思想。他很早就把经济问题作为观察民族问题的立足点。他还强调要重视发展民族贸易，并指出：我们帮助少数民族发展经济，很重要的一环是贸易，经济工作应以贸易为中心。③④

田孟清强调，邓小平民族理论中包含丰富的民族经济思想，他赋予"民族经济"以新的内涵，扩大了其外延，认为"三资企业"也是民族经济；以"着眼于把民族地区发展起来"作为民族政策的目标和判断民族政策正确与否的标准；只有改革开放，民族才能发展进步；为了实现各民族的共同富裕和共同繁荣，沿海要帮助内地；发展少数民族地区经济要从实际出发，因地制宜。⑤

李勇把邓小平民族经济理论思想主要归纳为四个方面。一是只有把民族地区经济发展起来，实现共同繁荣和富裕，才能实现"各民族之间真正平等"；二是民族地区经济的发展对巩固国防、维护祖国统一具有重要意义；三是改革和开放是民族地区经济发展的重要手段；四是西部大开发是邓小平民

---

① 张伟夫，华正学．对外开放是民族地区经济发展的必由之路——学习邓小平关于民族地区改革开放理论的体会［J］．满族研究，1999（1）：3-5．

② 翁乾麟，刘岩．试论邓小平的少数民族经济思想［J］．黑龙江民族丛刊（季刊），2000（2）：43-46．

③ 贾兴元．用邓小平"两个大局"思想统筹四川民族地区经济发展［J］．西南民族大学学报（人文社会科学版），2004（8）：53-54．

④ 喇明英．用邓小平理论指导发展民族经济［J］．西南民族大学学报（人文社会科学版），2004（7）：102-104．

⑤ 田孟清．试论邓小平的民族经济思想［J］．中南民族大学学报（人文社会科学版），2003（3）：24-27．

族经济理论的重要实践。①

中共四川省委2004年"五个一"项目课题组认为，邓小平的民族经济思想主要体现在：把经济建设放在民族工作的首位，逐步实现各民族共同繁荣，是邓小平发展民族经济思想的重要内容；是否有利于当地民族经济的发展是判断我们民族政策和民族工作是否正确的标准；加快少数民族地区经济发展，必须根据实际情况实行改革开放，必须强调国家的帮助和发达地区的支援，必须加大大批民族干部的培养。②

邓小平同志认为，在中国的历史上，少数民族与汉族存在很深的隔阂。虽然经过多方努力，这种情况逐渐地在改变，但并没有完全消除隔阂。少数民族要经过较长的时间，通过事实才能解除历史上大汉族主义造成的隔阂。我们要做长期的工作，达到消除这种隔阂的目的。要使他们相信，在政治上，中国境内各民族是真正平等的；在经济上，他们的生活会得到改善；在文化上，也会得到提高。所谓文化，主要是指他们本民族的文化。我们只有在这三方面取得成效，这种历史的隔阂、裂痕才有可能消除。也只有在消除民族隔阂的基础上，经过各族人民的共同努力，才能真正形成中华民族美好的大家庭。我们是有条件消除民族隔阂的。历史上的反动统治实行的是大民族主义的政策，只能加深民族隔阂，而今天我们政协共同纲领所规定的民族政策，一定能够消除这种隔阂，实现各民族的大团结。

在政治上，民族工作的中心任务是搞好团结，消除隔阂。少数民族的事应该由他们自己当家，这是他们的政治权利。

经济上，很重要的一环就是帮助少数民族发展经济贸易，经济工作应当以贸易工作为中心。要帮助少数民族把贸易活动组织起来。贸易中要免除层层的中间剥削，使他们少吃亏。只有经济活了，他们的生活才会好起来。要使他们在贸易中获得利益，然后在这样的基础上帮助他们逐步地从农、工、牧、商等方面发展。

在文化上，要尽快提高少数民族的文化水平。应在少数民族地区举办一些教育事业，动员一些人到那里去办学校。现在最好先办一些训练班，着重宣传民族政策。少数民族地区卫生工作也很重要，那里迫切需要医药。在当前来说，文化工作首先要以卫生工作为中心，卫生工作作用很大。

---

① 李勇. 浅谈邓小平的民族经济理论思想 [J]. 西南民族大学学报（人文社会科学版），2004（8）：47 – 49.

② 中共四川省委2004年"五个一"项目课题组. 邓小平民族经济思想研究 [J]. 西南民族大学学报（人文社会科学版），2005（1）：159 – 164.

(三) 江泽民同志的民族经济思想

张忠江等认为,以江泽民同志为核心的第三代中央领导集体继承了毛泽东、邓小平"共同富裕"的思想,认真总结了他们实际工作中所采取的策略手段上的经验教训,创造性地提出了区域经济协调发展的策略手段,实施西部大开发战略,加快中西部地区的发展。坚持、丰富和发展了毛泽东、邓小平等关于实现共同富裕的战略思想和区域经济发展理论。①

青觉、金炳镐认为,中国共产党第三代领导集体关于少数民族和民族地区经济发展的理论和政策的基本观点包括:加快少数民族和民族地区发展,是党的民族政策的基本出发点和归宿,是社会主义本质要求在民族工作上的体现,是现阶段民族工作的重要任务;少数民族和民族地区的发展,既是个经济问题,也是个政治问题;民族地区的改革开放应从实际出发,慎重稳进;各族人民群众是社会主义现代化建设和改革开放的依靠力量;实施西部大开发是民族地区加快发展的重要历史机遇;少数民族和民族地区要获得较快发展,既需要国家扶持和比较发达地区的帮助,更需要发扬自力更生、艰苦奋斗精神。②

唐皓认为,以江泽民同志为核心的党的第三代领导集体,在理论和实践方面进行了一系列的探索。把加快少数民族和民族地区的经济发展作为民族工作的核心任务,制定发展少数民族经济的基本方针,如加强国家对少数民族的扶持和帮助;经济发达地区要加强对口支援;少数民族地区要自力更生,发挥自己的优势;等等。创造性地提出了沿边开放、西部大开发等民族地区的经济发展战略。③

江泽民同志指出,我国56个民族始终要心连心,同呼吸、共命运,不断巩固平等、团结、互助的社会主义民族关系,促进共同发展和共同繁荣。这不仅是从中华民族几千年发展历史中得出的重要结论,也是我们实现中华民族全面振兴的重要保证。我们应抓住历史机遇,加快少数民族和民族地区的

---

① 张忠江,滕丽英. 论三代中共领导集体加快民族地区经济发展的思想与实践 [J]. 黑龙江民族丛刊(季刊),2000(1):38-41.

② 青觉,金炳镐. 中国共产党第三代领导集体关于少数民族和民族地区经济发展的理论与政策——中国共产党第三代领导集体民族理论研究之八 [J]. 黑龙江民族丛刊(季刊),2003(3):19-25.

③ 唐皓. 对第三代中央领导集体发展民族经济理论与实践的探析 [J]. 西南民族大学学报(人文社会科学版),2005(9):247-249.

发展；坚持和完善民族区域自治制度，大力培养少数民族干部；加强民族团结，维护祖国统一和社会稳定；坚持和加强党对民族工作的领导，不断提高民族工作的水平。

（四）胡锦涛同志的民族经济思想

胡锦涛同志回顾并总结了马克思主义有关民族问题的论述以及我国毛泽东、邓小平和江泽民三位前任领导人的民族思想，在正确认识和切实做好少数民族发展工作方面，联系历史和现实，得到如下启示。

第一，正确解决民族问题，既要有正确的指导思想和政策，又要有一支能够贯彻执行这些指导思想和政策的少数民族干部队伍。只要有民族存在，就有民族问题存在，只有创造性地制定出符合我国国情的民族政策，实行了民族区域自治制度，才能妥善解决民族问题。

第二，社会主义现代化建设，需要一个有利于我国对外开放的国际环境，更需要有一个各民族团结和睦、社会政治稳定的内部环境，我们只有坚持把马克思主义民族理论同中国民族问题的具体实际相结合，始终把民族工作作为一项重大工作来抓，开创具有中国特色的解决民族问题的正确道路，才能不断促进各民族的平等团结和繁荣发展。

第三，我们要充分认识各民族在历史发展中形成的传统、语言、文化、风俗习惯、心理认同等方面的差异，以及我国多民族的国情和民族问题的长期性、复杂性，并给予充分的尊重和理解，不能忽视它们的存在，也不能用强制的方式加以改变。对各民族在发展水平上的差距，我们要积极创造条件，努力缩小和消除。

第四，坚持巩固和发展平等、团结、互助、和谐的社会主义民族关系，坚持和完善民族区域自治制度，加快少数民族和民族地区经济社会发展，坚持维护法律尊严，维护各族人民利益，依法妥善处理影响民族关系的各种矛盾和问题。

三、现阶段民族经济发展政策措施

现阶段我国的民族经济发展以"共同团结奋斗、共同繁荣发展"为基础，坚持以人为本的科学发展观，关注少数民族地区的发展落后问题、贫困问题、教育卫生问题和生态问题，促进少数民族和民族地区与全国人民共同繁荣发展。

要始终围绕"两个共同"这个主题来开展民族工作，牢固树立马克思主义群众观、科学的发展观,进一步认识和把握新的历史条件下民族发展变化的特点和规律,创新民族工作的思路和方法,不断提高驾驭民族工作、维护社会稳定的能力,把各民族紧密团结起来,为全面建设小康社会、构建社会主义和谐社会而奋斗。

要以"三个离不开"的指导思想来正确处理民族问题和宗教问题,加强民族团结,维护祖国统一。要牢固树立国家统一是各族人民最高的利益这一原则立场,妥善处理影响民族团结的问题。

要坚持和完善民族区域自治制度,保持社会主义政治优势,依法解决民族问题。要考虑民族地区的特殊性,将国家实施的重大政策措施落到实处。要充分行使好《中华人民共和国宪法》和《中华人民共和国民族区域自治法》赋予的各项自治权利。

要从提高党的执政能力这一高度出发,加强和改善党对民族工作的领导,提高党的执政能力,增强驾驭和解决民族问题的能力。要在民族工作中加强党的领导,巩固党在民族工作中的领导核心地位,完善民族工作领导体制和工作机制。要把"立党为公、执政为民"的执政理念贯彻到民族工作的方方面面,及时反映各族人民群众的意志和要求,让各族人民真正得到实惠。

要坚持解放思想,更新观念,进一步认识和把握新的历史条件下民族发展变化的特点和规律,创新民族工作的思路和方法,不断提高驾驭民族工作、维护社会稳定的能力。要围绕"两个共同",更新观念,深入调查研究,掌握实情出思路,提出政策措施当参谋,促进民族地区发展进步。民族地区要把发展作为工作的重中之重,用足、用够、用活党的民族政策和民族法律、法规所赋予的各项权益,坚持以邓小平同志"三个有利于"为标准,结合本地实际,创造性地贯彻党的方针政策,出新思路、新举措,切实贯彻落实"两个共同"。

第五节 总结

民族经济是推动民族发展的根本动力,是逐步消除民族差别的必由之路。新中国成立60多年以来,少数民族经济取得了辉煌成就,人们的生活发生了翻天覆地的变化,极大地增强了少数民族人民对祖国的热爱,在本民族认同之上形成了强烈的中华民族认同意识。就此而言,民族经济的腾飞,是中华民族多元一体格局稳定发展的源泉。现阶段,在发展少数民族经济时既要重视国家政策的引导和资金的支持,又要注重提高本民族地区的生产能力,这是根本性和持久性的力量,同时要保持人与自然的和谐相处,促进民族经济的良性快速发展。

少数民族和民族地区的经济建设事业是中国社会主义现代化建设事业的重要组成部分。加快发展民族经济特别是少数民族经济是党和国家的一项重要政策，是马克思主义特别强调与重视的民族理论政策原则，是中国实现各民族共同繁荣的根本途径。虽然中国少数民族地区经济文化发展相对落后，但是少数民族经济在中国国民经济中占有重要地位，少数民族地区在国防建设中具有重要的战略地位，因此加快发展少数民族经济十分重要。发展和完善民族经济政策是加快我国民族发展，特别是民族经济发展的重要保障。

民族经济政策研究的深入可以更好地指导和实践民族经济健康、快速的发展，有利于建设社会主义和谐社会。

综上所述，我国民族经济政策的研究基本框架可归纳为表4-1所示：

表4-1 我国民族经济政策的研究基本框架

研究对象	时间	古代、近代、现代、当前
	空间	整体、个体
研究方法	研究问题	实证分析与规范分析相结合
	思维方式	归纳与演绎相结合
	资料来源	多以文献查阅为主
	分析技术	重质化研究，轻量化研究
研究内容	具体内容	产业政策、财政政策、税收政策、优惠政策、贸易政策、扶贫政策等
	过程	政策形成、政策演变、政策过程、政策评价

民族经济政策作为我国经济政策的重要组成部分，对于民族地区经济社会发展、我国实现全面建设小康社会和构建和谐社会具有重要意义。当前对我国民族经济政策的研究，有助于深入、全面地认识我国民族经济政策制定和实施的现状以及在政策过程中存在和出现的问题；而对其提出建议与对策，对于今后根据民族地区经济社会发展现实，调整民族经济政策具有重要参考价值。在笔者看来，目前对民族经济政策的研究主要存在以下几点不足。

第一，民族经济政策作为一个经济因素直接作用于经济发展，而影响经济的因素除了民族经济政策等经济因素以外，还包括其他非经济因素，如文化、思想等。民族经济政策与非经济因素之间并不是相互独立的，它们之间存在着互动作用，目前对民族经济政策与非经济因素之间的互动关系的研究相对匮乏。

第二，民族经济政策包括产业政策、财政政策、税收政策、优惠政策、贸易政策、扶贫政策等方面，这些政策之间也并不是相互独立的，它们之间相辅相成，共同组成民族经济政策体系，但具体而言，在不同地区、不同时期，各政策所产生的效益是不尽相同的。因此，在不同地区、不同时期，有针对性、有所侧重地研究各个具体政策之间的问题显得十分必要，而目前我国民族经济的相关研究对此进行探讨的还很少。

第三，民族经济政策研究中存在着"重定性分析，轻定量分析"的问题，缺乏较为深入的对民族经济政策的定量分析。如何对民族经济政策科学、合理地进行量化处理，是民族经济政策进一步研究的重点和难点。

本章参考文献：

［1］朱宏伟. 民族经济政策研究的若干问题［J］. 广西民族研究，2011（1）.

［2］金炳镐，何山河. 民族政策体系：马克思主义民族理论中国化的体现——纪念中国共产党建党90周年民族理论系列论文之五［J］. 黑龙江民族丛刊，2011（3）.

［3］哈正利. 民族政策研究范式的转换——兼论民族政策评估的必要性［J］. 西南民族大学学报（人文社会科学版），2010（6）.

［4］容汉志. 民族地区税收政策研究［D］. 北京：中央民族大学，2010.

［5］袁雅丽. 建国以来党的民族经济政策在青海的实践［J］. 青海民族学院学报（社会科学版），2006，32（4）.

［6］栾爱峰，秉浩. 新中国民族经济政策60年——纪念新中国成立60周年民族政策系列研究之五［J］. 黑龙江民族丛刊（双月刊），2009（5）.

［7］张红梅. 当代中国少数民族经济发展政策研究——兼论西部大开发战略对民族经济政策的完善和发展［D］. 北京：中央民族大学，2004.

［8］彭秋虹. 论中国共产党第三代领导集体的民族经济政策［D］. 北京：中央民族大学，2005.

［9］杨寿川. 我国民族经济政策与实践［J］. 思想战线，2000，26（4）.

［10］温军. 中国民族经济政策的形成、演变与评价［J］. 民族研究，1998（6）.

［11］温军. 中国少数民族经济政策的演变与启示［J］. 贵州民族研究，2001（2）.

［12］红梅. 中国少数民族经济政策50年［J］. 广西民族研究，2000（2）.

[13] 张凤艳，张湛，高岗仓. 实现中国民族和谐的经济政策及其调整 [J]. 青海民族研究，2005，16 (4).

[14] 韩红，梁启东，王建忠. 改革开放以来辽宁民族经济政策演变特点及影响解读 [J]. 满族研究，2008 (3).

[15] 克训. 关于民族经济政策落实情况的综合报告 [J]. 黑龙江民族丛刊，1996 (1).

[16] 冷志明，游新彩. 民族地区经济政策研究——对湘西土家族苗族自治州的实证分析 [J]. 中央民族大学学报（哲学社会科学版），2008，35 (5).

[17] 桂宇. 少数民族地区旅游产业政策体系研究 [D]. 昆明：云南师范大学，2006.

[18] 曾志勇，李俊杰. 西部大开发以来民族地区税收优惠政策实施绩效评价——以湖北省恩施土家族苗族自治州为例 [J]. 湖北社会科学，2011 (1).

[19] 白丹丹，白阳. 关于民族贸易优惠政策的解析 [J]. 企业导报，2010 (7).

[20] 李琼. 民族地区优惠利率贷款政策实施效应分析 [J]. 武汉金融，2010 (10).

[21] 施正一. 民族经济学教程 [M]. 北京：中央民族大学出版社，2009.

[22] 朱宏伟. 论民族经济学研究方法 [J]. 广东技术师范学院学报，2009 (5).

[23] 李霞林. 试论中国民族经济政策的制度创新 [J]. 科技经济市场，2007 (1).

[24] 孔祥恩. 全面落实民族政策建设民族经济强市 [J]. 民族大家庭，2008 (2)：29-30.

[25] 李惠英. 西部大开发中少数民族地区财政政策研究 [D]. 北京：中央民族大学，2005.

[26] 万圭. 民族地区财政政策创新思考 [J]. 现代商贸工业，2009 (15).

[27] 周莉莉. 问题视阈中的少数民族地区税收优惠政策思考 [J]. 贵州民族研究，2010 (3).

[28] 许文苑，白蕊. 关于坚持和完善对民族地区优惠政策问题的思考. 云南社会主义学院学报，2005 (3).

[29] 马清俊，马少虎. 市场经济下民族经济优惠政策的坚持和完善 [J]. 黑河学刊，2008 (6).

[30] 李裕鸿，汪晓银. 对外贸易对经济增长影响的实证研究——以西南

民族地区为例［J］.生态经济，2010（11）.

［31］刘慧丽.我国少数民族地区的扶贫开发政策研究［J］.企业导报，2009（3）.

［32］别振宇.关于少数民族地区扶贫政策的思考［J］.湖北民族学院学报（哲学社会科学版），2009（4）.

［33］彭谦.新民主主义革命时期中国共产党民族经济政策的形成与发展［J］.广西民族研究，2001（4）.

［34］唐世亮.从街津口赫哲族经济发展看我国民族经济政策过程［D］.北京：中央民族大学，2007.

［35］何伟华.对当代中国民族政策评估的思考［J］.广西民族学院学报（哲学社会科学版），2002（5）.

［36］张丽君，韩笑妍，王菲.中国民族经济政策回顾及其评价［J］.民族研究，2010（4）.

［37］杨云嬅.少数民族经济政策评估体系构建的二重结构探讨［J］.吉林广播电视大学学报，2005（4）.

［38］温军.中国少数民族经济政策稳定性评估（1949—2002年）（上）［J］.民族经济，2004（3）.

［39］温军.中国少数民族经济政策稳定性评估（1949—2002年）（下）［J］.民族经济，2004（4）.

［40］青觉，金炳镐，朱振军.中国共产党少数民族经济政策的形成和发展——中国共产党民族纲领政策形成和发展研究之十二［J］.黑龙江民族丛刊（季刊），2002（2）.

［41］王冬梅.国民经济恢复时期党对民族资本主义经济的政策［J］.当代中国史研究，1999（3）.

［42］林祥庚.中国共产党与中国少数民族的社会改革和经济发展［J］.高校理论战线，2003（2）.

［43］杨志玲，盛美真.毛泽东民族经济思想初探［J］.毛泽东思想研究，2004（2）.

［44］张伟夫，华正学.对外开放是民族地区经济发展的必由之路——学习邓小平关于民族地区改革开放理论的体会［J］.满族研究，1999（1）.

［45］翁乾麟，刘岩.试论邓小平的少数民族经济思想［J］.黑龙江民族丛刊（季刊），2000（2）.

［46］贾兴元.用邓小平"两个大局"思想统筹四川民族地区经济发展［J］.西南民族大学学报（人文社会科学版），2004（8）.

[47] 喇明英．用邓小平理论指导发展民族经济［J］．西南民族大学学报（人文社会科学版），2004（7）．

[48] 田孟清．试论邓小平的民族经济思想［J］．中南民族大学学报（人文社会科学版），2003（3）．

[49] 李勇．浅谈邓小平的民族经济理论思想［J］．西南民族大学学报（人文社会科学版），2004（8）．

[50] 四川省委2004年"五个一"项目课题组．邓小平民族经济思想研究［J］．西南民族大学学报（人文社会科学版），2005（1）．

第五章 民族地区产业结构调整与发展战略

笔者从中国学术期刊数据库检索了1999—2011年的所有关于研究民族地区产业结构的论文,共389篇。其中,民族地区产业结构调整与发展战略研究(保护民族工业,大力发展特色产业、劳务经济等)是民族经济研究的热点。本章在介绍产业结构含义的基础上,主要从产业结构发展历史、产业结构优势与劣势、产业发展战略三个方面进行论述。

第一节 产业结构的含义

产业是经济社会运行的主要内容,产业结构则是经济领域中至关重要的问题。一国产业结构层次的高低、合理与否,决定着该国经济素质、实力的强弱和能否实现稳定而快速的增长。

概括来讲,产业是指进行同类经济活动组织的总和。产业的分类方法主要有:①三次产业分类法,即人类的经济活动可以分为三个阶段,与此相对应,也就有三次产业的划分(费希尔,1935)。②标准产业分类法:目前联合国和世界许多国家分别颁布了标准产业分类。我国在国际标准分类基础上,把整个国民经济划分为20个门类(A-T),在20个门类中又划分96个大类,在96个大类中又划分960个中类和9600个小类。③其他产业分类方法,如资源密集程度分类法把产业分为劳动密集型、资本密集型和技术密集型,以及四次产业分类法、关联方式分类法、两大领域和两大部门分类法等。目前,我国对产业的划分为:第一产业,指农业、林业、畜牧业和渔业;第二产业,指采矿业,制造业,电力、燃气及水的生产和供应业,建筑业;第三产业,指除上述第一产业、第二产业以外的其他各产业。

产业结构是指产业间或产业内部各行业之间的关系结构,反映一个国家产业之间或某项产业内部行业之间的比例关系和变化趋势,产业结构理论是以产业之间的技术经济联系及其联系方式为研究对象。

对产业结构的认识,学术界有着不同的观点,其侧重点各不相同。苏东水认为产业结构是产业间的技术经济联系与联系方式,这种产业间的联系与联系方式可从两个角度考察:一是从"质"的角度,动态地揭示产业间技术经济联系与联系方式不断发展变化的趋势,揭示在经济发展过程的国民经济产业部门中,起主导和支柱地位的产业部门不断替代的规律及其相应的结构效益,从而形成狭义的产业结构理论;二是从"量"的角度,静态地研究和分析一定时期内产业间联系与联系方式的技术经济数量比例关系,即产业间投入与产出的量的比例关系,从而形成产业关联理论。① 李蛟认为,产业结构是反映资源配置的关系,是指资源(包括自然资源和人力资源)在社会经济生活各个部门之间配置的比例关系。②

Carter 和 Michael Shawn 认为,产业结构是国民经济的部门结构,由国民经济各产业之间部门以及各产业内部部门构成。研究产业结构,主要是研究生产资料和生活资料两大部类之间的关系,从部门来看就是研究农业、轻工业、重工业、建筑业、商业服务业等部门之间的关系,以及各产业部门的内部关系。③

不论上述各观点的侧重点有何不同,产业结构的内涵是指在整个国民经济中各产业间的比例关系。在经济学的意义上,这种比例关系包括投入的比例关系,即资源分配关系,也包括产出在各次产业间的分配比例。由于投入包括资源、劳动力、资金、技术等不同方面,产出也包括产品、服务等多种层次,所以产业结构的内涵是复杂的、分层次的,是评价一国资源利用效率的重要依据。从静态的角度看,产业结构是一系列、分层次的比例关系;从动态的角度看,它是一个投入、产出的过程,因而被视为"资源转换器"。

第二节 产业结构演变的相关理论

一、产业结构理论的思想渊源

产业结构理论的思想渊源可以追溯到 17 世纪。威廉·配第(William Petty)在 17 世纪第一次发现世界各国国民收入水平的差异和经济发展的不同阶段的关键原因是产业结构的不同。他于 1672 年出版的《政治算术》就通过考察得出结论:"工业比农业收入多,商业又比工业的收入多,即工业比农

---

① 苏东水.产业经济学[M].北京:高等教育出版社,2000.

② 李蛟.知识经济与产业结构升级——兼论中国加入 WTO 后的产业结构调整[J].当代亚太,2000(9):34-39.

③ Carter, Michael Shawn. Industrial structure impacts on stock price valuation [M]. Texas: Texas A&M University Press, 1997.

业、商业比工业附加值高。"

重农学派的创始人弗朗斯瓦·魁奈（Francois Quesnay）分别于1758年和1766年发表了重要论著《经济表》《经济表分析》。他根据自己创立的"纯产品"学说，提出了关于社会阶级结构的划分：生产阶级，即从事农业可创造"纯产品"的阶级，包括租地农场主和农业工人；土地所有者阶级，即通过地租和赋税从生产阶级那里取得"纯产品"的阶级，包括地主及其仆从、君主官吏等；不生产阶级，即不创造"纯产品"的阶级，包括工商资本家和工人。他在经济理论上的突出贡献是在"纯产品"学说的基础上对社会资本再生产和流通条件的分析。

在配第之后，亚当·斯密（Adam Smith）在《国富论》中虽未明确提出产业结构的概念，但论述了产业部门、产业发展及资本投入应遵循农工批零商业的顺序。其时恰处工业革命前夕，重商主义阻碍工业进步的局限性和商业繁荣的虚假性已暴露出来。

就此而论，配第、魁奈及亚当·斯密的发现和研究是产业结构理论的重要思想来源之一。

二、产业结构理论的形成与发展

20世纪30—40年代是现代产业结构理论的形成时期。这一时期对产业结构理论的形成做出突出贡献的主要有费夏、克拉克、赤松要、里昂惕夫和库兹涅茨等人。

在20世纪30年代大危机时期，工业部门衰退，从统计上体现出服务部门在经济中的明显优势。于是，人们回忆起17世纪中期配第的朴素思想。新西兰经济学家费夏以统计数字为依据，再次提起配第的论断，并首次提出了关于三次产业的划分方法，产业结构理论开始初具雏形。在吸收并继承了配第、费夏等人的观点的基础上，克拉克建立起了完整、系统的理论框架。在1940年出版的《经济发展条件》一书中，他通过对40多个国家和地区不同时期三次产业劳动投入和总产出的资料整理和比较，总结了劳动力在三次产业中的结构变化与人均国民收入的提高存在着一定的规律性：劳动人口从农业向制造业，进而从制造业向商业及服务业移动，即所谓的"克拉克法则"。

库兹涅茨1941年在其著作《国民收入及其构成》中阐述了国民收入与产业结构间的重要联系。他通过对大量历史经济资料的研究得出重要结论：产业结构和劳动力的部门结构将趋于下降；政府消费在国民生产总值中的比重趋于上升，个人消费比重趋于下降。

产业结构理论在20世纪50—60年代得到了较快的发展。此时期对产业结构理论研究做出突出贡献的代表人物为：里昂惕夫、库兹涅茨、刘易斯、赫希曼、罗斯托、钱纳里、霍夫曼、希金斯及一批日本学者等。

1. 里昂惕夫、库兹涅茨、霍夫曼、丁伯根等沿着主流经济学经济增长理论的研究思路，分析了经济增长中的产业结构问题

里昂惕夫对产业结构进行了更为深入的研究。他于1953年和1966年分别出版了《美国经济结构研究》和《投入产出经济学》，建立了投入产出分析体系，并利用这一分析经济体系的结构与各部门在生产中的关系，分析国内各地区间的经济关系以及各种经济政策所产生的影响。在《现代经济增长》和《各国经济增长》中，他深入研究了经济增长与产业结构的关系问题。

丁伯根关于制定经济的理论包含着丰富的产业结构理论。他认为，经济结构就是要有意识地运用一些手段以达到某种目的，其中就包含调整结构的手段。他将经济政策区分为数量政策、性质政策和改革三种。其中，性质政策就是改变结构（投入产出表）中的一些元素，改革就改变基础中的一些元素。此外，他所采用的部分投入产出法就是一种产业关联方法，它直接从投资计划项目开始，把微观计划简单地加总为宏观计划。

2. 刘易斯、赫希曼、罗斯托、钱纳里、希金斯等的产业结构理论则是发展经济学研究的进一步延伸。其研究存在以下两种思路

（1）二元结构分析思路。

刘易斯于1954年发表的《劳动无限供给条件下的经济发展》一文，提出用以解释发展中国家经济问题的理论模型，即二元经济结构模型。

拉尼斯与费景汉把二元经济结构的演变分为三个阶段，认为不仅仅收入分配变化及与之相对的规模、储蓄、教育、劳动力市场等有关，各因素之间也存在直接的联系。

希金斯分析了二元素结构中先进部门和原有部门的生产函数的差异。原有部门的生产函数属于可替代型的，而先进部门存在固定投入系数型的生产函数，此部门采取的是资本密集型的技术。

（2）不平衡发展战略分析思路。

赫希曼在1958年出版的《经济发展战略》提出了一个不平衡增长模型，突出了早期发展经济学家限于直接生产部门和基础设施部门发展次序的狭义讨论。其中，关联效应理论和最有效次序理论已经成为发展经济学中的重要分析工具。

罗斯托提出了著名的主导产业扩散效应理论和经济成长阶段理论。他认为，产业结构的变化对经济增长具有重大的影响，主张在经济发展中重视发

挥主导产业的扩散效应。其主要著作有《经济成长的过程》《经济成长的阶段》等。

钱纳里对产业结构理论的发展贡献颇多。他认为，经济发展中资本与劳动的替代弹性是不变的，从而发展了柯布—道格拉斯的生产函数学说，指出在经济发展中产业结构会发生变化，对外贸易中初级产品出口将会减少，初步实现进口替代和出口替代。

日本学者立足国情，逐步发展形成了一套独特的产业结构理论，他们认为产业结构变动与周边国家或世界相关联。

在日本，对产业结构理论有比较深入研究的学者有筱原三代平、马场正雄、宫泽健一、小宫隆太郎、池田胜彦、佐贯利雄、筑井甚吉等人。

筱原三代平在1955年提出了"动态比较费用论"，其核心思想强调：后起国的产业经过扶持，其产品的比较成本是可以转化的，原来处于劣势的产品有可能转化为优势产品，即形成动态比较优势。由于该理论与国际贸易理论密切相关，因而成为战后日本产业结构理论研究的起点，特别是在实践中具体通过什么途径来实现。此外，一些日本学者提出各种理论假设和模型，其中最著名的是赤松要等人提出的产业发展"雁形形态论"。

日本经济学家赤松要在1932年提出了产业发展的"雁形形态论"。该理论主张，本国产业发展要与国际市场紧密地结合起来，使产业结构国际化；后起国可以通过四个阶段来加快本国的工业化进程；产业发展政策要根据"雁形形态论"的特点制定。赤松要认为，日本的产业通常经历了"进口→当地生产→开拓出口→出口增长"四个阶段并呈周期循环。某一产业随着进口的不断增加，国内生产和出口的形成，其图形就如三只大雁展翅翱翔。人们常以此表述后进国的工业化、重工业化和高加工度发展过程，并称为"雁形产业发展形态"。但是，应该看到，"雁形模式"的形成是有条件的，条件发生变化时该模型也将转换，即这一模式可以说明过去，不一定能说明将来；可以适用于东亚中小国家和地区，但不一定适用于所有发展中国家。

关满博在1993年提出产业"技术群体结构"的概念，构建了一个三角形模型，并用该模型分别对日本与东亚各国和地区的产业技术结构做了比较研究。其核心思想是：日本应放弃从明治维新后经百余年奋斗形成的"齐全型产业结构"，必须促使东亚形成网络型国际分工，而日本只有在参与东亚国际分工和国际合作中对其产业进行调整才能保持领先地位。

日本学者的产业结构研究，实际上触及东亚区域产业结构循环演进问题，并已明确意识到一国产业结构变动与所在国际区域的周边国家或世界相关联，但仍以单个国家为立足点，仅涉及国际区域的一个特例，没有上升到一般性的结论。

三、对西方主流产业结构理论的评价

西方主流产业结构理论尽管各自理论研究的思路和侧重的角度不同，但从整体上看，其基本研究倾向与主线是一致的，共同特点为：一是以"国家"为分析单位，着重点放在一个国家（地区）内的产业结构变动上；二是以若干国家为分析样本，通过国别间的比较研究，考察产业结构变动的一般标准模式和共同演化趋向。西方产业结构理论主要以欧美等发达国家的历史数据为分析基础，样本中欠缺广大发展中国家的统计资料，因此在分析中国这样一个发展中国家的产业结构时，存在着经济发展水平和经济体制的差异问题；另外，西方产业结构理论对宏观层面（国家）产业结构演变升级规律剖析得十分深入，而对地区或城市等中、微观层面的产业结构研究相对较少。

从静态层面上看，由于长期实行计划经济体制，以及以重工业为主的工业化历程，我国产业结构和产业组织迄今为止显示出与工业化一般模式的较大背离，但长期来看，还应遵循国际产业结构演变的一般规律。

四、国内产业结构理论研究

改革开放以前，我国一直缺乏对产业结构理论的系统研究，经济学界对产业组织等方面有过一定的研究，这些研究是在传统范式下进行的，其研究的出发点只是更好地发挥计划在企业之间分工协作中的作用，并未涉及产业结构理论的核心问题。1978年以后，一些学者尝试用西方的研究范式来研究我国的产业结构问题，同时一些大学开设了产业经济学课程。

杨治较早将产业结构理论引入我国，强调要通过产业政策的制定及其运作来促进地区内产业结构协调发展以及地区间产业协调发展；认为加强对产业政策的研究，有助于产业结构优化和协调发展。①

史忠良等指出，合理的产业结构主要体现在以下四个方面：一是充分有效地利用本国的人力、物力、财力、自然资源以及国际分工的好处；二是使国民经济各部门协调发展，社会的生产、分配、交换、消费顺畅进行，社会扩大再生产顺利发展；三是国民经济持续稳定地增长，社会需求得以实现；

---

① 杨治. 产业经济学导论 [M]. 北京：中国人民大学出版社，1985.

四是实现人口、资源、环境的良性循环。①

江小涓指出，产业结构优化升级是经济持续增长的动力，加快推进产业结构优化升级的主要任务是提高自主创新能力、加强重要基础产业和基础设施建设、加快第三产业发展和继续发展劳动密集型产业。②

苏东水认为，产业结构调整的关键在于解决好三个问题，即供给结构与需求结构相适应的问题、三次产业及各产业各部门之间发展的协调性问题以及产业结构效应如何充分发挥的问题。三者之中，协调性问题是产业结构合理化的中心内容。③

黄继忠对产业结构优化的内容提出了一个新的理解，认为产业结构优化的首要内容是产业结构的高效化，其与产业结构高度化、合理化共同构成产业结构优化的完整内容。④

刘伟、李绍荣认为，过去中国经济的增长主要是靠制度改革，是由第三产业拉动的，但只有通过提高第一产业和第二产业的效率才能获得长期稳定的经济增长。⑤

五、我国产业结构理论研究状况简评

由上可知，我国产业结构理论研究最初仅仅是在马克思主义的理论框架下进行，产业结构问题的研究被限定在"两大部类关系"和"农、轻、重关系"框架内。20世纪80年代初期，西方产业结构理论逐渐被尝试用于分析中国问题。随着国外理论和研究方法的引入，我国产生了一些有较高价值的学术研究成果。到20世纪90年代，西方产业结构理论已广泛地被我国经济学界所接受和使用，基本上完成了学术研究范式的转变，理论研究与实证研究紧密结合。最近几年，国内的研究广度和深度不断扩大，呈现多样化、复杂化和精细化的特点，但在相关方面的研究仍然处于较低水平，存在需要改进

---

① 史忠良，林毓铭.产业结构演变过程与劳动力资源重置研究[J].中国工业经济，1999（10）：46-48.
② 江小涓.论我国产业结构政策的实效和调整机制的转变[J].经济研究，1991（2）：9-15，68.
③ 苏东水.产业经济学[M].北京：高等教育出版社，2000.
④ 黄继忠.对产业结构优化理论中一个新命题的论证[J].经济管理，2002（4）：11-16.
⑤ 刘伟，李绍荣.产业结构与经济增长[J].中国工业经济，2002（5）：14-21.

之处。另外，国外的产业结构理论已经被大量引入我国，理论的适用性有待进一步考证。

第三节 产业结构与经济增长关系研究

一、国外学者对产业结构与经济增长关系的研究

传统经济增长理论认为经济增长是在竞争均衡的假设下资本积累、劳动力增加和技术变化长期作用的结果，很长时间内忽略了产业结构演变与经济增长的内在联系；认为从长期来看，所有部门要素的收益等于要素的边际生产率，资源配置可以达到帕累托最优，要素在部门间的转移是不必要的。[①]

20世纪60年代以后，一些经济学家通过对许多国家经济增长和发展情况的统计与历史分析，指出经济结构状况和变动对经济增长的影响是至关重要的，提出经济结构因素是影响经济增长的变量之一。有关经济增长与产业结构之间的关系问题，在西方经济学界中存在比较典型的两种截然不同的观点。以库兹涅茨为代表的观点认为，经济总量变化引起结构变化；[②] 以罗斯托为代表的观点则认为，结构变化带来经济总量变化。[③] 前者侧重于产业结构趋势分析，认为在总量与结构变动的关系中总量增长是首要的；而后者主要偏重于产业结构机理分析，强调从结构角度看总量增长。

此外，钱纳里、帕西内蒂、伯格和布鲁斯·赫里克也就产业结构与经济增长的关系提出了自己的理论观点。

钱纳里把经济增长看作国民经济结构的一组变化，这组变化与国民收入水平的增长有密切的关系。他使用库兹涅茨的统计归纳法进行了更为广泛的分析，构造了反应结构转换的主要变量典型性关系的"发展模式"，以更加深入地研究现代经济发展中总量增长与结构变动的联系。

帕西内蒂认为只要产业结构的变化能够适应需求的变化，能够更有效地对技术加以利用，劳动和资本能够从生产率低的部门向生产率较高的部门转

---

① 杨德勇，张宏艳. 产业结构研究导论［M］. 北京：知识产权出版社，2008.
② 西蒙·库兹涅茨. 各国的经济增长：总产值和生产结构［M］. 常勋，等，译. 北京：商务印书馆，1999.
③ W. W. 罗斯托. 经济增长的阶段——非共产党宣言［M］. 郭熙保，王松茂，译. 北京：中国社会科学出版社，2001.

移,产业结构的变动就会加速经济增长。帕西内蒂的方法与总量增长分析的不同之处在于,他把结构变化明显纳入了经济增长的分析中,这是增长理论发展中的一个突破性的进步。

伯格和布鲁斯·赫里克的研究表明,在较发达经济结构的投入产出模型中,结构效益在经济增长中起着重要作用,这种来自结构的效益,在其深远意义上大大超过个别劳动生产率提高的经济效益。

二、国内学者对产业结构与经济增长关系的研究

改革开放以来,我国学者也开始对产业结构与经济增长之间的关系进行大量的定性与定量研究,但研究的结果不尽相同。由于我国经济发展历程与西方国家有很大不同,产业结构与经济增长在我国的相互关系究竟如何值得进一步探讨。

1. 理论研究方面

国内学者对产业结构和经济增长关系的研究始于20世纪80年代中期,对于两者之间的关系,大致可以归纳为三种:产业结构的变化会加速经济增长;经济增长影响产业结构的调整;经济增长与产业结构互相影响,密不可分。

以林毅夫教授为代表的一些学者认为,一国的产业结构是由其要素禀赋结构决定的,一国产业结构总体水平的升级依赖于该经济中要素禀赋结构的相对变化,而后者主要受经济增长阶段的影响,从根本上来说,产业结构的调整是经济增长的结果而不是原因。

杨治对产业结构和经济增长关系的研究较为宏观,提出了产业结构的变化应同时考虑振兴和淘汰哪些产业。[1] 周振华通过对经济结构变化的分析,说明经济结构尤其是产业结构是决定经济增长的一个重要因素,并提出了经济结构是决定经济增长的重要因素的理论依据。[2] 在市场经济的分析背景下,刘伟认为在一定程度上可以把经济增长的实质归结为工业化,进而理解为结构演进。[3] 郭克莎运用结构主义的理论和方法,分析了结构变化与经济发展的一系列问题,指出我国产业结构问题对经济增长的影响主要有两个方面:一是

---

[1] 杨治. 产业经济学导论 [M]. 北京:中国人民大学出版社,1985.
[2] 周振华. 现代经济增长中的结构效应 [M]. 上海:格致出版社,2014.
[3] 刘伟. 工业化进程中的产业结构研究 [M]. 北京:中国人民出版社,1995.

意识瓶颈制约或结构偏差制约,二是结构转变或结构升级缓慢的制约。①

另外,李霞认为,产业结构的形成和深化是经济增长的结果,经济增长与产业结构是相互促进的,要实现经济增长目标,就必须使产业结构不断合理、完善。②朱慧明、韩玉启研究产业结构调整与经济增长之间的因果影响,认为产业结构调整和经济增长之间存在单向的格兰杰因果关系,产业结构调整促进了经济增长,而非经济增长造成了我国的结构调整。③詹结祥、覃子龙认为,在我国产业结构与经济增长之间存在长期的均衡关系,产业结构是经济增长的原因,但经济增长不是产业结构变化的原因。④

2. 实证分析方面

近年来,国内学者对产业结构和经济增长的关系也进行了大量的实证研究。钟学义、王丽从产业关联的角度出发,应用投入产出模型进行定量分析,认为经济增长同产业结构变化是相互依存的关系。⑤蒋振声、周英章运用协整检验、预测方差分解等动态经济计量分析方法,对我国1952—1999年的经济增长和产业结构变动的关系进行实证分析,结果表明,在我国存在着某种经济机制使二者之间呈现稳定的协同互动关系。⑥胡晓鹏通过静态和动态的联动分析,认为产业结构与经济增长两者之间存在着一种积累性的、双向循环式的作用体制。⑦另外,吕铁、周书莲和黄盛、于萍也分别对产业结构和经济增长关系进行了有益的研究,基本认为二者是互动的关系。

除了从宏观的角度对我国产业结构和经济增长的关系做了研究之外,我国学者还从微观层面做了实证分析。李继云、孙良涛应用协整、格兰杰因果检验等计量方法,深入分析了云南产业结构与经济增长之间的因果联系,认

---

① 郭克莎. 结构优化与经济发展 [M]. 广州:广东经济出版社,2001.

② 李霞. 产业结构与经济增长的关系 [J]. 唯实,1998 (Z1):18-19.

③ 朱慧明,韩玉启. 产业结构与经济增长关系的实证分析 [J]. 运筹与管理,2003 (2):68-72.

④ 詹结祥,覃子龙. 我国产业结构与经济增长之间的关系研究 [J]. 中国集体经济,2009 (11):17.

⑤ 钟学义,王丽. 产业结构变动同经济增长的数量关系探讨 [J]. 数量经济技术经济研究,1997 (5):22-29.

⑥ 蒋振声,周英章. 我国产业结构变动与实际经济增长关系实证研究 [J]. 浙江大学学报(人文社会科学版),2002 (1):144-152.

⑦ 胡晓鹏. 中国经济增长与产业结构变动的联动效应探析 [J]. 产业经济研究,2003 (6):33-40.

为云南产业结构调整促进了其经济增长,而非经济增长促进了其产业结构调整。① 虞斌运用 VAR(风险估值,Value at Risk)模型侧重考察了浙江省三大产业结构调整对经济增长的动态影响,结论为:第三产业变动从长期来看对国民经济的动态冲击和贡献度最大,第二产业变动在短期内对国民经济的动态冲击和贡献度最大;从效率角度看,无论是长期还是短期,第一产业对经济增长没有明显贡献。② 此外,夏泽义、许进杰,叶青、史振业,孙亚云等分别对湖南、甘肃、广东的经济增长与产业结构之间的关系做了实证分析,并得出了相应的结论。③

三、比较国内外关于产业结构与经济增长关系研究

通过对国内外研究比较,笔者认为:①对产业结构变动与经济增长的关系,国内外经济理论有较为一致的观点,认为在一定条件下产业结构是经济增长的基础,不同的产业结构有不同的整体效益,从而可以导致经济以不同的速度增长,而不同速度的经济增长又对产业结构有不同的要求,从而促进产业结构由低级向高级演进。②我国对于产业结构与经济增长的研究呈现出从宏观到微观、从定性到定量、从整体到区域、从理论到实证研究的发展趋势,但是由于缺乏统一的理论基础,经济学家们往往着重于对具体现象的阐述,而又由于观察点的不同,对具体现象的阐述容易因人而异。③我国学者在进行实证分析的时候,样本数据数量、容量偏小,很容易产生诸如为回归、多重共线性等问题,使实证结果受到一定的质疑。④由于我国与国外发展经济的背景和市场发育程度不同,在分析经济增长与产业结构的关系方面,存在很大的差异;而且在实施相关政策的时候,很多具体措施也有别于西方国家。因此,在分析经济增长与产业结构关系时,我们应在学习国外先进理论和实证经验的同时,立足国情,做一些切合实际的分析,以正确指导产业结构政策。

另外,从国内外对于经济增长与产业结构的关系研究,特别是我国学者近年来一些实证研究中,我们可以看到:通过调整和优化产业结构控制经济

---

① 李继云,孙良涛. 云南产业结构与经济增长关系的实证分析 [J]. 工业技术经济,2005(8):90-91,107,115.

② 虞斌. 浙江省产业结构与经济增长动态分析 [J]. 财经论丛,2010(1):7-11.

③ 孙亚云. 产业结构与经济增长——基于广东省的实证研究 [J]. 改革与战略,2010(2):129-133.

增长的产业政策在我国是积极有效的,以后应该坚持产业结构的优化升级,使产业结构的调整成为我国实现经济增长质和量提高的一个有效突破点;产业结构优化升级是我国经济结构调整和增长方式转变的迫切要求,促使我们必须在经济增长的基础上进一步推进产业结构优化升级,推动经济的持续增长。

第四节 我国产业结构发展历史

产业结构的比重类型是发展变化的,它在生产力发展的不同阶段,按一定的历史顺序循序上升。

在谈到我国产业结构的发展历史时,刘小珉撰文指出,新中国成立以后,以重工业为重心并优先予以发展的赶超战略使中国广泛形成了二元经济结构,同时借助各种政策和制度的约束而广泛形成了城乡隔离的二元社会结构。在这种状态下,民族地区的乡村经济的传统多样性迅速被消解,经济结构日益单一化,运作机制高度计划化,商业性质的行为受到更强有力的压制和打击,同时严格的城乡经济分工使城乡经济结构有了根本的不同。统购统销和工农产品价格的"剪刀差"使民族地区的乡村经济也与广大汉族地区一样,基本处于一种停滞状态。[①]

这种状态一直延续到20世纪70年代末期(其中有些方面甚至延续到21世纪)。农村经济体制改革开始后,各民族乡村经济的基本特征逐渐凸显,传统经济行为和模式以及乡村经济的多样性也被逐渐恢复。但与此同时,以行政区划分范围的基层行政组织,在不同程度上对乡村经济的发展起着整体规划、组织和推动作用,在某种意义上,这也被视为它们的一种重要甚至根本的职责。另一方面,它们自身就是一种重要的经济力量,有一部分致力于发展与自身利益有关的工作,还有一部分村级组织则陷于瘫痪状态。所有这些都在不同程度上给民族地区的乡村经济带来不同性质的影响。

正因为如此,如今的中国民族地区乡村经济与新中国成立以前的乡村经济大为不同,以致那种过于强求从历史文化传统去理解民族地区乡村经济的努力只具有部分的合理性。尽管传统经济的特征仍然存在,经过集体化运动和社会主义改造的中国乡村经济,不论是在汉族地区还是在民族地区,都与

---

① 刘小珉.略论中国民族地区乡村经济的主要特征、类型及其演化[J].民族研究,2003(4):40-48.

原始部落经济不同。

根据统计资料显示,民族地区乡村经济中的主要经济活动,从产业结构上看,大多仍然以第一产业为主,只有一部分乡(镇)域经济和村域经济以第二、第三产业(一般被统称为非农产业)为主。而且其生产经营内容差异很大,或种养,或畜牧,或采集渔猎,或工商运输,各依资源条件、历史传承或行为创新而定。从一般意义上来说,则可分为非集约的耕猎或耕牧结合型乡村经济、畜牧经济或牧农结合型乡村经济、集约农耕或种养结合型乡村经济以及农工商复合型乡村经济四种类型。

我国产业结构的不合理,正是导致民族地区的经济发展举步维艰的原因之一。

第五节 民族地区产业结构优势与劣势

一、民族地区产业结构优势分析

孟耀、冯衍军在分析比较优势和竞争优势的基础上,认为加速中国产业结构升级的政策应从三方面考虑:第一,强化已有的比较优势产业,逐步实现比较优势产业的优化升级,获得竞争优势;第二,积极引进国外先进技术设备,继续扩大 FDI(外国直接投资)的规模并提高其质量;第三,构筑新型产业体系,走新型工业化道路。[1]

杜发春[2]、黄健英[3]、刘秀玲等[4]从边境贸易方面来研究民族地区的发展。他们认为,首先中国与邻国有着 212 万多千米的漫长陆地边界,而民族地区的国境线就有 119 万多千米,边境贸易主要是民族地区的边境贸易,开展边境经贸是促进边境民族地区经济发展的重要途径,具有独特的地缘优势;其次,民族地区在发展边境经济贸易合作方面,自然地理条件、劳动力等也具

---

[1] 孟耀,冯衍军. 中国产业结构优化升级的策略选择[J],经济与管理,2005(06):12-14.
[2] 杜发春. 边境贸易与边疆民族地区的经济发展[J]. 民族研究,2000(1):58-65.
[3] 黄健英. 民族地区发展对外经济贸易研究[J]. 黑龙江民族丛刊(双月刊),2005(3):28-32.
[4] 刘秀玲,谭会萍,朱瑞雪. 绿色边境贸易与中国民族地区经济可持续发展[J]. 经济问题探索,2005(10):132-134.

有参与国内外分工与交换的比较优势。在我国实行全方位对外开放的战略抉择中，边疆民族地区应利用区位优势，积极向周边国家开放，发展同周边国家的边境贸易。实践证明，新疆、云南、内蒙古等边境地区的边境贸易是振兴边疆民族地区经济的有效途径。

甘雪春等[1]、马艳霞[2]、肖星等[3]、梁玉华[4]、丁赛[5]、孙婷[6]、刘玉春等[7]、罗永常[8]、张英[9]、刘少英[10]、母涛[11]等学者分别从贵州、湖南、鄂西、四川等地区的个案或整个民族地区旅游资源角度来研究民族地区的发展。他们认为，第一，民族地区旅游资源的开发潜力大，但知名度低，许多丰富的旅游资源尚处于"养在深闺人未识"的状态。民族地区是旅游资源富集区，壮丽的自然山水、独特的地质地貌、浓郁的民族风情都具有不可替代的独特性。第二，民族地区地形复杂，气候多变，为奇特自然景观的形成和发育提供了条件，虽然民族地区交通不便，工业开发价值不高，但丰富的旅游资源足以带动少数民族地区经济的发展。第三，近年来少数民族村寨以其丰富的民族文化及淳朴的田园风光吸引了越来越多的旅游者，很多地方都掀起了民族村寨旅游开发热潮。第四，少数民族传统文化源远流长、多姿多彩，人文旅游资源独具特色。在旅游资源大省的四川省，民族地区包括2个世界自然

---

[1] 甘雪春，杨雪清，杨雪梅，段昌群. 知识经济条件下民族地区的旅游产业定位与条件支撑——以云南丽江为例 [J]. 思想战线，2000 (2)：12-16.

[2] 马艳霞，喇明清，范钛. 邓小平旅游经济思想对四川省三州少数民族地区旅游业发展的启迪 [J]. 西南民族大学学报（人文社会科学版），2004 (7)：19-21.

[3] 肖星，侯佩旭. 论西部旅游开发与民族地区的社会经济发展 [J]. 中南民族大学学报（人文社会科学版），2005 (1)：69-72.

[4] 梁玉华. 论贵州民族旅游商品开发与贵州旅游经济的增长 [J]. 贵州民族研究，2005 (6)：88-93.

[5] 丁赛. 民族地区旅游经济可持续发展分析 [J]. 西南民族大学学报（人文社会科学版），2005 (4)：123-126.

[6] 孙婷. 发展贵州民族旅游业，促进经济发展 [J]. 贵州民族研究，2005 (6)：67-71.

[7] 刘玉春，刘鲁. 四川省甘孜县旅游资源开发的经济分析——兼评民族地区政府对旅游资源的开发 [J]. 西南民族大学学报（人文社会科学版），2006 (2)：17-20.

[8] 罗永常. 文化经济背景下的民族村寨旅游开发 [J]. 思想战线，2006 (4)：96-101.

[9] 张英. 充分利用非公有制经济推进湘鄂西民族地区旅游业发展 [J]. 西南民族大学学报（人文社会科学版），2006 (1)：11-15.

[10] 刘少英. 透视西部地区民族体育旅游业的社会经济效应 [J]. 北京体育大学学报，2006 (1)：14-15, 24.

[11] 母涛. 四川民族地区旅游经济发展研究 [J]. 理论与改革，2006 (2)：88-91.

遗产、5个国家级风景名胜区、20多个省级风景名胜区和众多国家级自然保护区，其旅游资源品位高、特色鲜明。第五，"民族旅游商品"往往就地取材，主要靠手工制作，因而有鲜明的民族特色，能体现少数民族民情风俗和历史文化艺术。这类手工艺品、服饰、生活用品、节日用品和土特产品由于具有纪念、馈赠和收藏的价值，故而对久居都市"水泥森林"中的广大民众和一些把观赏少数民族地区的自然人文景观、体验少数民族生活、购买少数民族商品作为时尚的游客具有巨大吸引力。

李文明[1]、汪中华等[2]、成艾华[3]等学者从发展劳务经济的角度来探讨民族地区的发展。他们指出，少数民族地区农村受生态脆弱的刚性约束及土地边际报酬收入递减的限制，单纯靠农牧产品产量的增加很难成为增加农牧民收入的主要来源，因而要摆脱贫困就必须努力向外发展，劳务经济是增加农牧民收入的重要内容和有效途径。而少数民族地区人口资源丰富、农村剩余劳动力较多，但生态环境恶劣以及资源匮乏使其经济发展水平相对滞后，从而形成发展劳务经济的比较优势。而由于外出务工的行业选择存在较大的示范效应或路径依赖，不同地区往往容易形成独具特色的"劳务经济"模式。

汪中华、彭涌建议可以通过以下三种不同的方式来发展劳务经济，以获得最大收益，促进少数民族地区经济的发展，使劳务经济成为农民致富的支柱产业。一是农业带动型的就地消化式劳务经济，使农业立足本地农业的熟悉领域，发展深加工产业，就地消化剩余劳力，建立规模经营、发展"产+销"、贸工农一体化的龙头企业。二是非农业拉动型的产业转移式劳务经济，使少数民族地区的乡镇企业发展与小城镇建设相结合，引导乡镇企业向小城镇适度集中，以促进农村经济社会发展、提高农民收入、刺激国内需求。三是异地扩张型的东进西出式劳务经济，实行主动出击的劳务经济，采用灵活多样的就业方式，广泛推行临时工、小时工、季节工和弹性工作制，支持以各种形式存在的劳务经济。[4]

---

[1] 李文明. 大力发展劳务经济 推动民族地区跨越式发展 [J]. 民族论坛，2004（8）：61.

[2] 汪中华，彭涌. 少数民族地区农村发展劳务经济的模式选择及配套措施 [J]. 商业研究，2005（3）：169-170.

[3] 成艾华. 对内地民族地区发展"劳务经济"的调查——以湖北省恩施州为例 [J]. 民族论坛，2006（8）：16-17.

[4] 汪中华，彭涌. 少数民族地区农村发展劳务经济的模式选择及配套措施 [J]. 商业研究，2005（3）：169-170.

二、民族地区产业结构劣势分析

陈永林认为，新农村建设工作要调整乡村产业结构。赣南乡村产业结构目前存在第一产业比重过大、现代化程度偏低、产业资源优势发挥不足、支柱产业与其他产业关联不强等不合理问题，其主要制约因素是政府宏观调控力度不够、生产力发展水平不高、产业分工与合作不合理、劳动力素质低等。调整赣南乡村产业结构的思路是：加大政府调控力度，实现农业现代化，因地制宜选择主导产业，积极培植第二、第三产业，重点发展生态产业，加强劳动力素质的培养。[①]

连成顺认为，要应对我国目前面临的自主创新能力不足、重要资源国内供给压力加大、结构优化升级成本上升、服务业落后及开放带来的升级空间减少等挑战，应当从以下几方面着手为产业结构优化升级寻找动力：采取强有力的措施，提高主创新能力；增强以我为主，综合利用全球技术资源的能力；加强重要基础产业和基础设施建设；加快第三产业发展。[②]

杨娅婕、胡静茹撰文指出，内蒙古、贵州、云南、西藏、甘肃、青海、宁夏、新疆等西部少数民族地区，农业效益基本上仍处于十分低下的阶段。同时，农产品的商品率低下即使农业不能为当地的工业提供原材料，又因农民生活贫困、购买力低下而不能为当地工业品提供消费市场。于是，农业的市场贡献中便有两个部分未能发挥良好的作用。农业机械化水平低下，使得绝大部分农业生产由人力和畜力完成；农田基本建设虽然有一定的成就，但缺乏长期有效的管理；农业基础设施大多陈旧落后并残缺不全。农村经济经营结构单一，西部少数民族地区虽有着丰富的农业和自然资源，但由于开发度低，许多资源被白白浪费，已开发的资源也缺乏合理利用，以致所经营的农业基本上还是传统的种植业和畜牧业，没有多种经营的追求。[③]

聂琴把民族地区发展不起来的主要原因归结为以下五个方面：①片面理解发展经济的内涵，简单照搬发达地区的工业化模式，经济发展欲速不达；

---

① 陈永林.新农村建设中乡村产业结构调整探析——以赣南地区为例[J].产业与科技论坛，2009（9）：97-99.

② 连成顺.浅论中国产业结构优化升级存在的问题及对策[J].经济研究导刊，2009（9）：25-27.

③ 杨娅婕，胡静茹.西部少数民族地区农村经济存在的问题及发展思路[J].经济问题探索，2003（7）：16-20.

②对自然资源的开发利用长久停留在粗放阶段,造成建设性破坏,可持续发展严重受阻;③对资源优势的认识停留在定性阶段,缺乏科学化的定量分析和可行性论证,对经济发展产生误导;④对传统印象中的劣势缺乏深入详尽的分析,未能从中发现新的经济增长点,挫伤了人们的发展热情;⑤忽视新兴产业,不敢大胆尝试,没能及时寻找到发展的高起点,错过了发展机遇。①

张北平等采用个案分析后认为,贵州产业结构层次低等化的特征突出;城镇化进程十分缓慢,大量农村剩余劳动力滞留农村,城市失业人口不断增长;需求结构变动小,对产业结构变动的拉动力不大,尤其是第三产业的第一层次刚刚起步,产业结构还没有从根本上得到改善。②

胡太武等指出,少数民族地区的在业结构不合理,加大了产业结构调整的难度。这主要体现在以下几个方面。一是在业人口的产业分布不合理。2000年湖南少数民族在业人口第一产业比重超高,第二产业和第三产业却远远低于平均水平。这说明民族地区第一产业人口偏重,第二、第三产业相对滞后,有限的土地投入大量的劳动人口,产业的畸形性显而易见。二是在业人口的素质构成不合理。少数民族从事智力型劳动人口的比重不到1/10,而从事体力型劳动人口高达90%多,这种构成使民族地区无法摆脱土地束缚和小农经济的局限性,劳动力资源不能达到有效合理配置,产业结构调整难度较大。③ 石培基④、袁瑛⑤、刘庸⑥都有过相同观点的论述。田原则指出,由于民族地区农业总产值比重较大,而且在农业总产值中,种植业比例过大,加上农田基础设施差,以及地理环境和自然灾害的影响,发展以种植业为主的

---

① 聂琴.试论西部少数民族地区资源优势向经济优势的转化 [J].思想战线,1999 (3):31-35.

② 张北平,牟代居,卓玛才让,等."八五"以来贵州民族地区经济运行状况及存在问题 [J].贵州民族研究,2000 (2):30-38.

③ 胡太武,田芳.湖南民族经济发展面临的人口问题 [J].民族论坛,2005 (10):20-21.

④ 石培基.甘川青交接区域民族经济地域类型及其分区发展模式研究 [J].经济地理,2000 (4):20-25.

⑤ 袁瑛.浅析民族地区经济的可持续发展——以苗族区域经济发展为例 [J].农村经济,2003 (8):29-31.

⑥ 刘庸.民族地区经济发展的九大制约因素 [J].西北第二民族学院学报(哲学社会科学版),2003 (2):55-59.

农村经济的难度越来越大。①

刘庸认为,民族地区经济基础薄弱,结构不合理,国民经济仍停留在传统农业阶段,工业化水平低,规模和总量小,质量差。农业仍是劳动密集型产业,受耕地、灌溉条件、科技和人的素质低等因素制约,难以形成规模化、产业化经营,经济增长困难。工业方面,东部沿海拥有工业企业单位总数占全国工业企业单位总数的近四成,工业产值占全国工业产值的60%~70%,而同期西部民族地区拥有工业企业单位总数和工业产值仅分别占全国工业企业单位总数的20%和全国工业总产值的10%。同时,在基础设施方面,如交通、通信、城乡公共设施等也都很薄弱。这些基础设施方面的薄弱对民族地区经济发展的制约是直接的,导致民族地区的经济结构不合理,主要表现为以下几个方面。首先,第一产业比重大,第二产业比重较小,第三产业增长缓慢。在第一产业中,粮油种植比重很大,占绝对地位,其他经营比重小,是以粮食为主的单一结构。其牧区也是以牧业为主要的经济收入,且为粗放型经济,集约化程度很低。第二、第三产业中轻重比例失调,提供社会服务的部门严重滞后。工业又主要是为中东部地区提供原材料、能源等初级产品,与居民生活密切相关的轻工业产品大多是从外部调入,"马太效应"的作用非常明显。这样的经济结构构成,使民族地区事实上处于一种非常不利的地位。其次,在经济的成分之中,国有经济比重大,非国有经济(如股份经济、外资经济、民营经济等)比重小;在各类生产企业中,劳动密集型比重大,资金、技术密集型比重小。总体上看,民族地区经济基础薄弱,产业水平低,结构不合理,关联度低,协调性差,无法应对日益激烈的市场竞争。② 蒙景村也指出,由于民族地区产业结构不合理以及市场机制不完善导致人才流失严重,民族地区经济发展无力。③

董道平④、梁积江等⑤则认为,民族地区落后的主要因素是转移支付制度

---

① 田原. 加快农业结构调整步伐 促进贵州民族地区经济跨越式发展 [J]. 贵州民族研究,2003 (4):119-121.

② 刘庸. 民族地区经济发展的九大制约因素 [J]. 西北第二民族学院学报(哲学社会科学版),2003 (2):55-59.

③ 蒙景村. 论西部民族地区发展市场经济的制约因素及对策 [J]. 理论与当代,2001 (10):27-28.

④ 董道平. 对民族贫困地区县域经济发展的思考 [J]. 湖南经济,2000 (10):45.

⑤ 梁积江,黄勇. 试论民族地区经济发展中的财政转移支付问题 [J]. 中央民族大学学报(哲学社会科学版),2003 (05):23-26.

措施的实施结构不顺畅。他们认为财政转移性支付对民族地区的社会公益事业的发展、社会保障能力的增强、基础设施建设的完善、边境的安全稳定和边境贸易的开发扩大等具有重要意义。而现行的财政转移支付制度存在着公共服务均等化难以实现、转移支付数量少、随意性大、缺乏科学性、不能以立法形式予以确定及与《中华人民共和国民族区域自治法》有诸多不相适应的问题。

通过对民族地区经济发展的优势和劣势分析可以看出，边境贸易、旅游经济和劳务经济是民族地区的发展优势，而制约民族地区发展的劣势有：农村经济经营结构单一，农产品的商品率低下，自然资源开发不合理；传统守旧观念导致忽视新兴产业发展；城镇化进程缓慢，农村剩余劳动力大量滞留，城市失业人口不断增长；第二、第三产业的严重滞后，导致产业的畸形发展；人才流失严重以及转移支付制度的不完善等。所以，扬长避短，弥补自身不足是民族地区将来发展的重中之重。

第六节　民族地区产业发展战略

产业结构的调整和升级是任何一个国家或地区经济发展过程中不可避免的问题。民族地区的产业结构，既是民族地区社会经济发展水平的标志，又是民族地区社会经济发展的决定性因素。

目前，我国民族地区的产业结构存在着许多问题需要进行调整和优化。对于国家而言，在制定产业结构政策时应当结合国情，按照产业发展的历史规律，依据符合我国国情的、对我国产业结构调整升级有实际意义的产业结构理论来制定，以便切实促进经济的稳定发展，提高人民的生活水平。就我国民族地区产业结构发展现状来看，笔者认为，民族地区应充分发挥地区特色，合理利用资源，重点发展旅游经济和特色产业经济。

一、发展旅游经济

旅游经济是以旅游活动为前提，以商品经济为基础，依托现代科学技术，反映旅游活动过程中游客和旅游经营者之间，按照各种利益而发生经济交往所表现出来的各种经济活动和经济关系的总和。

冷绍升、粟珍从知识经济的角度对民族地区的发展做出了评述。冷绍升认为，知识经济时代已经到来，但现有的经济发展水平、生态发展环境、农业发展滞胀因素以及贫富差距等因素使民族地区的发展还不能直接与知识经济接轨，因而，要大力发展民族经济，首先要构建一体化的民族经济发展模式；其次，进行民族地区经济大循环式的运作方式；最后，培育民族地区战略经济增长点。在此基础上，采取相应的策略，以促进民族地区经济发展战略结构调整的实现。[①] 粟珍则指出，要发展民族地区经济，使民族旅游业成为其经济的增长点，那么则不可忽视知识经济的运用，它可以增加旅游需求和市场机会、丰富旅游产品和扩大销售、改变旅游企业管理，从而成为促进民族地区旅游业发展的新动力。[②]

有学者从世界总体格局出发，认为民族地区发展需要与当代实际相结合。如甘雪春等从云南丽江旅游业的个案分析出发，认为其之所以获得迅速发展，一个重要的原因就是开发建设与知识经济的运行原理相吻合。因为知识经济是以知识和信息的生产、分配、传播与使用为基础的一种新的经济形式。甘雪春等以此为出发点，探讨了旅游产品的资源、服务和宣传三方面与知识经济的耦合点，从而认定旅游资源本质上是知识和信息的生产与加工环节，为游客提供商品和服务则是分配与共享信息的手段或工具，旅游资源和服务的宣传则是信息传播通道。[③] 杨琴也认为，通过开发信息资源，少数民族地区可以在新的起点，用全新的方式和更短的时间，加快民族经济的发展。[④] 王树恩等指出，要发展民族经济，工业不可少，这就需要提高创新能力，加快创新进程，增强民族工业的国际竞争能力，而创新应主要包括知识创新、技术创新与制度创新。[⑤]

朱树荣以云南省石林彝族自治县旅游发展为例，[⑥] 孙婷以贵州省的旅游发

---

① 冷绍升. 知识经济渐进过程中我国民族地区经济发展的战略调整 [J]. 黑龙江民族丛刊（季刊），1999（4）：32 – 34.

② 粟珍. 论知识经济与我国民族地区旅游业的发展 [J]. 改革与战略，2000（6）：20 – 23.

③ 甘雪春，杨雪清，杨雪梅，段昌群. 知识经济条件下民族地区的旅游产业定位与条件支撑——以云南丽江为例 [J]. 思想战线，2000（2）：12 – 16.

④ 杨琴. 开发信息资源振兴少数民族地区经济 [J]. 贵州民族研究，2003（3）：89 – 92.

⑤ 王树恩，张晓霞. 经济全球化条件下我国民族工业的发展战略 [J]. 科学管理研究，2004（4）：24 – 26，32.

⑥ 朱树荣. 探析旅游业对民族地区社会经济发展的促进作用——以云南省石林彝族自治县旅游发展为例 [J]. 经济问题探索，2001（8）：100 – 102.

展为例,[①] 肖星、侯佩旭[②]以及刘少英[③]以西部地区发展旅游为例,指出云南石林地区、贵州省以及西部地区需利用本地丰富的旅游资源优势,将其转化为经济优势,从而带动整个地区社会经济文化的发展。梁玉华发现贵州有开发民族旅游商品的资源优势,少数民族地区如果能够就地取材,发展特色旅游商品,就可以促进民族经济的发展,繁荣旅游购物市场。[④]

马艳霞等先分析了四川省三州少数民族地区发展旅游业面临的诸多产业结构难点和问题,同时也指出了四川三州发展旅游业的优势所在,然后阐述了邓小平理论中富含丰富的旅游经济发展思想,最后建议三州的经济要发展,可以以邓小平理论为基础来指导当地旅游业的发展,从而起到带动作用。[⑤]

李霞林[⑥]和罗永常[⑦]指出,旅游文化资源的丰富是其旅游业发展的一大优势,少数民族地区应顺应文化经济时代发展的客观要求,实现民族村寨旅游合理开发,促进乡村社会的和谐发展。

张英则讨论了非公有制经济投资湘鄂西地区的原因,论述了在贯彻落实国务院《关于鼓励支持和引导个体私营等非公有制经济发展的若干意见》的形势下,非公有制经济推动湘鄂西民族地区旅游经济的新发展。[⑧]

丁赛[⑨]、刘玉春等[⑩]认同发展旅游经济是促进民族地区经济发展的一大优势,但少数民族地区发展旅游业的同时,应从自然环境、旅游规划以及文化

[①] 孙婷. 发展贵州民族旅游业, 促进经济发展 [J]. 贵州民族研究, 2005 (6): 67 – 71.

[②] 肖星, 侯佩旭. 论西部旅游开发与民族地区的社会经济发展 [J]. 中南民族大学学报 (人文社会科学版), 2005 (1): 69 – 72.

[③] 刘少英. 透视西部地区民族体育旅游业的社会经济效应 [J]. 北京体育大学学报, 2006 (1): 14 – 15, 24.

[④] 梁玉华. 论贵州民族旅游商品开发与贵州旅游经济的增长 [J]. 贵州民族研究, 2005 (6): 88 – 93.

[⑤] 马艳霞, 喇明清, 范钛. 邓小平旅游经济思想对四川省三州少数民族地区旅游业发展的启迪 [J]. 西南民族大学学报 (人文社会科学版), 2004 (7): 19 – 21.

[⑥] 李霞林. 民族文化旅游与贵州民族地区经济发展 [J]. 贵州民族研究, 2005 (6): 77 – 82.

[⑦] 罗永常. 文化经济背景下的民族村寨旅游开发 [J]. 思想战线, 2006 (4): 96 – 101.

[⑧] 张英. 充分利用非公有制经济推进湘鄂西民族地区旅游业发展 [J]. 西南民族大学学报 (人文社会科学版), 2006 (1): 11 – 15.

[⑨] 丁赛. 民族地区旅游经济可持续发展分析 [J]. 西南民族大学学报 (人文社会科学版), 2005 (4): 123 – 126.

[⑩] 刘玉春, 刘鲁. 四川省甘孜县旅游资源开发的经济分析——兼评民族地区政府对旅游资源的开发 [J]. 西南民族大学学报 (人文社会科学版), 2006 (2): 17 – 20.

传统三个方面综合考虑，并指出发展旅游业对少数民族地区的自然生态和文化生态的负面影响。最后他们的结论是，只有在科学发展观的指导下，对目前旅游业存在的问题进行改进，才能做到旅游业的可持续发展。

方天海在谈到如何提升海南旅游目的地竞争力时建议：发挥政府调控能力，推动海南旅游业发展；加强海南旅游人才的培养；提高旅游资源整合，突出旅游地差异化特色；通过市场创新，扩大海南旅游市场的开放性；优化景点意象，提高各旅游景点的游览价值；注重开发民俗文化，加大宣传，发挥品牌效应等。[1]

同时，也有很多提出发展旅游经济的学者强调，发展旅游业能加快经济的全面发展，有效扩大就业岗位，保障社会稳定。而针对因民族地区可进入性差、大多数旅游停留在"门票经济"的初级阶段、品牌意识不强、对外宣传力度不够、旅游专业管理人才匮乏等"瓶颈"，学者们提出了如下建议：加强政府宏观调控，制定民族地区旅游开发总体战略规划；整合民族旅游资源，突出民族特色，精心设计旅游线路；大力做好宣传促销工作；实施旅游人才战略。

二、发展特色产业

所谓"特色"，是一个事物所特有的区别于其他事物的本质属性。特色产业就是以"特"制胜的产业，是一个国家或地区在长期发展过程中所积淀形成的一种或几种特有的资源、文化、技术、管理、环境、人才等方面的优势，从而形成的具有国际、本国或本地区特色的具有核心市场竞争力的产业或产业集群。特色产业的本质是"我"最擅长的经济，是具有比较优势的产业，因此是有市场竞争力的产业。

发展特色产业是少数民族地区依据自身比较优势，发挥自身特色，提高产业竞争能力，增强民族地区经济实力，增加当地群众收入，实现民族地区经济快速发展的有效途径，在民族地区、区域增长的相关研究中备受关注。

李文庆在论述了少数民族地区特色产业内涵的基础上，提出了少数民族地区特色产业发展的一些思路：①少数民族地区特色产业的发展以当地的特色资源为基础，符合可持续发展的要求，开拓市场需求；②少数民族地区特色产业的发展必须以创新为动力；③少数民族地区特色产业的发展必须以高

---

[1] 方天海. 提升海南旅游目的地竞争力的途径 [J]. 经贸论坛, 2010 (4): 79-81.

起点、大规模、深层次开发为目的。①

石培基研究了甘川青交接区域民族经济的发展，过对这些地区地域类型的分析，得出结论：高原牧业经济区要立草为业，草业先行，配套建设，调整结构，积极推进牧、工、贸结合，产业化开发；东南部高山峡谷山原区要林业先行，恢复生态，内外联动，开发旅游，积极推进林、牧、农、旅游的结合；而北部河湟地区走商贸先行、贸工农牧相结合，大力开发农牧业，建立牛羊育肥基地和民族商贸的路径才能获得发展优势。②

吴嵘③，舒景祥④，刘毅、郎玉屏⑤，白晋湘⑥，杨丰陌⑦，杨然⑧，马跃月⑨，陈孝胜⑩，马艳霞、喇明清、范钛⑪，查定明⑫等多位学者，分别从贵州、云南、重庆、四川、新疆、黑龙江等省区以及越南岱依、侬、泰等民族、湘鄂渝黔边少数民族聚居区、宽甸、岫岩满族自治县等特定区域进行了个案研究。

主张发展庭院经济的学者认为，发展特色产业不失为民族地区经济发展

---

① 李文庆. 少数民族地区特色产业内涵探析 [J]. 现代经济（现代物业下半年月刊），2009（1）：36，108.

② 石培基. 甘川青交接区域民族经济地域类型及其分区发展模式研究 [J]. 经济地理，2000（4）：20－25.

③ 吴嵘. 贵州少数民族山区庭院经济发展问题思考 [J]. 贵州民族研究，2000（1）：89－94.

④ 舒景祥. 关于黑龙江省民族经济现状及其应对加入世贸组织策略选择的调查研究 [J]. 黑龙江民族丛刊，2003（1）：63－74.

⑤ 刘毅，郎玉屏. 繁荣假日经济，推动四川民族地区经济快速发展 [J]. 西南民族大学学报（人文社会科学版），2003（8）：10－14.

⑥ 白晋湘. 湘鄂渝黔边少数民族聚居区山寨经济发展的思考 [J]. 农业现代化研究，2003（2）：141－144.

⑦ 杨丰陌. 大力发展民营经济，加快民族自治县振兴步伐——关于宽甸、岫岩满族自治县民营经济的调查 [J]. 满族研究，2004（3）：1－7.

⑧ 杨然. 越南岱依、侬、泰等民族经济和社会的现代化变革 [J]. 东南亚纵横，2004（12）：36－40.

⑨ 马跃月. 新疆民族经济发展问题探讨 [J]. 经济师，2004（10）：250.

⑩ 陈孝胜. 重庆市少数民族地区农村经济结构调整对策研究 [J]. 农村经济，2004（4）：48－51.

⑪ 马艳霞，喇明清，范钛. 邓小平旅游经济思想对四川省三州少数民族地区旅游业发展的启迪 [J]. 西南民族大学学报（人文社会科学版），2004（7）：19－21.

⑫ 查定明. 发展云南林纸产业 振兴边疆民族经济 [J]. 中国造纸，2004（4）：48－50.

的一条重要途径，但需因地制宜，培育经济增长点，转变经济增长方式，并加大科技投入力度，促进庭院经济向产业化、集约化方向发展。

主张加速产业结构调整的学者强调，要缩小民族地区与东南沿海地区的经济发展差距，就需打"绿色牌"，走特色路，调整农村经济结构；重点开发"绿、白、黑"产业①，构筑工业经济新体系；加快旅游业建设，带动第三产业发展；打破封闭格局，广泛招商引资。

研究发展山寨经济的学者则根据其对少数民族具体地区的地理条件和资源优势的分析，认为树立生态先导观，大力调整产业结构，探索发展山寨特色经济和优势产业，变资源优势为经济优势，是加快扶贫致富的有效途径。

推崇发展假日经济的学者评价指出，四川民族地区经济发展相对落后，而其由旅游业为龙头带动的假日经济却长盛不衰，成为本地区经济发展的亮点。因而，四川民族地区没有理由不抓住机遇，采取多种措施，大力发展假日经济，从而推动该区经济繁荣。为此，四川民族地区要狠抓基础设施建设，以旅游业为龙头，开辟假日经济新领域，做好假日经济发展的基础工作。

研究越南岱依、侬、泰等民族经济和社会的现代化变革的学者认为，之所以越南侬、侬、泰等民族经济得到发展，主要得益于以下几个方面：市场经济逐渐占据主导地位、先进科学技术不断传入和推广、注重发挥民族地区的经济优势、保持和发展民族特色经济、现代生活方式逐渐普及、社会变革带来一定的影响。总结其经验可知，我国少数民族地区要发展，其劳动力结构就需要进行调整，科学技术就需要多加投入，特色经济就需要得到加强。

强调发展民营经济的学者则提出，要增加农民收入，大力发展民族经济，缩小与东部发达省份的差距，就需要坚持"以民营经济为主，大力发展农业产业化、农村工业化和乡村城镇化"（即"一主三化"）的重要指导思想。加大民营经济产业结构调整力度，促进经济持续增长，提高经济素质和竞争力。

坚持以农业发展推动民族地区经济发展的学者认为，经济结构是否合理，是影响农村经济发展最为关键的因素。作为"三农"问题十分突出的民族地区，如何调整农村经济结构，已成为当务之急，从而提出了"生态农业""绿色农业""科技兴农"的农业发展道路的战略构想，同时也指出必须调整沿袭多年的农村经济结构的基本思路。

---

① "绿"是指依托有机农田所产资源，发展有机食品（绿色食品）的加工业；"白"是指依托鲜奶资源，发展乳制品加工业；"黑"是指区块小油田合作开发和地热资源开发。

三、经济发展总体思路

在我国全面社会主义市场经济建设不断深入和发展的背景下,加快少数民族区域经济发展问题的研究具有鲜明的时代意义,也是进一步促进民族团结和共同发展的重要经济基础。针对我国少数民族经济和少数民族地区经济发展中普遍存在的矛盾和问题,在我国的少数民族经济问题研究中,制定与实施少数民族区域经济发展战略思路时,必须重视少数民族经济与少数民族地区经济之间的不协调发展问题。在少数民族经济政策的制定与实施中,既要考虑国家的总体经济方针和政策,又要将各民族自治区域的经济发展问题和矛盾进行统一筹划、分析,这是我国政府在未来经济发展战略制定中必须关注的重要问题。

在谈到民族地区经济发展思路时,赵显人认为,要加快民族地区经济的发展,第一,必须发展"两高一优"农业,优化和调整产业结构,即摆脱新中国成立之初民族地区基本是劳动生产率低下的单一传统农牧业状态,加强水利等基础设施建设,提高科技在经济发展中的贡献份额,增强社会服务功能,健全和完善各级各类合作经济组织,提高综合生产能力,逐步把传统农牧业改造成现代化大农业,以实现产业化和现代化,使之成为民族地区的主导产业,并调整第二产业,优先发展第三产业。第二,要坚决遏制草原生态恶化现象,建设现代牧区经济。防止日益加剧的"三化"威胁,以避免出现加剧的生态逆行演替。①

王卉针对西部民族地区在西部大开发进程中的问题进行了分析,指出西部民族地区在经济发展中的三对矛盾:共性与个性、"输血"与"造血"、开发与破坏。最后他提出西部民族地区只有通过利用比较优势,发展特色农业;调整经济结构,提升产业层次;扩大融资途径,发展资本市场;开发旅游资源,发展旅游产业;重视人才战略,发展民族教育;参与国际交流,突出边贸特色等措施作为经济发展的总体思路来综合考量,民族地区才能摆脱贫穷,获得发展。②

张树安等认为,除了上述发展思路之外,在经济发展全球化的条件下,

---

① 赵显人. 关于民族地区经济发展情况、问题和建议 [J]. 中央民族大学学报(社会科学版),1999(5):7-14.

② 王卉,浅析西部开发中民族地区经济发展的战略 [J]. 经济问题探索,2003(2):10-12.

发挥后发优势,发展高新技术产业,以实现民族地区产业的跨越式发展;拓宽劳动密集型产业发展空间,努力实现从一般劳动密集型到劳动—技术密集型、劳动—知识密集型的转换,是新形势下振兴民族经济的必然抉择。①

周德金等指出,转变观念,解放思想才是民族经济发展的首要前提。同时,他们也建议完善民营经济投资环境,为民营经济创造公平竞争规则,并建立多元化的项目融资体系。其次,大力调整和优化第一产业结构,发展外向型经济。最后,发展城市工业经济,培育核心竞争力。②

陈延斌从城镇化的角度来研究民族地区的发展战略,认为民族地区的城镇化滞后是影响其产业结构调整及市场发育顺利进行的重要因素。因而,只有从思想上克服旧观念、旧体制的障碍,加深对城镇化的认识,并突出发展重点,促进大、中、小城市的协调发展,同时转变政府职能,在户籍、城镇土地、社会保障等难点上加大力度,推进城镇化与区域发展。③

鄢杰撰文指出,民族地区要发展,可采取三种模式:"公司+农户""两会+农户""政府+公司+移民工程",同时认为这三种模式各有优势,建议在民族村寨规模较小,民居比较分散的地方采取"公司+农户"的经营管理模式;而在民居村寨规模较大,民居集中度高的地方,以"两会+农户"的经营管理模式为主;而在少数民族贫困面广、生态环境恶劣、亟须实行生态移民或扶贫移民的地方,则可以选择"政府+公司+移民工程"的模式。④

李普者指出民族地区产业结构存在的主要问题有:①农业结构以种植业为主,附加值低,劳动生产率低,商品率低,生态代价巨大;②工业总量小,工业增长滞后;③服务业总量不足,结构不合理,发展水平低;④民族地区从业人员中大量人口滞留在第一产业中,并未充分就业。他还指出,民族地区应调整第一产业内部结构,实现农业的产业化经营;应调整第二、第三产业内部结构,大力发展第二、第三产业,使产业结构不断优化升级,促进民

---

① 张树安,郭京福.经济全球化与民族地区产业发展新思路[J].广西民族学院学报(哲学社会科学版),2003(11):98-100,109.

② 周德金,张静,萧海生.民族贫困地区县域经济实现跨越式发展的思路与对策[J].湖北财税(理论版),2003(7):41-43.

③ 陈延斌.加快城镇化建设 促进民族地区经济发展[J].黑龙江民族丛刊(双月刊),2004(3):117-120.

④ 鄢杰.民居接待:西部民族地区农村经济的产业创新[J].经济学家,2004(3):125-126.

族地区社会经济的全面发展。①

笔者认为，各少数民族要加强自身特色经济的开发，发挥地区优势，并通过与其他地区的民族互通有无来提高本民族的经济水平。只有加强民族经济的发展，中华民族多元一体格局才能稳固，才能减小社会的贫富差距；只有让全国人民的生活水平保持在一个基本平衡的状态，整个社会才会和谐，才能抵制一些不法势力的颠覆。少数民族经济的发展不仅需要国家和政府的扶持，更需要本民族地区的觉醒，提高本民族人民发展经济的积极性。发展民族经济，要注重内外因的结合，内因为根本，外因为条件，要立足族情，顺应时代发展。

总之，民族地区经济要想得到应有的发展，产业结构的调整是当务之急。因而，如何从实际出发，结合民族地区的现状，利用其丰富的自然人文景观、漫长的边境贸易国境线、灵活多样的就业形式来发展旅游业等各类特色产业，变后发劣势为后发优势是民族地区经济发展的主要出路之一。此外，解放思想，克服旧观念、旧体制的障碍，转变政府职能，以及国家各级地方政府的结对帮扶是民族地区经济健康快速发展的又一重大保证。

本章参考文献：

［1］马姝婧．四川省产业关联研究［D］．成都：西南交通大学，2010．

［2］王林．城镇化与产业结构的互动关联机制研究［D］．西安：西北大学，2008．

［3］王超．大庆市第三产业发展水平综合评价研究［D］．哈尔滨：哈尔滨工程大学，2006．

［4］罗亮．陕西产业结构与经济增长关系的实证研究［D］．西安：西安电子科技大学，2011．

［5］姜江．长株潭城市群产业结构定量分析［D］．长沙：中南大学，2008．

［6］李雯．江苏省产业结构的演变及其对经济增长的影响分析［D］．镇江：江苏大学，2006．

［7］肖鹏．外商直接投资对中国汽车产业的影响研究［D］．武汉：武汉理工大学，2007．

［8］刘小瑜．中国产业结构的投入产出分析［D］．南昌：江西财经大

---

① 李普者．民族地区产业结构现状及调整和优化［J］．中国产业，2011（2）：81 – 82．

学，2003．

［9］吉小燕．基于循环经济的区域产业结构优化［D］．南京：河海大学，2006．

［10］朱雪峰．沈阳市改革开放以来产业结构优化评价［D］．沈阳：东北大学，2008．

［11］林民盾．横向产业理论研究［D］．福州：福建师范大学，2007．

［12］张定新．山东省产业结构变动对经济增长的影响分析［D］．济南：山东大学，2009．

［13］郁芃芃．黑龙江省农业产业结构优化研究［D］．咸阳：西北农林科技大学，2009．

［14］张国栋．电子商务发展对中国产业升级的影响［D］．北京：北京邮电大学，2009．

［15］马冀勋．区域开发中的主导产业选择与绩效评估研究［D］．天津：南开大学，2010．

［16］汪斌．经济全球化和当代产业结构研究的新视角———一种新的切入点和研究框架［J］．福建论坛（经济社会版），2002（9）．

［17］李霞．产业结构与经济增长的关系［J］．唯实，1998（Z1）．

［18］朱慧明，韩玉启．产业结构与经济增长关系的实证分析［J］．运筹与管理，2003（2）．

［19］詹结祥，覃子龙．我国产业结构与经济增长之间的关系研究［J］．中国集体经济，2009（11）．

［20］钟学义，王丽．产业结构变动同经济增长的数量关系探讨［J］．数量经济技术经济研究，1997（5）．

［21］蒋振声，周英章．我国产业结构变动与实际经济增长关系实证研究［J］．浙江大学学报（人文社会科学版），2002（1）．

［22］胡晓鹏．中国经济增长与产业结构变动的联动效应探析［J］．产业经济研究，2003（6）．

［23］李继云，孙良涛．云南产业结构与经济增长关系的实证分析［J］．工业技术经济，2005（8）．

［24］虞斌．浙江省产业结构与经济增长动态分析［J］．财经论丛，2010（1）．

［25］孙亚云．产业结构与经济增长———基于广东省的实证研究［J］．改革与战略，2010（2）．

［26］刘小珉．略论中国民族地区乡村经济的主要特征、类型及其演化［J］．民族研究，2003（4）．

［27］孟耀，冯衍军．中国产业结构优化升级的策略选择［J］，经济与管理，2005（6）．

［28］杜发春．边境贸易与边疆民族地区的经济发展［J］．民族研究，2000（1）．

［29］黄健英．民族地区发展对外经济贸易研究［J］．黑龙江民族丛刊（双月刊），2005（3）．

［30］刘秀玲，谭会萍，朱瑞雪．绿色边境贸易与中国民族地区经济可持续发展［J］．经济问题探索，2005（10）．

［31］甘雪春，杨雪清，杨雪梅，段昌群．知识经济条件下民族地区的旅游产业定位与条件支撑——以云南丽江为例［J］．思想战线，2000（2）．

［32］马艳霞，喇明清，范钛．邓小平旅游经济思想对四川省三州少数民族地区旅游业发展的启迪［J］．西南民族大学学报（人文社会科学版），2004（7）．

［33］肖星，侯佩旭．论西部旅游开发与民族地区的社会经济发展［J］．中南民族大学学报（人文社会科学版），2005（1）．

［34］梁玉华．论贵州民族旅游商品开发与贵州旅游经济的增长［J］．贵州民族研究，2005（6）．

［35］丁赛．民族地区旅游经济可持续发展分析［J］．西南民族大学学报（人文社会科学版），2005（4）．

［36］孙婷．发展贵州民族旅游业，促进经济发展［J］．贵州民族研究，2005（6）．

［37］刘玉春，刘鲁．四川省甘孜县旅游资源开发的经济分析——兼评民族地区政府对旅游资源的开发［J］．西南民族大学学报（人文社会科学版），2006（2）．

［38］罗永常．文化经济背景下的民族村寨旅游开发［J］．思想战线，2006（4）．

［39］张英．充分利用非公有制经济推进湘鄂西民族地区旅游业发展［J］．西南民族大学学报（人文社会科学版），2006（1）．

［40］刘少英．透视西部地区民族体育旅游业的社会经济效应［J］．北京体育大学学报，2006（1）．

［41］母涛．四川民族地区旅游经济发展研究［J］．理论与改革，2006（2）．

［42］李文明．大力发展劳务经济　推动民族地区跨越式发展［J］．民族论坛，2004（8）．

［43］汪中华，彭涌．少数民族地区农村发展劳务经济的模式选择及配套措施［J］．商业研究，2005（3）．

[44] 成艾华．对内地民族地区发展"劳务经济"的调查——以湖北省恩施州为例．民族论坛［J］，2007（4）．

[45] 陈永林．新农村建设中乡村产业结构调整探析——以赣南地区为例［J］．产业与科技论坛，2009（9）．

[46] 连成顺．浅论中国产业结构优化升级存在的问题及对策［J］．经济研究导刊，2009（9）．

[47] 杨娅婕，胡静茹．西部少数民族地区农村经济存在的问题及发展思路［J］．经济问题探索，2003（7）．

[48] 聂琴．试论西部少数民族地区资源优势向经济优势的转化［J］．思想战线，1999（3）．

[49] 张北平，牟代居，卓玛才让，等．"八五"以来贵州民族地区经济运行状况与存在问题［J］．贵州民族研究，2000（2）．

[50] 胡太武，田芳．湖南民族经济发展面临的人口问题［J］．民族论坛，2005（10）．

[51] 石培基．甘川青交接区域民族经济地域类型及其分区发展模式研究［J］．经济地理，2000（4）．

[52] 袁瑛．浅析民族地区经济的可持续发展——以苗族区域经济发展为例［J］．农村经济，2003（8）．

[53] 刘庸．民族地区经济发展的九大制约因素［J］．西北第二民族学院学报（哲学社会科学版），2003（2）．

[54] 田原．加快农业结构调整步伐　促进贵州民族地区经济跨越式发展［J］．贵州民族研究，2003（4）．

[55] 蒙景村．论西部民族地区发展市场经济的制约因素及对策［J］．理论与当代，2001（10）．

[56] 董道平．对民族贫困地区县域经济发展的思考［J］．湖南经济，2000（10）．

[57] 梁积江，黄勇．试论民族地区经济发展中的财政转移支付问题［J］．中央民族大学学报（哲学社会科学版），2003（5）．

[58] 冷绍升．知识经济渐进过程中我国民族地区经济发展的战略调整［J］．黑龙江民族丛刊（季刊），1999（4）．

[59] 粟珍．论知识经济与我国民族地区旅游业的发展［J］．改革与战略，2000（6）．

[60] 杨琴．开发信息资源振兴少数民族地区经济［J］．贵州民族研究，2003（3）．

[61] 王树恩，张晓霞 经济全球化条件下我国民族工业的发展战略［J］.科学管理研究，2004（4）.

[62] 朱树荣．探析旅游业对民族地区社会经济发展的促进作用——以云南省石林彝族自治县旅游发展为例［J］.经济问题探索，2001（8）.

[63] 孙婷．发展贵州民族旅游业，促进经济发展［J］.贵州民族研究，2005（6）.

[64] 刘少英．透视西部地区民族体育旅游业的社会经济效应［J］.北京体育大学学报，2006（1）.

[65] 李霞林．民族文化旅游与贵州民族地区经济发展贵州民族研究［J］.2005（6）.

[66] 方天海．提升海南旅游目的地竞争力的途径［J］.经贸论坛.2010（4）.

[67] 李文庆．少数民族地区特色产业内涵探析［J］.现代经济（现代物业下半年月刊），2009（1）.

[68] 吴嵘．贵州少数民族山区庭院经济发展问题思考［J］.贵州民族研究，2000（1）.

[69] 舒景祥．关于黑龙江省民族经济现状及其应对加入世贸组织策略选择的调查研究［J］.黑龙江民族丛刊，2003（1）.

[70] 刘毅，郎玉屏．繁荣假日经济，推动四川民族地区经济快速发展［J］.西南民族大学学报（人文社会科学版），2003（8）.

[71] 白晋湘．湘鄂渝黔边少数民族聚居区山寨经济发展的思考［J］.农业现代化研究，2003（2）.

[72] 杨丰陌．大力发展民营经济，加快民族自治县振兴步伐——关于宽甸、岫岩满族自治县民营经济的调查［J］.满族研究，2004（3）.

[73] 杨然．越南岱依、侬、泰等民族经济和社会的现代化变革［J］.东南亚纵横，2004（12）.

[74] 马跃月．新疆民族经济发展问题探讨［J］.经济师，2004（10）.

[75] 陈孝胜．重庆市少数民族地区农村经济结构调整对策研究［J］.农村经济，2004（4）.

第六章 民族旅游经济

随着我国旅游经济发展的深入,民族旅游正吸引着越来越多的海内外游客,民族旅游在促进少数民族地区经济与社会发展方面发挥着重要的作用。在学术界,民族旅游的相关研究也越来越受重视,对民族旅游的研究大致可分为:民族旅游的一般论述、民族旅游细分、民族旅游资源开发、文化视角下的民族旅游、民族旅游的个案研究及民族旅游经济六个方面。

第一节 关于民族旅游的一般论述

一、民族旅游研究的理论基础

1. 可持续发展理论

据李凤娟论述,第一次将"可持续发展"作为当代科学术语明确提出并给予系统地阐述,是在1980年国际自然保护联盟组织制定的《世界自然保护大纲》中,其基本定义为"能够满足当今的需要,而又不牺牲今后世世代代需要的能力的发展"。可持续发展是一个变化过程,在这个变化过程中资源的利用、投资的方向、技术的发展以及机构改革都是相互协调的,并能加强当今和今后满足人类需要和希望的潜力。1987年联合国召开的世界大会提出可持续发展理论后,各行各业都在研究同可持续发展的关系。可持续发展理论的核心思想是在对环境保护和大自然生态高度重视的同时,发展经济、促进社会和谐,并呼吁人们放弃已经走惯了的"黑色道路",转而走"绿色道路",即调整"向自然索取速度"与"自然界恢复速度"相平衡的产业化路线。

众所周知,旅游业是一个综合性的行业,同其他产业相比,与可持续发展的关系更直接,影响面更广,涉及的问题更深。其原因有三个:①旅游业对自然资源和人类历史遗产的依赖性很强;②旅游的发展会对生态环境、生态系统的稳定性和体系性带来一定的影响;③旅游需求是人类生活的一个重要方面,根据联合国对人类需求的排序,旅游需求已排在第三位。此外"可持续发展观"是在总结了发展与环境相互关系的正反两方面经验与教训的基础上提出来的,民族旅游是这一探索过程具有代表性的具体实践活动,因此在探索过程中提出的可持续发展观是民族旅游得以大力发展的理论基础,具体表现在:①民族旅游发展的内涵与可持续发展观所强调的"经济、社会、人与自然之间的协调发展"相一致;②民族旅游发展强调当地人参与的观点与实现人类社会可持续发展的目的相一致;③民族旅游注重的民族传统文化保护与可持续发展观的思想都是大自然生存文化的具体体现;④可持续发展观强调在不平衡结构下建立动态平衡理论,而民族旅游正是在该理论指导下的一种实践活动。所以,民族旅游作为一种新兴的旅游形式,应坚持可持续发展旅游理论的指导,对旅游资源进行合理开发利用,对旅游业的发展方式和规模进行合理规划和科学管理,保持旅游发展地区环境系统的协调性和完整性。

2. 生态学与景观生态学理论

生态学为民族旅游的发展奠定了理论基础。传统生物生态学的范畴成为一种普遍的科学思想和准则,它是在生态利益优先的态势下发展生态工程。生态工程是应用生态系统中物种共生与物质重生的原理,遵循结构与功能协调的原则,结合系统分析的最优化原则,设计出分层多级利用物质的生产工艺系统。实现生态工程的目的就是充分发挥资源的潜力,防治环境污染,促进系统的良性循环。对民族旅游概念的理解,可以从生态学的分支——景观生态学的角度得到进一步深化。

景观生态学是跨地理学(空间景观)和生态学(相互关联)的一门边缘学科,是在现代地理学与生态学结合下产生的。它以生态学的理论框架为依托,吸收现代地理学和系统科学之所长,研究由不同生态系统组成的景观结构(空间格局),功能性态过程和演化(空间动态)及其与人类社会的相互作用,探讨景观优化利用与管理保护的原理和途径。景观生态学以空间研究为特色,属于宏观尺度空间研究范畴。其基础理论中,景观空间异质性和生态整体性理论是重要组成部分。景观生态学以景观为研究对象。景观是一个由不同土地单元镶嵌组成,具有明显视觉特征的地理实体。它处于生态系统之上,大地理区域之下的中间尺度;兼具经济、生态和美学价值。一方面,民族旅游目的地包括自然保护区、风景名胜区、森林公园、国家公园等自然旅游景观,主要表现为山地、森林、草地、各种水域、沼泽等景观生态类型。具体的民族旅游目的地就构成景观生态学意义上的"景观"。另一方面,民族旅游强调民族旅游目的地的生态保护,强调在生态学思想和原则的指导下进行科学的旅游开发和适度的旅游活动。因此，在现代地理学与生态学结合下产生的，既强调空间研究又考虑生态学思想和原则的景观生态学，为理解民族旅游的概念提供了一个理论切入点。①

3. 利益相关者理论

利益相关者是一个管理学概念。利益相关者理论的研究真正起步始于20世纪60年代，它极大地挑战了以股东利益最大化为目标的"股东至上"理念，随后得到管理学、伦理学、法学和社会学等众多学科的关注，但企业一直是该理论的绝对研究主体。直到20世纪90年代初期以后，其研究主体才开始从企业扩展到政府、社区、城市、社会团体以及相关的政治、经济和社会环境等领域。利益相关者理论中的利益相关者是指"任何能影响组织目标实现或被该目标影响的群体或个人"。此理论将政府、社区以及相关政治、经济和社会环境，从原来的企业环境或外生变量的角度转而视为企业构成要素或内生变量，成为组织和企业管理的关键变量之一，为组织和企业管理提供了全新的管理理念和模式。该理论认为，任何一个公司的发展都离不开各种利益相关者的投入和参与，企业不是只为股东而生存，而是为受企业决策影响的诸多利益相关者服务的组织。沈莹认为，企业追求的是利益相关者的整体利益，而非个人利益。不同的利益相关者，由于其利益和权力要求的不同，对组织和企业的影响也不同。认识和明确各利益相关者的利益要求和权利，是该理论运用的关键。利益相关者理论在旅游业中的应用源于旅游业的复杂性以及极强的关联性，涉及众多的行业、部门、群体和组织，也源于旅游发展对公平、责任、可持续发展、协调发展等问题的重视，特别是对社区利益的考虑。民族旅游活动开展过程中的利益相关者主要包括目的地居民、旅游者、旅游开发商、旅游区工作人员、政府等。民族旅游的旅游质量并非只由旅游开发者决定，众多的利益相关者也起了很大的作用，如政府的推动和管理作用、旅游区工作人员的服务质量和工作成效、目的地居民的支持作用等，这些因素也是在旅游地质量改进过程中需要考虑的因素。②

---

① 李凤娟. 西部民族地区生态旅游发展研究——以甘南藏族自治州为例 [D]. 西安：西北师范大学，2006.
② 沈莹. 民族旅游村寨开发中游客满意度研究——以广西龙胜龙脊梯田景区为例 [D]. 桂林：桂林理工大学，2009.

4. 旅游乘数

乘数是指自变量的变化量与因变量的变化量之间的比例，即自变量的单位变化量所引起的因变量的单位变化量。乘数理论说明某行业的一笔投资或收入不但能增加该部门的收入，更重要的是会使得国民经济整体发生连锁反应，最终使国民收入增加量数倍于该笔投资。英国萨瑞大学的阿切尔教授等旅游研究者，以凯恩斯的投资乘数理论为基础，发展完善了旅游乘数理论，使之成为旅游经济学研究中的主要理论。阿切尔将旅游乘数定义为：旅游花费在经济系统中（国家或区域）导致的直接、间接和诱导性变化和最初的直接变化本身的比率。我国旅游学者李天元认为，旅游乘数是用以测定单位旅游消费对旅游接待地区各种经济现象的影响程度的系数。

旅游乘数具体包括五种：一是交易乘数（销售乘数），是指由单位旅游花费所产生的区域内营业额增加量；二是产出乘数，是指单位旅游花费所引起的整个经济系统产出水平的增加量；三是收入乘数，是指特定的时间内，在旅游目的地范围内的最初的旅游花费引起的总的累积性收入的倍数；四是就业乘数，是指单位旅游花费产生的直接就业占单位旅游花费所产生的直接就业、间接就业和诱导就业三者之和的比值；五是消费乘数，指单位旅游收入的增加所引起的生产资料和消费资料的变化。乘数理论能够较好地解释旅游业对经济产生的影响，也使得旅游乘数理论成为旅游扶贫的核心理论依据。旅游扶贫的乘数效应以旅游乘数理论为基础，其具体指旅游者在贫困地区或者贫困人口所在地消费，最终可以带给贫困地区或贫困人口多少收入、多少就业机会。对旅游乘数的具体分析通常要通过相关经济模型来进行，其中最主要的旅游乘数经济模型有"投入—产出"模型、经济基础模型和"特定"模型三种。

（1）"投入—产出"模型。

"投入—产出"模型是目前被普遍应用来研究分析旅游业经济影响的一种模型，其主要显示的是商品和服务在不同生产者之间以及最终生产者到最终购买者之间的流动情况，并把最终品和中间品的全部生产都包括其中。不同国家对这一模型的应用程度和级别有一定的不同。有的在国家这一层面普遍采用"投入—产出"模型进行相关统计分析，但更多的国家则是将"投入—产出"模型具体运用于工业部门，来分析该国国民经济中产业关联度。由于旅游业涉及多个相关产业，我国目前还没有将旅游业列为单独的经济产业部门，旅游业的产出和相关经济影响只能通过对有关的住宿业、交通运输业、饮食业、商业、制造业等产业的产出情况进行具体调查分析并综合后才能间接得出（如图 6-1 所示）。

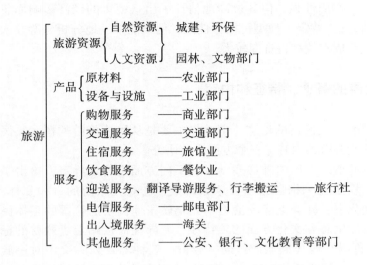

图 6-1 旅游业涉及多个相关产业

(2) 经济基础模型。

经济基础模型构筑的前提是将旅游接待国（地区）的经济分为为外部市场服务的企业和为本地市场服务的企业，而由于大部分企业向本地市场和外部市场出售产品和服务是同时发生的，因此必须按照本地市场份额和外部市场份额两大部分来对旅游地企业的总就业量、产出或营业收入进行分类。那么，外部市场份额除以由产出或就业量构成的营业收入总额，就得到了用于分析旅游业的直接经济影响的旅游乘数。

(3) "特定"模型。

1977 年，旅游学者阿切尔在凯恩斯收入乘数理论的基础上构筑了"特定"模型，其具体计算公式为：

$$K = 1 + \sum_j \sum_i Q_j \cdot V_{ji} \cdot Y_i [1/(1 - c \cdot \sum_i X_i Z_i Y_i)]$$

其中，j：旅游者类型；i：直接为游客服务的企业类型；Q：每一类旅游者的消费比例；V：旅游者在每一类直接为游客服务企业中的消费比例；Y：每类直接为游客服务企业单位货币支出所带来直接、间接收入；c：当地居民的消费倾向；X：当地居民在不同类型企业间的消费分布；Z：当地居民在本地用于消费的收入比例。

李劲松认为，以上三种模型各有侧重，优点和缺陷也都十分突出。"投入

―产"出模型综合性最强、最全面,但资料收集困难而滞后;经济基础模型资料收集比较容易,实用性强,但其过高地估计了出口销售的经济影响而忽视了增长的内部动力;"特定"模型可操作性强,但只能单一地分析旅游收入乘数,且资料的获取成本较高,难度较大。①

二、民族旅游的概念、特征和内容

有关民族旅游的一般论述的论文,学术界主要是从民族旅游的概念、民族旅游的特征、民族旅游的内容等三个方面进行研究。

关于民族旅游的概念,国内外许多学者从不同方面进行了界定,给出了各种不同的定义。埃里克·柯恩指出民族旅游是:①观光旅游的一种变体;②其目标群体在文化上、社会上或政治上不完全属于他们所居住国的主体民族;③他们由于自然生态和文化方面的独特性、差异性而被贴上了旅游的标志。② 爱德华·布鲁诺在《民族旅游:同一族群,三种场景》一文中对民族旅游做了相似的界定,认为民族旅游是:"国外或国内的旅游者通过旅游可以观察其他群体,而这些群体不仅被认为有明显的自我认同、文化和生活方式,而且通常被贴上诸如种族、国家、少数民族、原始、部落、民俗或农民的标签。"③ 范·登·贝在《追寻它者:墨西哥·桑·克瑞斯托波的民族旅游》中是这样定义的:寻求民族的异质性,当旅游者发现它时,它还是一种未经开发的淳朴真实的形式。④ 王筑生认为,民族旅游不仅是一种"脱俗朝圣"的旅游活动,而且还是一种"特殊形式的族群关系"。⑤ 白莲认为,民族旅游作为另一类的身份表述在中国正方兴未艾,它是一个民族的形象塑造,表述着相应的文化和历史符号。⑥ 武魏巍认为,民族旅游同其他种类的旅游的根本差别和最大特点就在于旅游地区的少数民族同胞具有基本的旅游吸引力,是民

---

① 李劲松. 人口较少民族旅游扶贫研究 [D]. 北京:中央民族大学,2009.
② 埃里克·柯恩. 东南亚的民族旅游 [C] //旅游、人类学与人类社会. 昆明:云南大学出版社,2001.
③ 爱德华·布鲁诺. 民族旅游:同一族群,三种场景 [C] //旅游、人类学与人类社会. 昆明:云南大学出版社,2001.
④ Pierre L. Van Den Berghe. The Quest for Other: Ethnic Tourism in San Cristobal, Mexico [M]. Washington: University of Washington Press, 1994.
⑤ 王筑生. 人类学与西南民族 [M]. 昆明:云南大学出版社,1998:284 – 298.
⑥ 白莲. 历史记忆与民族旅游 [C] //旅游、人类学与人类社会. 昆明:云南大学出版社,2001:147.

族文化活的载体,支撑起包含服饰、文艺、手工艺、节庆、饮食、建筑、语言等文化种类在内的整个民族文化体系。① 马晓京认为,民族旅游是把古朴的土著习俗以及土著居民包装成旅游商品,以满足消费者的消费需求,是以少数民族文化为特色的观赏、娱乐、商品及服务。② 光映炯认为,民族旅游是旅游者通过对某一民族的独特文化或生活方式的参与、观察和体验来实现其审美需求的过程,而民族旅游的本质也相应体现为一种族际的交流或一种跨文化的观察与体验。③ 金毅认为,"所谓民族旅游可以理解为借助一定的民族事象而开展的各项旅游活动。"④ 吴其付认为,民族旅游是指旅游者通过对某一民族的独特文化或生活方式的参与、观察和体验,来实现其审美需求的过程。民族旅游的本质体现为一种族际的交流或一种跨文化的观察与体验。"民族旅游"这一概念在旅游人类学中具有独特的理论价值。⑤ 关于民族旅游的概念,笔者认为应该区分其广义的和狭义的概念,金毅所指的是广义的民族旅游,而武魏巍所指的是狭义的民族旅游。

陈淑琳、马莉从后发型民族旅游地角度分析民族旅游,并通过后发型民族旅游地甘南发展模式案例,分析了西北地区民族文化旅游产业发展的模式。后发型民族旅游地是指民族文化旅游产业发展迟滞,但具有发展潜质、机遇,同时面临挑战的旅游目的地。后发型民族旅游地的特点是:发展的迟滞性、发展的动态性、发展的艰难性。⑥

关于民族旅游的特征,邓敏认为民族旅游最突出的特征是地方性、民族性、民间性、边缘性、族群依赖性。⑦ 杨昇指出:"民族旅游主要包括以下三个方面的特征。第一,民族旅游所指的民族是一国的非主体民族,他们可以是发达国家保护区的土著民族,但更多是指非发达国家和地区的少数民族。

---

① 武魏巍. 民族旅游发展与民族文化保护的研究 [D]. 南宁: 广西大学, 2004.
② 马晓京. 民族旅游文化商品化与民族传统文化的发展 [J]. 中南大学学报 (人文社会科学版), 2002 (6): 104-107.
③ 光映炯. 旅游人类学再认识——兼论旅游人类学理论研究现状 [J]. 思想战线, 2002 (6): 43-47.
④ 金毅. 论民族文化旅游的开发 [J]. 中南民族大学学报 (人文社会科学版), 2005, 25 (4): 67-70.
⑤ 吴其付. 国外民族旅游研究进展 [J]. 黑龙江民族丛刊 (双月刊), 2007 (5): 163-170.
⑥ 陈淑琳, 马莉. 西北地区民族文化旅游产业发展模式研究——后发型民族旅游地甘南发展模式案例分析 [J]. 现代商业, 2010 (23): 70.
⑦ 邓敏. 民族旅游目的地社会文化影响因素研究 [D]. 西安: 西北大学, 2007.

少数民族居民作为被游览者,是民族旅游产品的组成部分之一,具有主人和商品的双重身份。第二,从旅游资源的角度讲,民族旅游资源是指民族地区独特的民族文化和自然环境,其中民族文化是民族旅游的核心吸引力所在。第三,民族旅游是一种跨文化的交流形式,由于大多民族地区的经济和社会发展相对落后,民族旅游往往成为民族地区脱贫致富的主要途径。"①

关于民族旅游的内容,武魏巍认为,民族旅游的内容包括:特定的民族居住区域、民族文艺、民族服饰和建筑、民族手工艺品、民族美食、民族礼仪、民族节庆、其他民族风俗及语言文化艺术等方面。②

周丽洁认为,文化和自然景观上相对独特的、有差异的民俗风情与民族文化,构成民族旅游的基本要素。③

第二节 民族旅游细分

民族旅游的细分主要包括:民族文化旅游、民族生态旅游、民族体育旅游。

金毅对民族文化旅游进行了比较详细的研究,指出民族文化旅游具有民族性、地域性、复合性及群体性的特征。在全球化背景下,开展民族文化旅游可以有效地带动民族经济的发展,从而推进民族地区的社会整体发展速度。目前,我国民族文化旅游中存在的主要问题是:无规划开发,缺乏有效的开发模式理论指引;旅游基础设施落后;缺乏资金投入,开发力度不足;缺少开展民族文化旅游的人员,现有人员素质偏低;重开发、轻保护,采取以牺牲生态环境为代价的掠夺式开发手段。④

文红、唐德彪对民族生态旅游进行研究时认为,文化生态旅游是生态旅游的重要方面,是一种以文化生态旅游资源为体验对象,在可持续发展理论指导下,在保护区域文化生态系统平衡和区域文化完整性、原生态的前提下,以享受文化生态美和促进社区经济发展为目的而开展的一种旅游活动。文化

---

① 杨昇. 西南民族旅游目的地发展潜力研究 [D]. 上海:华东师范大学, 2008.
② 武魏巍. 民族旅游发展与民族文化保护的研究 [D]. 南宁:广西大学, 2004.
③ 周丽洁. 民族旅游对非物质文化遗产保护与传承的影响——基于湖南省湘西地区的调查与思考 [J]. 中州学刊, 2010 (4): 131-133.
④ 金毅. 论全球化背景下的民族文化旅游 [J]. 内蒙古大学学报(人文社会科学版), 2004, 36 (2): 19-24.

生态旅游开发是对一定区域的民族特色的文化景观适度开发。① 吴良林等对桂西山区原生态旅游资源及其可持续利用进行的研究很有实用价值,研究分析了桂西山区原生态旅游资源的特色和优势,以及桂西山区原生态旅游资源的脆弱性,提出了对原生态旅游资源安全保护及可持续利用的思路,包括建立多级资源遗产保护、建立少数民族文化基因库和元素库。②

在对民族体育旅游的研究中,刘捷从广西民族体育旅游的现状着手,指出广西民族体育旅游存在下述问题:体育旅游项目未被作为单独旅游项目而开发,各景区开设的体育旅游项目没能突出本地本民族特色,体育旅游项目的开设形式未能充分发挥游客的参与性,体育旅游市场管理不规范问题严重。他针对上述问题,提出了一些对策:第一,开发旅游资源和环境保护应同步进行;第二,广西民族传统体育旅游市场开发要突出其自身特点,切忌盲目照搬他人模式;第三,增强体育旅游产业化意识,促进观念更新;第四,加强体育旅游基础设施建设,完善体育旅游配套服务;第五,积极对外宣传,培育中介机构,有效调动各种媒体;第六,加强体育旅游人才培养与学科建设,注重民族体育项目的挖掘整理及研究开发;第七,实施"政府主导型"旅游发展战略。上述问题和建议对其他地区也有一定的参考价值。③ 周道平等采用文献资料法和逻辑分析法等研究方法,对西部民族地区体育旅游开发的后发展效应进行了分析,提出在进行西部民族地区体育旅游开发过程中必须克服后发展效应的不良影响。发展西部地区民族体育旅游,必须用创新思维的方法整合后发展各种优势,以实现西部民族地区体育旅游跨越式发展的目的。④ 钱印华探讨了体验视角下的广西民族体育旅游产品设计与开发,提出民族体育旅游产品体验化设计要体现多元化、整体规划及不断创新的原则,其研究方法新颖独到。⑤

---

① 文红,唐德彪. 民族文化多样性保护与文化旅游资源适度开发——从文化生态的角度探讨 [J]. 安徽农业科学,2007,35 (9):2700-2702,2715.

② 吴良林,周永章,陈子燊,丁健. 桂西山区原生态旅游资源及其可持续利用研究 [J]. 生态经济,2007 (2):102-105.

③ 刘捷. 广西民族体育旅游开发对策分析 [J]. 中国市场,2008 (18):6-7.

④ 周道平,郭振华,张小林. 西部民族地区体育旅游开发的后发展效应及其创新思路 [J]. 武汉体育学院学报,2006,40 (2):24-27.

⑤ 钱印华. 体验视角下的广西民族体育旅游产品设计与开发 [J]. 商场现代化,2008 (9):258-259.

第三节 民族旅游资源开发

民族旅游资源开发是国内学者讨论的重点,研究的角度、理论和方法呈现百花齐放的局面。

孙九霞探讨了节日符号在民族旅游开发中的运用。她认为,在民族旅游开发中"节日"被作为内涵丰富的文化资源加以利用,是民族文化资本化的突出表现形式。民族节日符号具有极高的旅游价值,但当前在我国存在着节日开发中对民族文化的解读不准,出现种种误读,对大多数游客所看重的真实性缺乏重视,开发中过分强调节日文化的经济价值。针对这些问题,孙九霞强调,要发挥专家学者等在节日开发中的指导作用。[①] 崔广彬、郑岩探讨了我国民俗旅游资源开发的问题,认为民俗风情是一种重要的旅游资源,民族地区的民俗具有地域性差异,观赏性别具一格,具有很强的可参与性和不可替代性。[②] 吴国琴从民族服饰这一细分角度,论述了我国民族服饰资源的分布,影响民族服饰资源开发的因素,最后提出了开发民族服饰旅游资源的建议,即举办专门的民族服饰艺术节和尝试进行企业化运作。[③]

刘泳洁、王月娥分析了我国西部民族地方文献资源开发对旅游产业和旅游文化的影响,指出西部民族地方文献具有重要的科研价值,为开发旅游产业提供丰富的旅游资源;具有重要的史料价值,为开发旅游产业提供丰富的考证依据;包含丰富的知识信息,为开发旅游产业提供智力支持和宣传途径。西部民族地方文献资源开发促成旅游文化的形成;丰富了旅游的文化含量,从而促进旅游产业化,促进旅游业的可持续发展。[④]

丁健、彭华认为,我国民族旅游开发的影响因素包括民族特色与民族知名度、交通条件、区域经济发展水平、客源市场、旅游地民族感知形象、有

---

① 孙九霞. 节日符号在民族旅游开发中的运用及问题 [J]. 中南民族大学学报(人文社会科学版),2003,23(6):134-137.
② 崔广彬,郑岩. 关于民族地区民俗旅游资源开发的几点思考 [J]. 黑龙江民族丛刊(双月刊),2007(1):66-70.
③ 吴国琴. 我国民族服饰旅游资源开发 [J]. 信阳师范学院学报(自然科学版),2003,16(1):121-124.
④ 刘泳洁,王月娥. 西部民族地方文献资源开发对旅游业的影响 [J]. 情报杂志,2004(4):115-117.

无著名风景点或风景区、空间集聚与竞争、决策者行为、当地居民态度。①

刘韫探讨了民族地区旅游开发过程中的外部经济性与不经济性。他指出外部经济性集中体现为促进本地经济发展和文化交流，以及提升本地社会知名度。而不经济性主要表现在以下四个方面：部分旅游企业和游客对旅游地环境造成的破坏、民俗旅游产品的真实性受到影响、独特的民族文化面临被同化甚至消失的威胁、旅游的扶贫功能发挥不彻底。针对民族地区旅游开发的不经济性影响，刘韫提出要清晰界定产权，明确政府职责；开展生态旅游，切实保障民族地区旅游地的可持续发展；建立健全的扶贫保障机制等对策。②

李伟梁认为，在民族社区文化旅游开发中，应当遵循文化建设原则、居民参与原则、普遍受益原则和伦理原则。③ 文红、唐德彪提出，文化生态旅游开发必须遵循文化生态系统内在规律，重视地方文化的原生性和完整性。④ 阳巧雯从社会交换理论出发，分析了少数民族旅游供需困难，指出旅游业中旅游产品的设计必须兼顾旅游产品消费者与生产者的需要，使游客能从旅游产品的消费中获得价值满足，同时也使旅游服务方能从旅游产品的生产过程中获得价值满足。优质的旅游产品产生于旅游产品消费者需要与生产者需要的结合处。⑤

韦复生提出广西民族旅游开发的几种战略，即景观战略、商品战略、演示战略及参与战略。景观战略的核心是以保护或恢复原始传统居落景观为主体的全面进行景观的建设，这是民族文化拯救与旅游开发的一种普遍模式。旅游商品是民族文化的承载体，是传播文化的媒介，对旅游者而言是可以带走的文化，对于民族文化的保护而言是可以将民族的艺术工艺保留下来的方法。演示对于已经消亡或趋近消亡的文化具有积极的意义，从某种意义上讲，旅游是许多民族文化现象得以延续生存的土壤。从旅游需求的角度而言，旅游者更加注重参与体验性的活动。例如，在赫哲族民族文化旅游开发中应该加强组织注重参与性、体验性的活动。只有旅游业发展起来，依托旅游业发

---

① 丁健，彭华. 民族旅游开发的影响因素分析 [J]. 经济地理，2002, 22 (1): 101–105.

② 刘韫. 民族地区旅游开发中的外部性影响及其消除 [J]. 黑龙江民族丛刊（双月刊），2006 (6): 56–60.

③ 李伟梁. 试论民族社区文化旅游开发的若干原则 [J]. 黑龙江民族丛刊，2006 (2): 43–48.

④ 文红，唐德彪. 产权制度的构建与民族文化旅游资源开发 [J]. 云南社会科学，2007 (5).

⑤ 阳巧雯. 少数民族地域旅游资源开发的难题 [J]. 学术交流，2006 (9): 124–126.

展保护或拯救文化的战略目标才能够实现。①

黄明辉指出，西部地区民族旅游开发必须突出西部民族地区的民族特色；用跨越式的发展模式来发展西部民族地区旅游；加大投入资金，完善基础设施建设；注意解决思想观念和机制等深层次问题。②陈兴贵认为，民族旅游作为一种新型的旅游方式，在开发过程中要立足自身实际，适当超前发展，在政府的引导下，以当地居民为主体。旅游项目要充分体现民族性和现代性，要在保护的前提下开发民族文化资源，注重民族旅游的社会文化效益和生态效益。③

陈旖分析了贵州民族文化旅游资源的现状，指出民族旅游中存在导游人才素质不高的问题，提出要重视少数民族旅游人才的培养，采取"请进来"（师资）、"送出去"（学员）的办法，加强对少数民族地区旅游管理人才和旅游从业人员的培训。要编好、写好优秀的民族民俗风情导游词，编好、导好具有民俗风情的特色演出节目，不断提升民族民俗风情旅游的档次和规模。④罗永常分析了黔东南民族文化旅游资源开发现状，提出了文化均衡的问题，即传统性与现代化的均衡、本真性与商品化的均衡、开放性与限制性的均衡。文化传统是接待地发展旅游的基本财富，强调和维护传统是必需的，但旅游者大都以现代社会为现实生活背景，旅游开发中就不可避免地有传统性和现代化的矛盾，这就要求我们必须找到发展和保护的平衡点。文化的开发无法避免文化的商品化，而文化的商品化往往又会导致文化失去本真性，并最终使文化遭到腐蚀和破坏，因此必须正确把握本真性与商品化的平衡。任何接待地要发展旅游，必须开放自己的社会文化门户，接受外来文化的渗透和冲击，但每个社会的文化承受力是有限的。因此，民族地区的旅游开发必须对外来文化的进入给予适当的限制。⑤

窦开龙利用SWOT（态势分析）模型，对新疆民族旅游产品开发条件进行全

---

① 韦复生. 广西民族旅游开发与贫困缓解 [J]. 广西民族大学学报，2006，28（6）：83－87.

② 黄明辉. 对发展西部民族地区旅游经济的探索 [J]. 贵州民族研究，2007，27（3）：78－80.

③ 陈兴贵. 民族旅游开发中应注意的几个问题 [J]. 贵州民族研究，2006，26（3）：92－96.

④ 陈旖. 浅谈贵州民族文化旅游资源的可持续开发 [J]. 贵州民族研究，2007，27（2）：82－85.

⑤ 罗永常. 黔东南民族文化旅游资源开发现状分析与对策研究 [J]. 贵州民族研究，2004，24（3）：118－121.

面、系统和科学分析，为新疆旅游产品市场拓展提供理论参考和策略思路。①

成瑶认为，地方民族古籍文献蕴含着极其珍贵和丰富的史料，因而可从中发掘出具有地域特点、民族特色的旅游信息资源。以文献为依托开发名城旅游资源，就是要把地方民族古籍文献中蕴含的旅游信息资源加以改造和使用，其目的在于将潜在的资源优势转变为现实的经济优势，促进历史文化名城旅游业的发展。②

李静对甘肃裕固族的民族旅游资源进行了深入研究，分析了甘肃及裕固族民族旅游发展现状，指出其在现代文化冲击下面临的问题：经济基础薄弱，远离客源，生态系统脆弱，缺乏民族特色；提出民族地区旅游业发展战略是突出民族特色、有创新精神，实行跨越式的发展战略，原生态开发、保留传统民俗。③

屈银莹认为，民族旅游的开发在给当地少数民族带来经济效益的同时，也不可避免地给当地民族文化带来一系列负面作用。她主要分析了旅游开发中民族文化的原真性与商品化关系，探讨了民族旅游开发中民族文化的商品化保护及传承问题，提出开发民族旅游的实质就是把民族文化旅游资源组合成旅游文化产品向外推销。民族文化旅游资源的商品化，并不会导致旅游开发对民族文化产生的消极影响，而是旅游开发的应有之义。④

次旺罗布通过对处于藏民族独特精神文化背景之下的一个高原渔村的调查，来展现富有高原特色的农区渔业民俗文化，并就此针对当前新农村建设中如何使民俗文化旅游资源从接待事业型转向旅游产业型方向发展做了详细的概述和分析。他认为西藏的旅游资源特色浓郁、数量众多、类型丰富，除拉萨、日喀则等重要城市外，高原风光、文化古迹等在广大农牧民村寨比比皆是，为旅游资源开发型新农村建设提供了极其广阔的拓展领域。例如，历史古迹、宗教文化旅游型新农村，民俗风情结合景观生态观光旅游型新农村，生态农业观光旅游型新农村，等等。⑤

---

① 窦开龙. 新疆民族旅游产品开发的 SWOT 分析 [J]. 时代经贸（学术版），2008（3）：92-93.

② 成瑶. 地方民族古籍文献与历史文化名城旅游资源开发 [J]. 大理学院学报，2009（7）：69-71.

③ 李静. 甘肃民族旅游资源开发与研究——以裕固族为例 [J]. 西昌学院学报（社会科学版），2009（1）：123-125.

④ 屈银莹. 民族文化旅游资源的商品化与民族文化保护探讨 [J]. 现代商贸工业，2010（8）：68-69.

⑤ 次旺罗布. 论新农村建设中西藏民俗文化的旅游资源开发——以曲水县俊巴渔村的民俗调查为例 [D]. 拉萨：西藏大学，2010.

第四节　文化视角下的民族旅游

由于民族旅游具有鲜明的文化特色,很多学者从文化视角来研究民族旅游。

刘筱筱从社区居民参与的角度出发,论述了民族旅游中社区参与体系对文化保护的重要作用。从广义上讲,社区参与体系是一个包含社区居民、旅游企业、政府机关、游客等各方面关系在内的综合体系。其中,政府机关发挥着导向、监督管理此体系运转的作用,旅游企业和游客发挥着重要的配合作用,而作为整个体系重中之重的社区居民则是参与政策的实践者与受益者。① 李强、王红艳分析了少数民族文化遗产旅游中的社区自主权,认为社区自主作为一种旅游发展中的特殊方法,强调社区居民的利益优先权和决策参与权,对民族文化遗产保护具有重要作用。社区自主构建也完全体现了对民族文化遗产的旅游利用和保护。由于受条件局限,社区自主还需要政府在管理、人力资源、资源保护等方面给予支持。②

王秀红从人类生态学的角度分析了旅游对云南民族文化的影响,指出旅游开发是对当地社区居民生态环境和资源的侵占。不适当的旅游开发不仅会对环境造成破坏,而且会导致当地民族文化异化。旅游开发有可能导致三种后果。①当地居民被从保护区和旅游目的地强行驱逐。②当地居民虽然没有因旅游的开发而被驱逐,但由于旅游的开发改变了他们生存的方式,他们又没有从中获得足够的利益以维持生存,因而被迫流离他乡。③当地居民留在旅游目的地从事旅游服务业,把旅游作为他们谋生的手段。这种方式的旅游开发充分考虑到当地居民的利益,实现旅游企业和当地居民共生的格局。因此,保护民族文化是维持云南地区民族旅游可持续发展的前提。③

夏德根则探讨了民族旅游产品开发中的知识产权保护问题,认为我国少数民族的文化和遗产资源非常丰富,但在多年旅游资源开发的过程当中,人

---

① 刘筱筱. 论民族地区旅游发展与民族文化保护——社区居民参与的视角 [J]. 黑龙江民族丛刊(双月刊), 2008 (2): 75 – 79.

② 李强, 王红艳. 少数民族文化遗产旅游中社区自主权的思考 [J]. 青海民族研究, 2008, 19 (2): 88 – 92.

③ 王秀红. 从人类生态学的角度分析旅游对云南民族文化的影响 [J]. 现代商业化, 2005 (30): 213 – 214.

们并没有意识到知识产权保护的重要性。① 徐文燕认为，在旅游资源开发过程中，由于忽视文化生态保护，致使民族文化的稳定性、完整性和延续性受到严重威胁，由此破坏了民族文化的多样性。大规模的民族文化旅游开发干扰了民族文化生态过程，超越了民族地区环境承载力，透支了自然生态和文化生态的价值，使民族文化因异质文化的侵入而改变了原有的民族生态，导致了变异，从而使民族地区旅游业的可持续发展受到威胁。②

窦开龙以甘南拉卜楞为个案，探讨民族旅游与民族宗教文化的世俗化变迁。他使用文化人类学田野调查方法，以甘南拉卜楞民族宗教文化旅游区为视角，考察与解读了民族旅游引起的宗教文化世俗化现象，为理解民族旅游中"价值理性"和"工具理性"的关系提供了新的学术视角。其中，宗教文化变迁包括宗教场所功能变化、宗教仪式内涵的变化、民族宗教日常生活方式的变化、宗教信仰的变化、宗教教育的变化、社会事件的发生、宗教饮食文化的变迁、宗教建筑文化的变迁。③

高婕、田敏认为，民族旅游是中国少数民族地区最重要的经济活动之一。然而，大力发展民族旅游业给少数民族传统文化带来显而易见的消极影响：民族文化商品化、庸俗化，社会价值观被改变，传统道德风尚衰亡。民族旅游与文化保护之间存在对立的矛盾，事实证明，对于民族文化而言，民族旅游开发从来就是一把双刃剑。民族旅游有利于不同文化之间的传播与交流，但因传播交流中的信息不对等而导致民族文化式微；民族旅游有利于民族文化的开发和发展，但功利性开发往往导致民族文化异化；民族旅游有利于族群交流，但因族群交流的非对称性而导致族群关系的紧张；民族旅游有利于民族社区社会生活环境与自然生态环境的改善，但民族旅游的过度开发往往使之缺乏可持续发展。经济与文化之间没有对立的本质属性，通过健康发展民族旅游业，完全可以做到兴利除弊，实现民族社区经济与文化的同步发展，从而实现经济与文化的双赢。④

罗康智探讨了文化构成要素在旅游资源开发中的地位及其开发原则。在

---

① 夏德根. 民族旅游产品开发中知识产权保护的若干问题 [J]. 贵族民族研究, 2008, 28 (2): 39-44.

② 徐文燕. 论民族文化多样性保护与旅游资源的合理开发 [J]. 黑龙江民族丛刊（双月刊）, 2008 (2): 135-139.

③ 窦开龙. 新疆民族旅游产品开发的 SWOT 分析 [J]. 时代经贸（学术版）, 2008 (3).

④ 高婕, 田敏. 民族旅游的困惑与选择——中国民族旅游与少数民族传统文化保护能否双赢的思考 [J]. 西南民族大学学报（人文社会科学版）, 2009 (6): 204-208.

民族旅游中，旅游消费活动必然会跨越不同的民族文化，于是民族文化的差异势必贯穿整个旅游的全过程，这就导致旅游的每一个环节都得与不同的民族文化打交道。有鉴于此，按照游客对民族文化构成要素感知的难易程度去确定旅游资源的开发对象，可以减少旅游部门因管理不善而导致的民族旅游资源开发的盲目性。[1]

胡晓、王飞霞认为，民族旅游中文化互动的过程是一个社会良性运行的过程，在这个过程中各传播要素之间相互整合，减少冲突，从而实现一种良性传播。这种由民族旅游跨文化带来的良性传播，能够很好地促进一个具有文化多元性和差异性的和谐社会的建构，能够提高旅游者的跨文化适应与自控能力，增强主、客体跨文化传播的能力，提高导游群体的跨文化传播素质。[2]

周丽洁认为，发展旅游事业与加强非物质文化遗产保护是当今社会难以回避的矛盾，既对立又统一。尽管在民族地区民族旅游开发中非物质文化遗产会出现"失真性"与"商品化"，但是民族旅游能激发民族社区成员对非物质文化遗产进行文化重构的热情，强化社区成员的族群认同意识及进行民族文化的再建构，成为非物质文化遗产保护、展演、传承延续的有效途径。[3]

吴其付对近年来国内外民族旅游与文化认同的研究进行了详细的梳理，发现国外对于民族旅游与文化认同的研究主要集中在民族国家的文化认同、地方族群的文化认同、地方族群的文化变迁以及民族艺术品的转化与复兴四个方面，而国内民族旅游与文化认同的研究主要集中在族群身份与文化认同、现代化与民族文化复兴两个方面。文化认同既有来自主流社会的建构，也有地方族群的自我认知。在民族旅游地区，频繁的人员流动和文化之间的交往接触引起地方民族对我者和他者的文化识别，进而形成了对本民族文化认同的考量。[4]

---

[1] 罗康智. 文化构成要素在旅游资源开发中的地位及其开发原则 [J]. 原生态民族文化学刊, 2010 (2): 63-69.

[2] 胡晓, 王飞霞. 民族旅游中跨文化传播与和谐社会建构 [J]. 中南民族大学学报 (人文社会科学版), 2010 (4): 62-66.

[3] 周丽洁. 民族旅游对非物质文化遗产保护与传承的影响——基于湖南省湘西地区的调查与思考 [J]. 中州学刊, 2010 (4): 131-133.

[4] 吴其付. 民族旅游文献中的文化认同研究 [J]. 广西民族研究, 2011 (1): 191-198.

第五节 民族旅游的个案研究

关于民族旅游研究的另一个重点是以某一地区、某一村寨等为研究对象进行的个案研究,其内容丰富具体,主要涉及少数民族较多的云南、广西、贵州等省份及少数民族地区。

李戎戎以白族地区为例,分析了旅游扶贫在构建民族地区和谐社会中的重要作用,发展旅游业有利于民族贫困地区经济的全面发展,有利于民族贫困地区产业结构的合理调整,有利于民族贫困地区人与自然的和谐发展,对构建民族贫困地区和谐社会有促进作用。实施旅游扶贫,必须实行政策扶贫倾斜扶持,多方筹措旅游扶贫资金,大力发展特色旅游并坚持人与自然的和谐发展。① 马继刚以昆明市小水井苗族村为例,对民族村寨旅游开发进行实证研究,指出小水井苗族村的旅游开发应定位在"实地旅游民族村"的模式上,与现有的、较为成熟的模型化云南民族村进行互补定位,形成单一型民族村和多元化民族村对比,真实型和模型化共存互补的主题民族村格局,还提出了一系列系统性的开发思路与构想。② 尹世香以西双版纳傣族园景区为例,探讨了民族体育旅游规划问题,认为民族体育旅游规划对于该项旅游活动的发展十分重要,要深入研究其规划、开发,以满足当今旅游活动的需求。③ 杨莉以云南省大理白族自治州为例,探讨了民族地区的旅游业发展,指出民族文化、民族地域分布因素在西部旅游业发展中起着重要作用。民族地区独特的自然风光和多民族的文化吸引了中外旅游者,促进了西部旅游业的发展;但随着旅游规模的扩大,民族文化面临的自身发展和民族地区生态环境危机两大问题逐渐凸显出来。因此,必须加强对民族文化资源和生态资源的保护。④ 李强、陈文祥以泸沽湖为例,探讨了少数民族旅游发展中社区自主权问题,分析了社区自主权对民族旅游发展的重要意义,提出旅游发展中社区自主权

---

① 李戎戎. 旅游扶贫在构建民族地区和谐社会中的重要作用——以白族地区为例[J]. 经济问题探索,2006(3):149-151.

② 马继刚. 民族村寨旅游开发实证研究——以昆明市小水井村为例[J]. 商业研究,2008(6):151-154.

③ 尹世香. 民族体育旅游规划初探——以傣族园景区为例[J]. 商场现代化,2008(13):289-290.

④ 杨莉. 民族经济学视野中的旅游产业——以云南省大理白族自治州为例[J]. 经济问题探索,2006(12):98-108.

的良性运作的要求。他们认为,作为一种密集互动的旅游发展特殊模式,社区自主权能将现今经济系统与社会系统分道扬镳的现象加以调整,以解决经济及社会系统相背离所产生的矛盾,以区域为范围,活用区域资源,通过居民的自主性,构建内发性产业。社区必须承担与收入相称的责任,包括宣传以改变现有的市场形象和加大教育投资力度,必须进行传统节庆民俗的深挖掘,必须构建主—客之间互动的和谐空间,加强与旅游机构或企业在旅游人才方面的合作,加深与政府之间的沟通协调。①

叶晔、程道品以桂林兴安县为例,探讨了旅游商品开发模式,提出资源利用型和市场开发型两种旅游商品的开发模式。资源利用型模式,即利用区域本身具有的旅游商品资源,开发具有区域特色的旅游商品,体现原汁原味的本土气息。市场开发型模式,即根据区域旅游资源特色、旅游市场需求特点及旅游者心理特点,主要利用非区域本身所具有的旅游商品资源作材料,创造特色旅游商品。② 江晓云以临桂东宅江瑶寨为例,研究了少数民族村寨生态旅游开发问题,从旅游发展优势、市场定位、产品策划、旅游形象设计、发展目标、指导思想及相关管理措施等方面,对具有资源优势而又处于贫困之中的少数民族村寨如何开发生态旅游进行了有益的探讨。她提出少数民族村寨生态旅游开发必须建立、健全管理机构;统一管理,加强领导,提高效率;加强旅游区生态保护建设的管理;多渠道筹措建设资金;建立旅游地社会、文化、环境跟踪监测系统;加强人才引进和从业人员的培训工作,提高从业人员整体素质;建立社区参与旅游机制。③

刘祥平以黔东南苗族侗族自治州为例,论述了贵州民族地区发展其民族文化旅游业的媒介策略。如今,大众传播媒介已成为贵州省发展民族文化旅游业的一支生力军。为了发展民族文化旅游业,必须应用新媒体网络,借用品牌媒体来宣传自己,借助文化名人提升自身知名度,巧借歌舞产品通过媒体宣传自己。④ 杨蔚以贵州少数民族地区乡村旅游为视角,对乡村旅游价值取

---

① 李强,陈文祥. 少数民族旅游发展中社区自主权的思考——以泸沽湖为例 [J]. 贵州民族研究, 2007, 27 (2): 21 - 25.

② 叶晔,程道品. 旅游商品开发模式探讨——以桂林兴安县为例 [J]. 改革与战略, 2005 (3): 16 - 18.

③ 江晓云. 少数民族村寨生态旅游开发研究——以临桂东宅江瑶寨为例 [J]. 经济地理, 2004, 24 (4): 564 - 567.

④ 刘祥平. 试论贵州民族地区发展其民族文化旅游业的媒介策略——以黔东南苗族侗族自治州为例 [J]. 商场现代化, 2008 (12): 258 - 260.

向的两个维度进行分析，指出乡村旅游既是一项经济活动，也是一项文化活动。前者涉及乡村旅游受益主体、开发客体；后者为时间、空间维度，显示民族文化的生命力。①

彭延炼以德夯苗寨民俗风景区为例，研究了发展旅游业与民族传统艺术保护的互动关系。他认为民族传统艺术保护的目的在于传承文化，对民族传统艺术进行旅游开发，目的是通过开发促进旅游经济发展。民族传统艺术保护与旅游开发的互动，在一定程度上是文化与经济的互动。通过对文化价值大的旅游资源的开发，既能实现旅游产业的经济效益，又能保护和传承民族传统艺术。把民族传统艺术与旅游开发有机地结合起来，准确把握二者的互动关系，才能实现可持续发展。②邓光奇以湖南城步苗族自治县为例，研究了民族地区旅游资源开发问题，认为民族地区旅游资源开发中存在基础设施落后，景区可进入性差，接待能力低；景点建设不合理，污染严重，旅游环境遭到破坏；外地游客少且分散，旅游收入低；旅游产品缺乏特色，知名度低，竞争力不强；旅游人力资源匮乏等问题。其问题成因主要是经济不发达，旅游开发资金短缺；资源开发缺少整体规划，环保意识差；旅游产品开发深度不够；旅游宣传力度不够。他提出了一系列民族地区旅游资源开发的对策，强调旅游资源价值高、区位条件不好、区域经济背景差的民族地区，要吸取自身和其他地区旅游开发的经验教训，搞好旅游资源综合开发，以旅游业的大发展推动民族地区经济快速发展。③麻学锋、龙茂兴以湖南凤凰县为例，研究了欠发达民族地区旅游发展模式，分析了欠发达地区旅游发展的背景条件、制约条件和优势条件，提出"政府主导、公司运作、社会参与"的互动模式。④

吴相利从我国小民族文化衰亡的形势分析出发，指出对我国小民族文化发展与保护应持有的认识；分析了小民族文化的旅游价值特性，并从民族文化的保护与发展的角度论述了旅游的意义；并以黑龙江省同江市街津口赫哲

---

① 杨蔚. 乡村旅游价值取向的维度分析——以贵州少数民族地区乡村旅游为视角 [J]. 贵州民族研究，2007，27（3）：53-58.

② 彭延炼. 发展旅游业与民族传统艺术保护互动研究——以德夯苗寨民俗风景区为例 [J]. 山东社会科学，2008（4）：88-91.

③ 邓光奇. 民族地区旅游资源开发研究——以湖南城步苗族自治县为例 [J]. 中南民族大学学报（人文社会科学版），2007，27（7）：109-114.

④ 麻学锋，龙茂兴. 欠发达民族地区旅游发展模式研究——以湖南凤凰县为例 [J]. 商业研究，2006（14）：179-181.

民族乡为例，确立了基于旅游开发的小民族聚居地民族文化保护战略，包括景观战略、商品战略、演示战略和参与战略。① 吴妍、卓丽环以大兴安岭鄂伦春民族生态园为例，探讨了民族生态旅游规划问题。针对目前我国民族生态旅游开发中存在的突出问题，他们指出，民族旅游规划要充分体现民族性和现代性，要在保护的前提下开发民族文化资源，注重民族旅游的社会文化效益和生态效益。②

王三北、高亚芳则以红柳湾和官鹅沟为例，研究了民族社区旅游发展中文化传承功能的升级演进。他们通过田野调查的第一手资料，阐述了红柳湾哈萨克民族文化和官鹅沟藏羌传统文化这两个典型民族社区文化主体在旅游开发前后，对民族文化的态度和行为方式的变化轨迹，揭示了社区旅游不仅对民族传统文化具有较强的传承功能，而且这种功能随旅游业的发展能够自行升级演进。③

黄萍等结合四川省旅游资源的特色，探讨了四川民族旅游可持续发展的有效模式，提出旅游在促进民族地区经济发展的同时，也加剧了民族文化特色的消退和散失。因此，建立"文化生态村"是实现四川民族旅游可持续发展的一种有效模式。这需要政府部门、专家学者、社会各界及当地居民达成共识并共同投入、努力合作。否则，在现代化进程中民族文化要么就只能成为贫穷落后的代名词，要么就是丢失和消亡。④ 刘旺、吴雪以丹巴县甲居藏寨为例，研究了少数民族地区社区旅游参与的微观机制，指出少数民族社区的旅游资源具有自身的特殊性，社区居民作为民族文化传承的载体，是社区旅游资源的重要组成部分，社区居民能否真正参与社区旅游的发展，关系到社区经济、文化能否协调发展；并提出建立社区参与的微观机制，如教育引导机制、利益分配和协调机制、补偿机制、保障机制、民主决策机制及约束机制。⑤

---

① 吴相利. 基于小民族聚居地旅游开发的民族文化保护战略研究——以黑龙江省同江市街津口赫哲族民族乡为例 [J]. 广西民族研究, 2006 (1): 191 – 202.

② 吴妍, 卓丽环. 民族生态旅游规划——以大兴安岭鄂伦春民族生态园为例 [J]. 东北林业大学学报, 2008, 36 (3): 73 – 80.

③ 王三北, 高亚芳. 价值理性的回归：民族社区旅游发展中文化传承功能的升级演进——以红柳湾和官鹅沟为例 [J]. 民族研究, 2008 (3): 31 – 40.

④ 黄萍, 杜通平, 李贵卿, 赖兵. 文化生态村：四川民族旅游可持续发展的有效模式 [J]. 农村经济, 2005 (1): 106 – 109.

⑤ 刘旺, 吴雪. 少数民族地区社区旅游参与的微观机制研究——以丹巴县甲居藏寨为例 [J]. 四川师范大学学报 (社会科学版), 2008, 35 (3): 140 – 144.

龙正印等对大九寨旅游资源和藏羌民族传统体育项目进行 SWOT 分析，强调必须制定科学的旅游开发与民族传统体育文化相结合的发展规划；选准目标市场，分析目标市场的竞争及发展趋势；统筹规划、科学管理，以利于和谐发展。① 赵军运用 SWOT 分析法和文献资料法等科研方法，对中岳嵩山体育旅游进行 SWOT 分析，提出了改变思想认识、加强主流媒体宣传、加快融资步伐、注重区域联合、多途径开发旅游资源等发展中岳嵩山民族体育旅游的营销战略。②

单纬东等以广东连南瑶族自治县为例，以资源创造经济竞争优势的模型（Peteraf，1993）为基础，引入了企业家型政府和支持系统、旅游资源保护及资源拥有者的积极性等因素，对少数民族地区旅游经济竞争优势的获取机理进行了分析，首次提出少数民族地区旅游经济竞争优势的框架模型。③

李天翼以贵州省雷山县上郎德村为个案，在田野调查的基础上，对上郎德村以"工分制"为基础、以集体分配为形式的社区参与旅游模式做了介绍，探讨了"工分制"旅游参与模式对上郎德苗族社区经济的积极影响以及对该社区传统文化的正效应，探索了这一模式在构建民族旅游发展模式方面的可行性。④

陆秋燕以广西民族旅游地为例，对少数民族旅游地的旅游利益分配问题进行探讨。少数民族地区旅游业的发展离不开当地居民的参与，因此在旅游开发中必须处理好旅游利益的分配问题。然而，目前在少数民族地区旅游开发中普遍存在利益分配不公的问题，当地居民的利益分配权被长期忽视。为建立公平合理的利益分配模式，必须充分发挥政府的职能作用，加强旅游开发中民族传统文化保护的法制建设，营造民族传统文化的保护氛围，提高传承人的津贴，鼓励成立传统文化保护的民间社团，在旅游开发中逐步提高当地居民的可分配利益。⑤

---

① 龙正印，卢永雪. 探析大九寨旅游资源与民族体育和谐发展研究 [J]. 商场现代化，2006，(27)：185－187.

② 赵军. 中岳嵩山体育旅游的 SWOT 分析与营销战略 [J]. 商场现代化，2008 (5)：77－78.

③ 单纬东，林伦伦，许秋红. 资源理论与少数民族地区旅游经济的竞争优势——以广东连南瑶族自治县为例 [J]. 贵州民族研究，2007，27 (1)：72－78.

④ 李天翼. 民族旅游社区参与的"工分制" [J]. 贵州民族学院学报（哲学社会科学版），2010 (2)：189－193.

⑤ 陆秋燕. 少数民族旅游地的旅游利益分配问题进行初讨——以广西民族旅游地为例 [J]. 桂海论丛，2010 (3)：109－112.

张晓萍、刘德鹏以云南德宏景颇族"目瑙纵歌"节为例,对民族旅游仪式展演及其市场化运作进行思考。在旅游开发中,民族节日中的仪式展演是旅游者所青睐的旅游项目,往往成为一种重要的旅游资源。"目瑙纵歌"节作为景颇族最隆重的节日,其仪式展演包含景颇族众多的文化元素,为了使"目瑙纵歌"节更好地体现其文化内涵,满足旅游者的体验需求,同时避免节日文化在市场化过程中失色,有必要了解该节日的文化特质。他们提出基于"目瑙纵歌"节节日仪式的市场化产品设计构想,认为深化"目瑙纵歌"节的文化价值认识,塑造"目瑙纵歌"节的文化品牌,做好节日资源的利用与保护同步进行,是各利益主体义不容辞的责任。①

马晓京以湖北省长阳土家族自治县旅游业为例,分析民族旅游发展中的四对内在矛盾,即国家控制与民族自治、文化独特性与现代性、经济发展与文化保护、原真性与商品化之间的矛盾。民族旅游的内在矛盾难以彻底解决,需要在理性认知基础上进行科学规划与管理。他为未来的民族旅游规划提出建议:将民族旅游最核心、最本质的问题的决定权交还给当地民众,要特别重视环境与社会文化问题,各利益相关者都应参与规划管理民族旅游,赋权当地民众。②

第六节 民族旅游经济研究

关于民族旅游经济的研究,主要集中在研究民族旅游经济的可持续发展和民族旅游开发与民族地区经济发展的关系的研究上。

丁赛分析了民族地区旅游经济的可持续发展,指出旅游业是一个依赖于自然环境和人文环境的产业;少数民族地区旅游业资源的获得和相关产品的开发对现代科技、知识和资金的要求相对于农业、工业等其他产业而言要低,符合民族地区目前的客观经济能力;旅游业不仅对其他产业有很强的综合、带动功能,能够从整体上实现经济增长的目的,同时有助于提高民族地区的人口素质;旅游业吸纳就业的功能突出,能够带来大量直接和间接的就业

---

① 张晓萍,刘德鹏. 民族旅游仪式展演及其市场化运作的思考——以云南德宏景颇族"目瑙纵歌"节为例 [J]. 旅游研究,2010(2):69–75.
② 马晓京. 民族旅游内在矛盾与民族旅游规划管理研究 [J]. 中南民族大学学报(人文社会科学版),2011(2):34–39.

机会。①

刘志全研究了我国西部民族地区旅游业发展，指出西部民族地区旅游业发展有利于西部民族经济的全面发展；有助于调整西部民族地区的产业结构；有利于西部少数民族地区人民脱贫致富。发展西部民族地区旅游业，必须制定西部民族地区旅游开发总体战略规划；坚持旅游资源的开发与保护并重原则；突出西部民族地区的民族特色；采用跨越式的发展模式来发展西部民族地区的旅游业；完善基础设施建设，提高服务质量；注意解决思想观念和机制等。②

肖星、侯佩旭研究了我国西部旅游开发与民族地区的社会经济发展的关系，指出西部旅游开发是民族地区实现经济繁荣和社会稳定的战略抉择。西部旅游开发是促进民族地区社会经济发展的重要突破口，是民族地区合理利用资源、有效保护环境、实现产业替代的最佳结合点，是民族地区发展特色经济、培育新的增长点、实现富民兴县的有效切入点，是民族地区改善投资环境、扩大对外开放和推动社会进步的一条捷径。以旅游开发带动社会经济发展是民族地区广大干部群众的强烈愿望和一致共识。③

黄明辉研究了发展西部民族地区的旅游经济，分析了西部民族地区发展旅游经济的优势和制约因素，指出发展旅游经济对西部民族地区经济发展的意义和作用。民族地区旅游开发有利于促进西部民族经济的全面发展；有助于促使西部少数民族地区产业结构的调整；有助于西部少数民族地区人民提高收入水平，走脱贫致富的道路。④

马剑锋论述了黑龙江省民族地区旅游资源开发的可行性和必要性，指出黑龙江省开发少数民族地区旅游的必要性：促进民族地区相关产业发展，有效增加国家的外汇收入，加快民族地区基础设施建设，促进民族旅游文化的保护与可持续利用，有利于民族地区"和谐社会"的构建。他分析了开发过程中存在的问题，主要包括：资金匮乏导致旅游产品开发不力；缺少总体发展规划，没有形成自己的旅游品牌；活动单一，季节性强，持续发展能力不

---

① 丁赛. 民族地区旅游经济可持续发展分析 [J]. 西南民族大学学报（人文社会科学版），2005，26（4）：123–126.
② 刘志全. 论西部民族地区旅游业发展 [J]. 商场现代化，2008（10）：286–288.
③ 肖星，侯佩旭. 论西部旅游开发与民族地区的社会经济发展 [J]. 中南民族大学学报（人文社会科学版），2005，25（1）：69–72.
④ 黄明辉. 对发展西部民族地区旅游经济的探索 [J]. 贵州民族研究，2007，27（3）：78–80.

足。最后,他提出了科学开发、合理开发的途径或模式。①

刘进来从鄂西民族地区旅游业经济现状展开,分析了其特点和发展前景,提出了相应的发展对策,主要包括:鄂西民族地区旅游经济的发展要从产品设计、开发、销售及服务着力,形成专业化、企业化,实行产销一体化,提高获取产业链中利润的能力,既要做好高端的产品设计,又要抓住低端的市场营销;鄂西民族地区旅游经济的发展要借助"十二五"规划的东风,着力处理好内外需结构关系,以内需为主,优化当地的旅游消费结构;高度重视鄂西民族地区的旅游经济对当地的经济发展的贡献;民族地区旅游经济的发展也要走可持续发展的思路;加大投入资金,完善基础设施建设;培养适用新型人才,加强旅游资源的积累与开发。此外,鄂西民族地区旅游经济的投资也有风险,要加强建设风险防范预警机制;在目前出口受挫、产能剩余、内需不足的情况下,发展鄂西民族地区旅游经济对经济复苏结构调整、拉动内需正是一个有益的贡献。②

第七节 总结

目前,学界对民族旅游的研究已取得丰硕的成果,发展旅游业可以促进民族地区经济发展。利用少数民族文化等资源发展民族旅游,既可以保护生态环境,又可以保护非物质文化遗产,促进社会和谐。由于各民族在地域、文化、政治和经济等方面的差异,发展民族旅游没有固定的模式,应因地制宜,发展特色旅游,做到与当地经济配套和可持续发展。大力发展旅游业,可以扩大内需,减少就业压力,降低能耗,但一定要做好对生态和非物质文化遗产的保护。

本章参考文献:

[1] 李凤娟. 西部民族地区生态旅游发展研究——以甘南藏族自治州为例 [D]. 西安:西北师范大学,2006.

[2] 沈莹. 民族旅游村寨开发中游客满意度研究——以广西龙胜龙脊梯田景区为例 [D]. 桂林:桂林理工大学,2009.

---

① 马剑锋. 黑龙江省少数民族旅游经济发展初探 [J]. 黑龙江民族丛刊(双月刊),2010(3):58-61.

② 刘进来. 如何促进鄂西民族地区旅游经济的发展 [J]. 企业导报,2010(8):147-148.

［3］李劲松．人口较少民族旅游扶贫研究［D］．北京：中央民族大学，2009．

［4］埃里克·柯恩．东南亚的民族旅游［C］//杨慧，陈志明，张展鸿．旅游、人类学与人类社会．昆明：云南大学出版社，2001．

［5］爱德华·布鲁诺．民族旅游：同一族群，三种场景［C］//杨慧，陈志明，张展鸿．旅游、人类学与人类社会．昆明：云南大学出版社，2001．

［6］PIERRE L VAN DEN BERGHE. The Quest for Other：Ethnic Tourism in San Cristobal, Mexico［M］.Washington：University of Washington Press, 1994.

［7］王筑生．人类学与西南民族［M］．昆明：云南大学出版社，1998．

［8］白莲．历史记忆与民族旅游［C］//杨慧，陈志明，张展鸿．旅游、人类学与人类社会．昆明：云南大学出版社，2001．

［9］武魏巍．民族旅游发展与民族文化保护的研究［D］．南宁：广西大学，2004．

［10］马晓京．民族旅游文化商品化与民族传统文化的发展［J］．中南大学学报（人文社会科学版），2002（6）．

［11］光映炯．旅游人类学再认识——兼论旅游人类学理论研究现状［J］．思想战线，2002（6）．

［12］金毅．论民族文化旅游的开发［J］．中南民族大学学报（人文社会科学版），2005，25（4）．

［13］吴其付．国外民族旅游研究进展［J］．黑龙江民族丛刊（双月刊），2007（5）．

［14］陈淑琳，马莉．西北地区民族文化旅游产业发展模式研究——后发型民族旅游地甘南发展模式案例分析［J］．现代商业，2010（23）．

［15］邓敏．民族旅游目的地社会文化影响因素研究［D］．西安：西北大学，2007．

［16］杨异．西南民族旅游目的地发展潜力研究［D］．上海：华东师范大学，2008．

［17］周丽洁．民族旅游对非物质文化遗产保护与传承的影响——基于湖南省湘西地区的调查与思考［J］．中州学刊，2010（4）．

［18］金毅．论全球化背景下的民族文化旅游［J］．内蒙古大学学报（人文社会科学版），2004，36（2）．

［19］文红，唐德彪．民族文化多样性保护与文化旅游资源适度开发——从文化生态的角度探讨［J］．安徽农业科学，2007，35（9）．

［20］吴良林，周永章，陈子燊，丁健．桂西山区原生态旅游资源及其可

持续利用研究［J］. 生态经济，2007（2）.

［21］刘捷. 广西民族体育旅游开发对策分析［J］. 中国市场，2008（18）.

［22］周道平，郭振华，张小林. 西部民族地区体育旅游开发的后发展效应及其创新思路［J］. 武汉体育学院学报，2006，40（2）.

［23］钱印华. 体验视角下的广西民族体育旅游产品设计与开发［J］. 商场现代化，2008（9）.

［24］孙九霞. 节日符号在民族旅游开发中的运用及问题［J］. 中南民族大学学报（人文社会科学版），2003，23（6）.

［25］崔广彬，郑岩. 关于民族地区民俗旅游资源开发的几点思考［J］. 黑龙江民族丛刊（双月刊），2007（1）.

［26］吴国琴. 我国民族服饰旅游资源开发［J］. 信阳师范学院学报（自然科学版），2003，16（1）.

［27］刘泳洁，王月娥. 西部民族地方文献资源开发对旅游业的影响［J］. 情报杂志，2004（4）.

［28］丁健，彭华. 民族旅游开发的影响因素分析［J］. 经济地理，2002，22（1）.

［29］刘韫. 民族地区旅游开发中的外部性影响及其消除［J］. 黑龙江民族丛刊（双月刊），2006，（6）.

［30］李伟梁. 试论民族社区文化旅游开发的若干原则［J］. 黑龙江民族丛刊，2006（2）.

［31］文红，唐德彪. 产权制度的构建与民族文化旅游资源开发［J］. 云南社会科学，2007（5）.

［32］阳巧雯. 少数民族地域旅游资源开发的难题［J］. 学术交流，2006（9）.

［33］韦复生. 广西民族旅游开发与贫困缓解［J］. 广西民族大学学报，2006，28（6）.

［34］黄明辉. 对发展西部民族地区旅游经济的探索［J］. 贵州民族研究，2007，27（3）.

［35］陈兴贵. 民族旅游开发中应注意的几个问题［J］. 贵州民族研究，2006，26（3）.

［36］陈旖. 浅谈贵州民族文化旅游资源的可持续开发［J］. 贵州民族研究，2007，27（2）.

［37］罗永常. 黔东南民族文化旅游资源开发现状分析与对策研究［J］. 贵州民族研究，2004，24（3）.

［38］窦开龙. 新疆民族旅游产品开发的SWOT分析［J］. 时代经贸（学

术版），2008（3）．

[39] 成瑶．地方民族古籍文献与历史文化名城旅游资源开发［J］．大理学院学报，2009（7）．

[40] 李静．甘肃民族旅游资源开发与研究——以裕固族为例［J］．西昌学院学报（社会科学版），2009（1）．

[41] 屈银莹．民族文化旅游资源的商品化与民族文化保护探讨［J］．现代商贸工业，2010（8）．

[42] 次旺罗布．论新农村建设中西藏民俗文化的旅游资源开发——以曲水县俊巴渔村的民俗调查为例［D］．拉萨：西藏大学，2010．

[43] 刘筱筱．论民族地区旅游发展与民族文化保护——社区居民参与的视角［J］．黑龙江民族丛刊（双月刊），2008（2）．

[44] 李强，王红艳．少数民族文化遗产旅游中社区自主权的思考［J］．青海民族研究，2008，19（2）．

[45] 王秀红．从人类生态学的角度分析旅游对云南民族文化的影响［J］．现代商业化，2005（30）．

[46] 夏德根．民族旅游产品开发中知识产权保护的若干问题［J］．贵族民族研究，2008，28（2）．

[47] 徐文燕．论民族文化多样性保护与旅游资源的合理开发［J］．黑龙江民族丛刊（双月刊）．2008（2）．

[48] 高婕，田敏．民族旅游的困惑与选择——中国民族旅游与少数民族传统文化保护能否双赢的思考［J］．西南民族大学学报（人文社会科学版），2009（6）．

[49] 罗康智．文化构成要素在旅游资源开发中的地位及其开发原则［J］．原生态民族文化学刊，2010（2）．

[50] 胡晓，王飞霞．民族旅游中跨文化传播与和谐社会建构［J］．中南民族大学学报（人文社会科学版），2010（4）．

[51] 吴其付．民族旅游文献中的文化认同研究［J］．广西民族研究，2011（1）．

[52] 李戎戎．旅游扶贫在构建民族地区和谐社会中的重要作用——以白族地区为例［J］．经济问题探索，2006（3）．

[53] 马继刚．民族村寨旅游开发实证研究——以昆明市小水井村为例［J］．商业研究，2008（6）．

[54] 尹世香．民族体育旅游规划初探——以傣族园景区为例［J］．商场现代化，2008（13）．

［55］杨莉．民族经济学视野中的旅游产业——以云南省大理白族自治州为例［J］．经济问题探索，2006（12）．

［56］李强，陈文祥．少数民族旅游发展中社区自主权的思考——以泸沽湖为例［J］．贵州民族研究，2007，27（2）．

［57］叶晔，程道品．旅游商品开发模式探讨——以桂林兴安县为例［J］．改革与战略，2005（3）．

［58］江晓云．少数民族村寨生态旅游开发研究——以临桂东宅江瑶寨为例［J］．经济地理，2004，24（4）．

［59］刘祥平．试论贵州民族地区发展其民族文化旅游业的媒介策略——以黔东南苗族侗族自治州为例［J］．商场现代化，2008（12）．

［60］杨蔚．乡村旅游价值取向的维度分析——以贵州少数民族地区乡村旅游为视角［J］．贵州民族研究，2007，27（3）．

［61］彭延炼．发展旅游业与民族传统艺术保护互动研究——以德夯苗寨民俗风景区为例［J］．山东社会科学，2008（4）．

［62］邓光奇．民族地区旅游资源开发研究——以湖南城步苗族自治县为例［J］．中南民族大学学报（人文社会科学版），2007，27（7）．

［63］麻学锋，龙茂兴．欠发达民族地区旅游发展模式研究——以湖南凤凰县为例［J］．商业研究，2006（14）．

［64］吴相利．基于小民族聚居地旅游开发的民族文化保护战略研究——以黑龙江省同江市街津口赫哲族民族乡为例［J］．广西民族研究，2006（1）．

［65］吴妍，卓丽环．民族生态旅游规划——以大兴安岭鄂伦春民族生态园为例［J］．东北林业大学学报，2008，36（3）．

［66］王三北，高亚芳．价值理性的回归：民族社区旅游发展中文化传承功能的升级演进——以红柳湾和官鹅沟为例［J］．民族研究，2008（3）．

［67］黄萍，杜通平，李贵卿，赖兵．文化生态村：四川民族旅游可持续发展的有效模式［J］．农村经济，2005（1）．

［68］刘旺，吴雪．少数民族地区社区旅游参与的微观机制研究——以丹巴县甲居藏寨为例［J］．四川师范大学学报（社会科学版），2008，35（3）．

［69］龙正印，卢永雪．探析大九寨旅游资源与民族体育和谐发展研究［J］．商场现代化，2006（27）．

［70］赵军．中岳嵩山体育旅游的SWOT分析与营销战略［J］．商场现代化，2008（5）．

［71］单纬东，林伦伦，许秋红．资源理论与少数民族地区旅游经济的竞争优势——以广东连南瑶族自治县为例［J］．贵州民族研究，2007，27（1）．

[72] 李天翼. 民族旅游社区参与的"工分制" [J]. 贵州民族学院学报（哲学社会科学版），2010（2）.

[73] 陆秋燕. 少数民族旅游地的旅游利益分配问题进行初讨——以广西民族旅游地为例 [J]. 桂海论丛，2010（3）.

[74] 张晓萍，刘德鹏. 民族旅游仪式展演及其市场化运作的思考——以云南德宏景颇族"目瑙纵歌"节为例 [J]. 旅游研究，2010（2）.

[75] 马晓京. 民族旅游内在矛盾与民族旅游规划管理研究 [J]. 中南民族大学学报（人文社会科学版），2011（2）.

[76] 丁赛. 民族地区旅游经济可持续发展分析 [J]. 西南民族大学学报（人文社会科学版），2005，26（4）.

[77] 刘志全. 论西部民族地区旅游业发展 [J]. 商场现代化，2008（10）.

[78] 肖星，侯佩旭. 论西部旅游开发与民族地区的社会经济发展 [J]. 中南民族大学学报（人文社会科学版），2005，25（1）.

[79] 马剑锋. 黑龙江省少数民族旅游经济发展初探 [J]. 黑龙江民族丛刊（双月刊），2010（3）.

[80] 刘进来. 如何促进鄂西民族地区旅游经济的发展 [J]. 企业导报，2010（8）.

[81] 刘肖梅. 山东省生态旅游发展问题研究 [D]. 济南：山东农业大学，2002.

[82] 吕阳. 生态旅游区识别指标体系 [D]. 大连：东北财经大学，2006.

[83] 刘忠伟，王仰麟. 生态旅游及其景观生态学透视 [J]. 人文地理，2001（3）.

[84] 杨昇，王晓云，冯学钢. 近十年国内外民族旅游研究综述 [J]. 广西民族研究，2008（3）.

[85] 缪芳. 乡村旅游地游客满意度测量研究 [D]. 福州：福建师范大学，2007.

[86] 刘雁. 城市周边风景旅游区规划 [D]. 哈尔滨：东北林业大学，2007.

[87] 王崑. 东北东部林区生态旅游的研究——以方正和帽儿山等生态旅游区为例 [D]. 哈尔滨：东北林业大学，2004.

第七章 民族地区生态经济

自18世纪人类开始走向工业化以来,人与自然的冲突日益加剧,严峻的生态环境问题激起人们对传统经济发展观的深刻反思,生态经济的概念应运而生。近几十年来,生态经济已成为学术界和各国发展中经常提及的关键词。我国生态经济起步于20世纪70年代,而民族地区由于独特的地理位置及经济文化背景,发展生态经济是民族地区走向富裕的必由之路。本章从生态经济的基本内涵及特征、民族地区生态经济发展现状、民族地区发展生态经济的重要性和必要性、民族地区生态经济发展模式及民族地区发展生态经济的对策五个方面对我国民族地区生态经济研究进行综述。

第一节 生态经济的基本内涵及特征

"生态旅游"是1983年由国际自然保护联盟(IUCN)生态旅游特别顾问、墨西哥专家Ceballos-Lascurain H. 首先在文献中提出并使用的。当时生态旅游的定义是:生态旅游作为常规旅游的一种特殊形式,游客在欣赏和游览古今文化遗产的同时,置身于相对古朴、原始的自然区域,尽情考察和享受旖旎的风光和野生动植物。目前,有关生态旅游方面的研究已是国内外学术界领域的热点,全世界每年以英语出版的生态旅游文献众多,根据"广州地区高校图书馆联盟"资源共享平台(www.th.superlib.net),搜索广东高等院校书库显示,2008—2010年我国出版生态旅游专著48部。国内外对生态旅游的概念还存在很大的争议,存在20多种不同的解释。

尽管生态旅游的概念内涵还没有形成定论,但在以下几个方面已经达成共识。

(1)旅游地主要为受人类干扰破坏很小、较为原始古朴的地区,特别是对生态环境有重要意义的自然保护区。

(2)旅游者、社区居民、旅游经营者的环境意识很强。

(3)旅游对环境的负面影响较小。

(4)旅游能为环境保护提供资金。

(5)当地居民能参与旅游开发管理并分享其经济利益,因而能够为保护环境提供支持。

（6）生态旅游对旅游者和当地社区等能起到环境教育作用。

（7）生态旅游是新型的、可持续的。

"生态旅游"一词是由国际自然保护联盟特别顾问、墨西哥专家 CebaUos-Lascurain H. 在 20 世纪 80 年代初首次提出的。它的含义不仅是指所有游览自然景观的旅行，而且强调被观赏的景物不应受到破坏。直到 1992 年"联合国世界环境和发展大会"召开，在世界范围内提出并推广了可持续发展的概念和原则之后，生态旅游才作为旅游业实现可持续发展的主要形式在世界范围内被广泛研究和实践。Hetzer, N. D. 认为，所谓"生态旅游"应具备四个内涵：环境冲击最小化（minimum environmental impacts）、尊重当地文化并将冲击最小化（minimum cultural impacts）、给予当地最大经济利益的支持（maximum economic benefits to host country）以及游客满意度最大化（maximum recreation satisfaction）。[1]

Ziffer, K. A. 从当地社会参与出发，认为生态旅游隐含了地方社区参与观光发展的模式，目的在于使地方旅游的发展合乎地方的需要，使社区能适当地行销，设定旅游规范与产业经营规范，以及合理取得财务来源，用以支持提升社区的资源与环境品质。[2]

世界银行环境保护署和生态旅游学会给生态旅游的定义是："有目的地前往自然地区去了解环境的文化和自然历史，它不会破坏自然，而且会使当地社区从保护自然资源中得到经济收益。"

日本自然保护协会对生态旅游的定义是："提供爱护环境的设施和环境教育，是旅游参加者得以理解、鉴赏自然地域，从而为地域自然及文化的保护、地域经济增长做出贡献。"生态旅游作为一种新的旅游形态，已经成为国际近年新兴的热点旅游项目。以认识自然、欣赏自然、保护自然、不破坏自然生态平衡为基础的生态旅游，具有观光、度假、休养、科学考察、探险、科普教育等多重功能，以自然生态景观和人文生态景观为消费客体。旅游者置身于自然、真实、完美的情景中，可以陶冶性情、净化心灵。

章云焕指出，世界旅游组织秘书长弗朗加利在世界生态旅游峰会的致词中强调"生态旅游及其可持续发展肩负着三个迫在眉睫的使命：经济方面要刺激经济活力、减少贫困，社会方面要为最弱势人群创造就业岗位，环境方面要为保护自然和文化资源提供必要的财力。生态旅游的所有参与者都必须

---

[1] Hetzer, N. D., Environment, Tourism, Culture[J]. UNNS, Reported Ecosphere, 1965(12): 1-3.

[2] Ziffer, K. A., Ecotourism: The Uneasy Alliance [M]. Conservation International, 1989.

为这三个重要的目标齐心协力地工作。"①

杨絮飞认为，在生态旅游概念的演化过程中，实际上可以分为三个阶段。一是自发意识阶段。古代人们对景观美感的要求，追求天人合一的境界，决定了人们对自然的亲近感和依赖心理，但这时的旅游行为并没有体现出明显的环境保护意识。二是环境保护阶段。20世纪60年代后环境问题突出，人们意识到旅游业并不是完全无污染的，没有控制的旅游行为不仅破坏了自然生态环境系统，也损害了当地社区的利益。人们开始寻求一种最低限度的影响自然的旅游方式，生态旅游的环境内涵被提出并得到发展。三是可持续旅游阶段。可持续发展思想对生态旅游概念的充实和提高起着决定性的作用，它从更广、更深的层次、范围给生态旅游以立论。但生态旅游和可持续旅游从本义上是有区别的。可持续思想作为主流发展思想，成为衡量旅游活动持续性发展的准则。可持续旅游是生态旅游概念向前进化的第三个阶段，也是其内涵的完善和丰富阶段。它将生态旅游的自然观、环境观提升为伦理性原则，并融合可持续发展的思想，从而将生态旅游概念升华和扩大，达到基础意义上的可持续。随着生态旅游实践及认识的深入，存在着更深层次的旅游发展框架，生态旅游开始归结为一种旅游发展模式。如Kutay明确指出生态旅游是一种发展模式；Kinnaird和O'Brien也认为，生态旅游是一种新的旅游发展解决方式；Sullivan、WWF、AES、Boo等学者或组织的生态旅游概念都明显地带有可持续发展的色彩。②

李志刚、李斌认为，生态经济是全人类共同探讨的一种经济发展新模式。③ 郭利认为，生态经济是以生态建设为基础的经济，包括生态农业、生态工业、生态信息业、生态旅游业、环境保护业等。④ 我国的生态经济研究主要经历了三个阶段：第一阶段，1980年以前，是生态经济研究的酝酿和准备时期；第二阶段，1980—1984年中国生态经济学会成立，是生态经济研究的初创时期；第三阶段，1984年中国生态经济学会成立至今，是生态经济研究的飞跃发展时期。对于生态经济，不同的学者从不同的角度进行了定义。

一些学者从系统的角度来对生态经济进行定义。张明认为："所谓生态经

---

① 章云焕. 雅安市生态旅游经济发展战略研究 [D]. 武汉：华中科技大学，2005.
② 杨絮飞. 生态旅游的理论与实证研究 [D]. 长春：东北师范大学，2004.
③ 李志刚，李斌. 中国经济发展模式的必然选择——循环经济 [J]. 生态经济，2003（5）：28-31.
④ 郭利. 对西方生态学马克思主义的剖析 [J]. 太原师范学院学报（社会科学版），2004（2）：23-25.

济是指生态系统（包括生命系统和环境系统在特定空间的组合）与经济系统（包括生产力系统和生产关系系统在一定地理环境和社会制度下的组合）共同形成的复合系统，具有生态与经济的双重特性。"[1] 谢继忠指出，生态经济要求人类按照自然生态系统物质循环和能量流动的规律构建经济系统，使人类社会与经济系统和谐地融入自然生态系统的物质循环过程中去，从而构建一种全新的生态化的经济模式。[2] 袁本朴等认为"生态经济应是以生态平衡为基础，以经济可持续增长为目标，在生态系统和经济系统间合理配置物质、能量、信息、人才等资源，实现生态和经济良性循环的经济结构"，其基本特征是可持续发展。[3] 桑晓靖把生态经济系统定义为：由生态系统和经济系统相互交织、相互作用、相互耦合而成的，有一定结构和功能的复合系统。生态系统和经济系统之间通过不断的物流、价值流、信息流等联系使之成为一个有机整体。[4] 戚蕊、马文龙指出生态经济系统具有地域性和时代性特征。[5] 李昌武认为，生态经济是指在一定区域内，以生态环境建设和社会经济发展为核心，遵循生态学原理和经济规律，把区域内生态建设、环境保护、自然资源的合理利用、生态的恢复与该区域社会经济发展及城乡建设有机结合起来，通过统一规划、综合建设，培育天蓝、水清、地绿、景美的生态景观，构建整体、和谐、开放、文明的生态文化，孵化高效、低耗的生态产业，建立人与自然和谐共处的生态社区，实现经济效益、社会效益、生态效益的可持续发展和高度统一。生态经济包括综合性、层次性、地域性、战略性等特点。[6] 胡熙宁认为，生态经济是一个符合现代社会发展趋势的全新经济形态，其同传统的工业经济相比具有可持续、高科技、绿色可循环的特点。生态经济的基本特征是：系统性特征、协调性特征、生态性特征。发展生态经济是我国实现经济、社会、生态可持续发展，建设和谐社会的重要任务。[7]

---

[1] 张明. 建立生态经济城市 [J]. 福建环境，1999，16（4）：38.
[2] 谢继忠. 河西走廊发展循环经济的对策研究 [J]. 河西学院学报，2005，21（2）：48–52.
[3] 袁本朴，袁晓文，李锦. 西部大开发与四川民族地区生态经济建设 [J]. 民族研究，2001（2）：31–39.
[4] 桑晓靖. 西部地区生态恢复与重建的生态经济评价 [J]. 干旱地区农业研究，2003，21（3）：171–174.
[5] 戚蕊，马文龙. 构建西北民族地区的生态经济系统. [J] 甘肃社会科学，2000（4）：83–84.
[6] 李昌武. 额尔古纳市生态经济发展研究 [D]. 北京：中央民族大学，2009.
[7] 胡熙宁. 中国生态经济发展路径探析 [D]. 北京：中央民族大学，2010.

而一些学者则从生产的角度来对生态经济进行定义。刘书莉认为，生态经济是指一个工厂或企业产生的副产品用作另一个工厂的投入或原材料，通过废物交换、循环利用、清洁生产等手段，最终实现总体的污染"零排放"。①

这些定义从不同的角度概括生态经济的特征，对于全面理解和把握生态经济的内涵具有重要的意义。但在民族地区，生态经济应当还具有其独有的特征。

朱新玲探讨了民族地区生态经济的内涵特征。她指出，民族地区生态经济开发的内涵特征包括生态经济的内在特征和民族地区的地域特征。民族地区生态经济既具有生态系统性、公共性、全球性和持续性，又具有政治性、民族性、矛盾性、阶段性和复杂性等。朱新玲的研究表明，民族地区生态经济既具有一般的生态经济特征，又具有其民族地区所特有的独特性。②

李妹睿认为，生态经济学本质上是一种人本经济学，在我国构建这种新兴的伦理思想，既要从西方伦理学中获得个体主义和整体主义观念，也要从传统文化、民族文化中挖掘相关的生态观念。她对藏族传统生态伦理重义轻利，忽视经济发展；安于贫困，轻视物质欲求；生活节俭，满足原始生态承载力的特点进行了讨论，指出确立人与自然和谐共处的科学发展观，可以借鉴传统文化中的相关伦理观念发展生态经济。③

生态旅游的特征，实质上是生态旅游定义界定的延伸。对生态旅游基本特征的归纳，应在生态旅游本质的规定下进行，其所描述的应该是旅游者进行生态旅游活动时表现出来的特征，而不应该同时包括旅游地的某些特征。在与传统大众旅游比较的基础上，美国学者 Wight、加拿大学者 R. W. Butler、郭来喜、卢云亭等学者和世界旅游组织对生态旅游的特征从不同角度进行分析说明。概括起来，生态旅游主要有以下几方面的基本特征。

1. 生态旅游产品的高品位性

生态旅游产品及其组合经过特殊设计，具有高含量的科学信息而有别于

---

① 刘书莉. 都匀市城市建设与环境保护协调发展的思考 [J]. 黔南民族师范学院学报, 2001 (6): 83 - 84.

② 朱新玲. 论民族地区发展生态经济的缘由及其内涵特征与基本原则 [J]. 市场论坛, 2008 (4): 26 - 29.

③ 李妹睿. 藏族传统生态经济伦理观探微 [J]. 青海民族学院学报, 2009 (3): 87 - 89.

大众旅游产品。生态旅游产品的开发设计遵循自然生态规律、人与自然的和谐统一。设计和开发优良生态旅游产品的前提是充分认识旅游资源的经济价值，要求旅游供给方根据特定的地理背景，分地段设计独特的生态旅游产品，亦即分景区进行主题设计，构建空间异质性的景观格局。而这些决定了生态旅游的高品位性，也是生态旅游发展的归宿。

2. 生态旅游的自然载体性

生态旅游地这一地域范围，处于生态系统之上、大地理区域之下，在功能上表现为自然生态过程与旅游者、旅游规划管理和经营者及当地居民的人文活动过程的相互作用，从而构成一个空间异质性区域，因此生态旅游的资源基础除了纯自然环境或相对不受干扰的自然区域（如自然保护区、国家公园等），还包括一些生态旅游地的人文景观。生态旅游主要就是依托这两类生态旅游区（点），这也表明生态旅游在本质上具有自然环境与旅游者有机融为一体的特点，其中自然环境始终是游客的载体和出发点。

3. 开发利用的可持续性

生态旅游资源和生态环境是发展生态旅游的物质基础，旅游资源和环境保护是旅游业持续发展的必要条件，生态旅游需要以生态旅游地为载体，以生态环境容量为基础，要求旅游者、管理者和经营者及当地居民树立旅游环境容量观，以维护有限的旅游资源不受破坏和可持续利用。

4. 生态旅游的环保性

生态旅游的性质要求生态旅游活动必须具备环保性，生态旅游的环境保护应体现在旅游业的方方面面。生态旅游需要以符合条件的自然地域为基础，旅游活动的开展也需要以不使生态遭受破坏为前提。对于开发规划者来说，保护性体现在遵循自然生态规律和人与自然和谐统一的旅游产品开发设计规则；对于旅游开发商来说，保护性体现在充分认识旅游资源的经济价值，将资源的价值纳入成本核算，在科学的开发规划基础上谋求持续的投资效益；对于管理者而言，保护性体现在旅游资源环境容量范围内的旅游利用，杜绝短期的经济行为，谋求旅游业可持续发展；对于旅游者来说，保护性体现在环境意识和自身素质，珍惜自然生态，使保护旅游资源及环境成为一种自觉行为。

5. 小规模性和简单性

生态旅游活动作为一种大众型旅游活动的替选方式，其具体开展不能像大众型旅游活动一样,以大规模的团体活动方式浩浩荡荡地集中进行,而是要以使游客融入环境的自然方式分散地进行,以免因游客活动过于集中而造成对局部环境压力增大,甚至超越局部环境承载力的极限,从而导致对生态环境的破坏,影响野生动植物的生长和繁衍。由于生态旅游活动所追求的是亲近自然和返璞归真,生态旅游者对旅游接待服务条件的要求通常都是简单不奢华的,以满足在外基本生活需求为准。但是,这并非意味着生态旅游者不存在高档次的消费需求,更不是说生态旅游的经营者只宜提供低档次的生态旅游的特征。实质上,生态旅游定义的延伸,对生态旅游基本特征的归纳,应是在生态旅游本质的规定下进行,其所描述的应该是旅游者进行生态旅游活动时表现出来的特征,而不应该同时包括旅游的某些特征。

　　国内外不同学者对生态旅游的特征从不同角度进行了分析说明。其中,唐卫东[1]认为,概括起来生态旅游基本特征表现如下。①生态旅游的资源利用的可持续性。生态旅游能有效实现资源利用的可持续性。这是因为保护好生态旅游资源是开展生态旅游的前提。在旅游的过程中,生态旅游注重维护旅游地的自然和人文特色,避免损害旅游对象本身及其周围的环境,这使得生态旅游资源可以持续利用,并不会因为旅游的开发而被消耗掉。②生态旅游开发管理的科学性。正因为资源保护是开展生态旅游的前提,生态旅游对开发和管理的科学性有很高的要求。生态旅游的开发重点是不会对环境造成任何负面影响的项目,开发规模也限定在环境容量许可的范围之内。开发、设计应根据本地情况,因地制宜,使用本地建筑材料,使用节能设备,对废弃材料进行合适的处理。建立环境容量标准,防止过度开发旅游设施和游客对环境的过度使用。对生态旅游游览区采取严格的生态系统保护措施,如限制游客人数、科学安排活动路线、对景区内的活动进行周密安排等。在旅游的时间安排上,避开野生动物格外脆弱、最怕受干扰的时间。③生态旅游活动的经济性。它一方面指生态旅游活动一般规模较小,而且往往可以利用现有的生态资源,不需要太多的投入;另一方面是指生态旅游往往能为当地居民带来经济利益,这种利益,往往可以超过出售该旅游资源所获得的收益。

第二节　民族地区生态经济发展的现状

　　有关民族地区生态经济发展现状的研究,学者们主要根据不同的地区对

---

[1]　唐卫东. 生态旅游内涵及基本特征探析[J]. 消费导刊,2010(7):34-35.

其现实及其存在问题进行探讨。

戚蕊、马文龙从文化、制度、技术、资源等角度分析了西北民族地区生态经济发展现状。他们认为，在西北民族地区，生态伦理观念错位是构建西北生态经济系统的重大障碍；非对称性技术、资源开发利用技术和环保技术的不对称是环境破坏的重要原因；资源分布不均与要素组合不合理等是生态经济发展的制约因素。[①] 桑晓靖指出，西部地区地域辽阔、资源丰富，但由于自然和历史的原因，人类的经济活动使西部地区的生态环境更加恶化，生态经济系统也随之失衡而退化。他认为植物群落结构简单，自然灾害频发，水资源短缺，土地沙化严重，草场日益退化，经济系统功能低下等是西部地区生态经济系统退化的主要表现。[②] 朱新玲指出，我国西部民族地区相继遇到了一系列时代发展机遇，同时也面临着经济文化发展与生态保护的两难矛盾。一方面，西部民族地区经济文化比较落后，发展任务繁重；另一方面，西部民族地区生态环境脆弱承载能力较低，且呈恶化趋势。[③] 何成学指出经济文化滞后和生态环境脆弱，是西部民族地区加快发展和构建和谐社会的两大瓶颈，西部民族地区资金、技术、人才、管理等生产要素比较缺乏，在产品的成本竞争力上优势并不明显，而在环境竞争力方面则独具优势。[④] 卓玛措等人运用能值分析方法，分析了青海生态环境系统、社会—经济系统以及可持续发展能值指标，认为青海经济不发达，开发程度非常低，有着较大的开发潜力，青海经济发展的环境压力相对较小。但随着人口的增长，青海应考虑环境发展与保护的需要，发达国家或地区走过的以牺牲环境为代价的发展模式不可效仿。[⑤]

李绍明、李锦分析了长江上游民族地区生态经济系统，他们的研究表明，长江上游民族地区经过长时间的掠夺式开发后，生态系统出现成分缺损、功能削弱。从整体看，长江上游民族地区的经济系统还处于低效益运转的状况，

---

① 戚蕊，马文龙. 构建西北民族地区的生态经济系统 [J]. 甘肃社会科学，2000 (4)：83 – 84.

② 桑晓靖. 西部地区生态恢复与重建的生态经济评价 [J]. 干旱地区农业研究，2003，21 (3)：171 – 174.

③ 朱新玲. 论民族地区发展生态经济的缘由及其内涵特征与基本原则 [J]. 市场论坛，2008 (4)：26 – 29.

④ 何成学. 关于加快民族地区生态经济发展的对策与措施 [J]. 市场论坛，2008 (5)：18 – 22.

⑤ 卓玛措，李春花，罗正霞，马占杰. 青海生态经济系统的能值分析 [J]. 青海师范大学学报（哲学社会科学版），2008 (2)：11 – 16.

增长方式仍是"高投入、高消耗、低效益"的方式;经济增长的稳定性差;农业还处于靠天吃饭、靠天养畜的初级阶段,几乎没有抵御自然灾害的能力;经济结构还处于农业为主的阶段。在生态系统与经济系统的整合过程中,存在经济系统对生态系统的掠夺性运行和生态系统对经济系统的制约;生态系统的价值通过经济系统的掠夺式经营流向经济系统。他们还从人口规模、人口素质等方面探讨了长江上游民族地区人口系统对生态经济的影响。[1] 袁本朴等探讨了在四川民族地区建立生态经济面临的问题。他们指出,四川民族地区的生态系统经过多年的掠夺式经营,已经不能对生态经济起到支撑作用;四川民族地区的经济系统结构还是以自然资源的低级开发为主,呈现出对生态系统明显的掠夺性。[2]

庄强运用能值分析法对云南环境经济系统内的主要能值指标进行了定量研究,评价了云南自然环境生产和社会经济发展。他的研究表明,目前云南还是一个经济发展落后的地区,人民的生活水平处于一个较低的层次;主要依靠本地的资源环境进行经济发展,外界反馈输入的能值量很少,经济发展与外界的联系不紧密。[3] 钱斯亮等运用能值分析的方法,对云南迪庆藏族自治州生态经济的主要能值指标做了定量研究,并与其他地区的有关指标进行了比较研究。研究表明,迪庆藏族自治州蕴藏着丰富的动、植物等生物资源和水能资源、矿产等非生物资源,以及自然、人文的旅游资源,具有一定的开发潜力。但同时迪庆的环境承受的压力相当大;货币循环缓慢、开发缓慢,能值多取自自然资源;对外部资源有很高的依存性,自给自足能力较弱;电力能值比率很小,水利资源远没有得到充分利用,严重制约了迪庆的经济结构改变;开发活动的加剧、粗放型的生产方式和结构性比例失调,使森林资源过度消耗、草场退化、沙化严重,导致水土流失和生态变化,迪庆州环境总体质量曾一度呈现下降趋势。[4]

岳敏、魏奋子基于能值分析,对黄河上游生态环境重要区域——甘南藏

---

[1] 李绍明,李锦. 长江上游民族地区生态经济系统 [J]. 广西民族研究,2001 (3):74–81.

[2] 袁本朴,袁晓文,李锦. 西部大开发与四川民族地区生态经济建设 [J]. 民族研究,2001 (2):31–39.

[3] 庄强. 云南环境经济系统的能值分析与可持续发展对策研究 [J]. 环境科学导刊,2007,26 (1):25–27.

[4] 钱斯亮,邓乐,肖永刚. 迪庆藏族自治州生态经济能值分析 [J]. 环境科学导刊,2008,27 (6):16–19.

族自治州的农业生态经济系统的能值投入、产出状况进行定量分析,并把分析结果和其他地区进行比较。其研究表明,甘南藏族自治州生态经济是一种"高消耗、低产出"的发展模式,本地资源没有得到有效的利用,农业经济发展现代化程度低。① 贾文雄、宋凤兰分析了甘肃省定西地区农业生态经济系统的结构和功能,发现存在水资源时空分布不均、种群结构比较单一、产业结构不合理等问题,从而使得定西地区农业生态经济系统生产能力很低,经济效益低下。② 赵晟、李自珍则应用能值理论,对甘肃省生态经济系统进行了能值分析,并对甘肃省总的能值用量、能值货币比率、能值自给率、人均能值用量、能值密度等一系列能值指标进行了定量研究。研究表明,甘肃省自然资源相对丰富,经济发展的资源基础相对雄厚,经济的安全性较高;但由于对本地资源过分依赖,使得甘肃省形成了一种高资源消耗型经济发展模式,资源得不到有效的利用,经济发展程度不高。③ 吴兵兵等运用能值理论对宁夏生态经济系统进行了分析,认为宁夏目前的发展模式主要是一种高资源消耗型经济,经济发展主要建立在对本地不可更新资源的开发利用上。④

白屯认为生态经济在关注人与自然、追求环境友好、提倡可持续发展、否定资本主义经济模式等方面与传统经济划清了界线,但生态经济同时面临生态风险。生态风险使人类社会健康发展可能受到威胁和伤害,它为生态经济的发展带来了复杂的生态系统流变等新的变数以及提出有效地规避和防范生态风险等新的挑战。⑤

冯佺光、赖景生对三峡库区山地化的民俗生态旅游经济研发的有利条件与前提进行全面分析,提出构筑武陵山区民俗生态旅游经济圈,正确处理好"经济—文化—资源—生态环境"之间的关系,是实现山地可持续发展的重要保证。合理利用山地,保护耕地,以及按照山地自身特点与发展规律进行规划与建设,

---

① 岳敏,魏奋子. 基于能值分析的甘南藏族自治州农业生态经济评价 [J]. 农业现代化研究,2009,30 (1): 95 - 97.

② 贾文雄,宋凤兰. 定西地区农业生态经济系统的结构和功能分析 [J]. 干旱区资源与环境,2000,14 (4): 21 - 26.

③ 赵晟,李自珍. 甘肃省生态经济系统的能值分析 [J]. 西北植物学报,2004,24 (3): 464 - 470.

④ 吴兵兵,米丽娜,张建明. 宁夏生态经济系统能值分析 [J]. 宁夏大学学报(自然科学版),2008,29 (4): 358 - 363.

⑤ 白屯. 生态经济:从反思传统经济到面对生态风险 [J]. 华东经济管理,2009 (10): 62 - 65.

对于居住环境质量的提高与社会经济的发展，具有至关重要的意义。①

郭婧通过对贵阳市花溪区高坡苗族乡的调研发现，良性少数民族习惯法对循环经济的建设、推广起保障作用。同时，循环经济如果能结合传统习惯法在当地有效运用，对当地经济发展的带动也是巨大的。②

丁生喜、王晓鹏对环青海湖地区城镇化建设的生态经济效应进行了全面分析，提出以下见解：城镇化能够促进优化产业结构和就业结构，减轻环湖地区脆弱生态环境的人口压力；城镇化能够促进人口向城镇转移，提高环湖少数民族地区的人口素质；城镇化建设可以逐步解决环湖农牧民脱贫增收的问题；城镇化建设可以加速实现环湖地区农牧业产业规模化经营，提高生态经济效益；城镇化是有效解决环湖地区生态经济问题的重要途径。③

李永诚认为，探讨生态文明、生态经济与绿色营销三者的关系，也就是探讨生态文明建设的途径与方法。他通过分析提出，这三者相辅相成、相互促进，构成了一个互动的系统。生态经济是生态文明建设的必由之路；绿色营销为生态经济的实现提供市场动力和市场保障，是生态经济发展的市场经营模式；绿色营销能否得到广泛实施是对生态文明建设成效的市场检验。④

田钒平提出，促进西部民族地区经济与生态协调发展的路径主要包括：第一，应当深入西部民族地区内部研究相关问题，进而根据某一特定区域的经济、环境与社会发展的现状以及自然环境的承载力，确定适当的发展目标。适宜发展经济的就将经济价值的追求作为主要的目标，否则就应将环境价值作为发展的主要目标。第二，应当将生态问题作为经济发展的内生因素，将生态维护纳入经济发展规划之中，制定统一的生态经济发展规划，建立合理的生态经济核算体系。第三，应当从全国性的战略高度来认识西部民族地区的生态与经济的协调发展问题，重视西部民族地区生态的地位及其对整体生态价值的贡献，使西部民族地区尤其是生态脆弱区能依据其生态价值贡献而

---

① 冯佺光，赖景生.山地化民俗生态旅游经济协同开发研究——以三峡库区生态经济区重庆市东南翼的少数民族聚居地为例［J］.农业现代化研究，2009（5）：557-567.

② 郭婧.论少数民族习惯法对循环经济建设的作用——以贵阳市花溪区高坡苗族乡调查为例［J］.凯里学院学报，2010（4）：42-45.

③ 丁生喜，王晓鹏.环青海湖地区城镇化建设的生态经济效应分析［J］.青海民族大学学报（社会科学版），2010（02）：107-110.

④ 李永诚.试论生态文明、生态经济与绿色营销的互动关系［J］.湖北农业科学，2010（3）：755-758.

获得应有的经济收益。①

　　这些研究普遍反映出我国民族地区生态经济的现实状况，我国民族地区发展普遍存在环境破坏严重、经济发展落后的问题。对民族地区生态经济的现状研究，有助于认识和全面把握民族地区生态经济的现实，为民族地区发展生态经济提供决策依据和发展思路。

第三节　民族地区发展生态经济的重要性和必要性

　　对于民族地区发展生态经济的重要性和必要性的研究，不同学者分别从科学发展观、全面建设小康社会、构建和谐社会及可持续发展等视角来进行解释。

　　薛梅等从落实科学发展观的角度来解释民族地区发展生态经济的重要性和必要性。他们认为，生态经济是落实科学发展观、构建和谐社会的根本选择，是解决民族地区生态脆弱和发展边缘化两难境地的最优途径，是生态脆弱与经济贫困地区的成功发展模式。②

　　葛少芸从全面建设小康社会的视角来强调发展西部地区民族生态经济的重要性。她认为，西部民族地区仍是我国全面建设小康社会的难点，为使其经济持续发展，必须实施生态与经济协调发展的战略。③

　　罗凤燕从构建和谐社会的视角，论述了民族地区发展生态经济的重要性和必要性。她认为，加大民族地区特别是西部民族地区发展的力度，是解决我国民族地区长期以来经济发展滞后问题以及构建民族地区和谐社会的主要途径。④朱新玲认为，加快发展是民族地区构建和谐社会的要求，发展生态经济是民族地区实现经济社会协调发展的需要。生态经济作为一种可持续发展的经济形式，即要求经济主体在发展战略上把保持生态环境、节约资源置于首位，

---

①　田钒平. 西部民族地区经济与生态协调发展的理念转换与制度建构 [J]. 民族学刊, 2011 (1): 23-27, 84.
②　薛梅, 董锁成, 李泽红, 李斌. 民族地区生态经济发展模式研究 [J]. 生态经济, 2008 (3): 65-68.
③　葛少芸. 民族地区生态经济协调发展之探析 [J]. 西北民族大学学报（哲学社会科学版）, 2005 (4): 27-32.
④　罗凤燕. 民族地区构建和谐社会呼唤生态经济 [J]. 学术论坛, 2007 (8): 83-88.

使生态环境与经济增长互动互进,以实现经济、社会和环境效益相统一。①

戚蕊、马文龙则从可持续发展的视角来探讨民族地区发展生态经济的必要性。他们指出,构建生态经济系统是可持续发展原则的运用和实践,是解决我国人口、粮食、环境和资源问题的重要途径。他们强调,西北民族地区构建生态经济系统,不仅仅关系着当地各民族利益,也与长江、黄河流域所有人口的利益密切相关。②

李昌武从特殊的地理位置和生态条件、特殊的生态资源和文化底蕴、国家产业政策的调整支持等分析了额尔古纳市发展生态经济的必然性。③

陈效兰从民族地区生态危机方面探讨发展生态经济的必然性,认为民族地区生态危机主要包括草场退化严重、荒漠化问题严重、森林资源锐减、水资源严重缺乏、水土流失加剧、生物多样性受到威胁。④

仙珠在分析乡村社区参与环境保护的重要性和必要性的基础上,对乡村社区生态环境保护路径进行了研究,包括生态教育、生态经济、生态文化和自然保护组织四个方面;认为基于三江源自然生态特征和乡村生态文化的特性,应积极推动创建多种形式和层次的乡村合作经济模式,如开发乡村绿色畜产品、乡村原生态手工艺品、游牧文化与生态旅游等不同产品形式,同时大力发展旅游经济,以生态环境治理为契机,加强旅游基础设施建设,使地区旅游经济发展上一个新的台阶。⑤

李苏分析了宁夏回族自治区面临的生态脆弱与经济持续跨越发展的双重挑战。为了实现持续跨越发展,必须选择生态经济发展模式。超常规的生态经济发展模式,是宁夏摆脱"脆弱—贫困"恶性循环、实现持续跨越发展的必然选择。⑥

---

① 朱新玲. 论民族地区发展生态经济的缘由及其内涵特征与基本原则 [J]. 市场论坛, 2008 (4): 26 - 29.

② 戚蕊, 马文龙. 构建西北民族地区的生态经济系统 [J]. 甘肃社会科学, 2000 (4): 83 - 84.

③ 李昌武. 额尔古纳市生态经济发展研究 [D]. 北京: 中央民族大学, 2009.

④ 陈效兰. 加快发展民族地区的生态经济 [J]. 黑龙江民族丛刊, 2009 (4): 58 - 61.

⑤ 仙珠. 乡村社区生态环境保护研究——以三江源乡村社区为例 [J]. 安徽农业科学, 2010 (34): 19482 - 19484.

⑥ 李苏. 宁夏生态经济超常规发展模式研究 [J]. 哈尔滨商业大学学报 (社会科学版), 2011 (2): 64 - 69.

第四节 民族地区生态经济的发展模式

生态经济模式是转变经济增长方式、实现可持续发展的必然选择。生态经济模式追求经济效益、社会效益、生态效益三者的统一，把生态建设、环境保护与社会经济发展有机结合起来。通过发展生态环境友好型产业，实现生态保护与社会经济发展，是解决民族地区生态脆弱与社会经济落后两难境地的最优途径。学者们根据各民族地区不同的情况，提出一些民族地区生态经济的发展模式。

王玉林等提出建立以草为核心的"草—畜—土—农"良性生态循环发展的高效生态经济模式。[①]

蔡传涛、张智英采用农村快速评估法和参与式农村评估法，以及统计分析与投入产出分析法，分析了西双版纳曼听村傣族农户庭园生态经济模式结构与功能。[②]

"胶东农村生态经济模式的演变与发展研究"课题组对胶东地区生态经济系统进行科学的界定，系统阐述了生态经济系统由对立状态向协调发展的演变过程，用规范与实证研究相结合的方法，把胶东生态经济模式划分为农区、丘陵山区、沿海地区和城市四种生态经济模式，并对这四种生态经济模式的特征及其合理运作进行了详细的分析。[③]

邓艾认为，长期延续下来的传统经济模式，是牧区生态经济恶性循环关系链的基础，是导致牧区经济贫困落后和草原生态急剧退化的共同根源。由于现有的大部分政策措施都只针对已经浮现出来亟待解决的牧区经济问题和生态环境问题，并未触及这些问题产生的根源，因而只能治标不能治本。解决牧区生态经济问题的关键在于改造传统农牧业经济模式，使其向可持续发展的牧区生态经济模式转变。构建以草原生态牧业、草原生态工业、草原生态旅游业为主体框架的生态经济模式，是加快牧区经济发展、治理草原生态

---

① 王玉林，等. 草地农业生态经济模式的研究 [J]. 黑龙江畜牧科技，1997（2）：7-9.
② 蔡传涛，张智英. 傣族农户庭园生态经济模式结构与功能研究 [J]. 生态农业研究，1999，7（1）：77-78.
③ "胶东农村生态经济模式的演变与发展研究"课题组. 胶东地区生态经济模式探讨 [J]. 莱阳农学院学报（社会科学版），1999（1）：83-87.

退化的有效途径。①

蒋万胜认为,在我国西部经济可持续发展中应首先将生态系统和经济系统整合起来,进而建立生态经济模式以解决西部的发展问题,并提出建立西部生态经济模式的思路:通过一定技术支持实现生态系统与经济系统对接;转变开发方式,加速生态系统和经济系统协调运行;实施产业结构生态化,建立实体生态经济。②

王智红认为,依靠从环境中掠取大量资源的高生产和以"三废"形式向环境排放大量污染物的高消费牧童式经济模式只能将人类带进难以生存、毫无前途的深渊,并提出一种可持续发展的生态经济模式——太空人式经济。③

周庆行、曾智和刘燕从民族文化的角度来研究生态经济问题,提出构建以文化生态为依托的少数民族文化生态经济模式。④

胡宝清等探讨了西南喀斯特地区农村特色生态经济模式。他们根据各个地区的生态经济状况,基于不同模式所采取的主要技术路线的差异,把西南喀斯特地区农村特色生态经济建设实践总结为毕节模式、顶坛模式、晴隆模式、恭城模式、地下水资源开发利用模式、平果模式、西畴模式、移民模式、大关模式、旅游开发模式10种主要模式,并对这些主要模式的形成思路、主要技术路线和可推广示范区域进行对比,总结出这些模式的特点。⑤

薛梅等分析了生态环境恢复与重建模式、资源互补与资源替代模式、优势资源开发模式、民族生态旅游模式、集约化生态城镇模式五种民族地区生态经济的发展模式。⑥

付桂军探讨了内蒙古半农半牧区生态经济模式,详细分析了内蒙古半农半牧区的原畜牧业发展模式、秸秆畜牧业模式、人工草地与天然草地结合畜

---

① 邓艾. 可持续发展的草原生态经济模式——甘肃牧区生态经济问题研究 [J]. 西北民族学院学报(哲学社会科学版),2002 (6): 7 – 16.

② 蒋万胜. 论西部生态经济模式的建立 [J]. 陕西师范大学学报(哲学社会科学版),2004,33 (2): 59 – 63.

③ 王智红. 从牧童式经济到太空人式经济——论中国生态经济模式的构建 [J]. 中国市场,2006 (40): 80 – 81.

④ 周庆行,曾智,刘燕. 论以文化生态为依托的少数民族文化生态经济模式构建 [J]. 生态经济,2006 (1): 42 – 43.

⑤ 胡宝清,陈振宇,饶映雪. 西南喀斯特地区农村特色生态经济模式探讨——以广西都安瑶族自治县为例 [J]. 山地学报,2008,26 (6): 684 – 691.

⑥ 薛梅,董锁成,李泽红,李斌. 民族地区生态经济发展模式研究 [J]. 生态经济,2008 (3): 65 – 68.

牧业模式。①

董智新提出新疆草地生态经济可持续发展模式：大力发展新疆草地生态产业（草地生态畜牧业、草地生态工业、草地生态旅游业），实施协调—倾斜的草地生态经济发展战略，走新型的牧区城镇化道路。②

杨玉文、李慧明提出，我国民族地区生态经济的实现模式包括："特色生态产业＋投资自然资本＋生态移民"的发展模式、"工业化＋城市化＋生态化"的"三化"叠加模式、以"保护为主，兼顾科学实验和旅游参观"的发展模式、"服务效率＋维持效率"的发展模式。以上四种发展模式强调以生态经济思想解决民族地区经济发展面临的主要矛盾，促进和实现经济社会的全面、协调、可持续发展和人的全面发展。③

田钒平归纳了五种促进西部民族地区经济与生态协调发展的主要理论模式：单向度经济发展理论模式、循环经济理论模式、生态产业结构理论模式、政府宏观调控理论模式、制度建构理论模式。④

对于不同模式的研究，不同的学者从不同的角度选择不同的地区进行研究，但缺乏横向比较。对各种模式的生态经济绩效进行比较分析，可能会是今后研究的一个方向。

第五节　民族地区发展生态经济的对策

有关民族地区发展生态经济的对策研究，不同学者、研究人员从不同方面提出了很多有益的建议。

戚蕊、马文龙提出西北民族地区要构建"生物中心论"的生态伦理观念；并进行制度创新，以根本解决生态恶化的问题。他们强调，要正确处理好政府与市场关系问题；通过产权管理途径，优化环境管理，强化资源资本化管理；加强法制建设，依法保障生态经济系统构建；重新组合资源要素，构建

---

① 付桂军. 内蒙古半农半牧区生态经济模式构建 [J]. 北方经济，2009 (3)：58－60.
② 董智新. 新疆草地生态经济系统可持续发展研究 [D]. 乌鲁木齐：新疆农业大学，2009.
③ 杨玉文，李慧明. 我国民族地区生态经济实现模式研究 [J]. 内蒙古社会科学（汉文版），2010 (2)：56－59.
④ 田钒平. 西部民族地区经济与生态协调发展的理念转换与制度建构 [J]. 民族学刊，2011 (1)：23－27，84.

新的生态经济模型；产业化经营，构建草原生态经济系统。①

李绍明、李锦提出，要加强生态环境建设，全面改善生态系统；加快经济系统的成熟度，提高经济系统效益；构建能够连接生态系统和经济系统的知识系统；严格控制人口规模，增强人口生态意识；建立资源、环境与经济发展间的通路。②

袁本朴等认为，四川民族地区建立生态经济体系，首先，要完成生态系统重建，恢复生态系统的自然生产力和功能；其次，需要尽快培植人口、环境和资源相协调的替代产业；再次，加强区域规划指导和科技服务；最后，对现有经济结构进行重新评估和调整。③

桑晓靖认为，西部地区生态恢复与重建必须以国家宏观经济政策为基础，完善管理制度，实现西部地区的生态重建；建立和完善资金保障机制；以植被恢复为核心，因地制宜，分区建设；以生态经济学和恢复生态学理论为指导，集成先进农业技术，协调人地关系；实现品种优质化、生产集约化、产品安全化和管理科学化，全面提高农业生态经济效益。④

肖秀荣、孙贺指出，西部要在相对短的时间内缩小与东部的发展差距，完成工业化，实现信息化，除了走跨越式发展道路之外别无选择。加强生态建设与西部跨越式发展是内在统一的。加强生态建设，是实现可持续跨越式发展的前提，是通向生态文明的捷径，关乎国家安全，涉及社会稳定。只有走兼顾生态效益与经济效益的发展道路，才能实现真正的跨越式发展。⑤

葛少芸从三个方面提出构建民族地区生态经济的措施。她认为，生态经济协调发展首先要在资源开采、生产、废弃等社会生产的主要环节中，大力发展循环经济，精心设计不同层次的循环圈；其次要加强循环经济技术支撑体系建设，培养和引进熟悉循环经济的领军人才；最后要从产业政策、财税政策、投资政策上完善、促进循环经济发展的政策手段和法律法规，实施各种特殊优惠

---

① 戚蕊，马文龙．构建西北民族地区的生态经济系统 [J]．甘肃社会科学，2000 (4)：83-84.

② 李绍明，李锦．长江上游民族地区生态经济系统 [J]．广西民族研究，2001 (3)：74-81.

③ 袁本朴，袁晓文，李锦．西部大开发与四川民族地区生态经济建设 [J]．民族研究，2001 (2)：31-39.

④ 桑晓靖．西部地区生态恢复与重建的生态经济评价 [J]．干旱地区农业研究，2003，21 (3)：171-174.

⑤ 肖秀荣，孙贺．西部跨越式发展与生态建设 [J]．哈尔滨学院学报，2004，25 (5)：21-27.

政策，建立西部生态环境储备粮制度和基金制度，建立生态补偿机制。①

朱新玲认为，民族地区生态经济开发中应遵循公平性、持续性、共同性、对环境负责等基本原则。就民族地区的地域特征而言，还应坚持预防为主，保护优先；坚持科技保障性；坚持开发与保护相结合；坚持因地制宜、突出重点、分步实施；坚持依靠群众保护环境资源②。

何成学从五个方面分析了发展民族地区生态经济的对策举措。一是加强宣传教育，提高认识，统一思想；二是从民族地区特点出发，探索发展生态经济的有效途径；三是多渠道实现民族地区生态系统和经济系统的协调统一；四是强化政府主导作用，化解民族地区加快发展与生态保护两难的矛盾；五是构筑民族地区发展生态经济、促进社会和谐的保障体系。③

董智新对新疆草地生态经济系统进行了可持续发展研究，提出以下对策：建立完善的草地法律制度、加强新疆国土规划、重新审视新疆草地生态经济的发展、促进多元主体的资金投入、加大政府政策的支持、加强科技和教育事业建设。④

陈效兰提出以下加快发展民族地区生态经济采取的主要对策。①提高生态保护意识。②着力培育生态产业：首先是建立生态经济区，根据不同的自然条件，着力抓好草地生态经济建设；其次是推广生态模式，按照生态循环、互惠共生、最优功能、最小风险等生态学基本原理，着力抓好链条型、立体型、共生型、种养型、节能型、微生物型六大生态开发模式的推广；最后是实施绿化生态工程。③大力发展循环经济，形成"资源利用—绿色工业（产品）—资源再生"的闭环式物质流动，使所有物质和能源在经济循环中得到合理利用。④建立生态补偿机制。⑤

李苏提出促进宁夏生态经济持续跨越发展的建议：一是转变生态观念、提高生态意识；二是加强资源节约，加快生态环境建设；三是大力推广绿色

---

① 葛少芸. 民族地区生态经济协调发展之探析 [J]. 西北民族大学学报（哲学社会科学版），2005（4）：27-32.

② 朱新玲. 论民族地区发展生态经济的缘由及其内涵特征与基本原则 [J]. 市场论坛，2008（4）：26-29.

③ 何成学. 关于加快民族地区生态经济发展的对策与措施 [J]. 市场论坛，2008（5）：18-22.

④ 董智新. 新疆草地生态经济系统可持续发展研究 [D]. 乌鲁木齐：新疆农业大学，2009.

⑤ 陈效兰. 加快发展民族地区的生态经济 [J]. 黑龙江民族丛刊，2009（4）：58-61.

能源生产和消费,解决农村能源问题;四是持续跨越发展需要战略环评;五是战略环评必须进入宏观经济决策程序;六是健全国家对宁夏的财政和金融政策,保障宁夏超常规生态经济战略的顺利实施;七是加大宁夏生态对口支援合作的力度;八是加强宁夏教育科技事业,实施保障生态经济超常规发展的人力资源战略。①

这些对策涵盖了经济、法律、政策等方面,对民族地区发展生态经济具有重要的指导意义。但在具体实践中,应当根据不同地区的实际情况,结合当地生态系统与经济系统发展关系,有所针对地落实对策措施。

本章参考文献:

[1] 章云焕. 雅安市生态旅游经济发展战略研究 [D]. 武汉: 华中科技大学, 2005.

[2] 杨絮飞. 生态旅游的理论与实证研究 [D]. 长春: 东北师范大学, 2004.

[3] 李志刚, 李斌. 中国经济发展模式的必然选择——循环经济 [J]. 生态经济, 2003 (5).

[4] 郭利. 对西方生态学马克思主义的剖析 [J]. 太原师范学院学报 (社会科学版), 2004 (2).

[5] 张明. 建立生态经济城市 [J]. 福建环境, 1999, 16 (4).

[6] 谢继忠. 河西走廊发展循环经济的对策研究 [J]. 河西学院学报, 2005, 21 (2).

[7] 袁本朴, 袁晓文, 李锦. 西部大开发与四川民族地区生态经济建设 [J]. 民族研究, 2001 (2).

[8] 桑晓靖. 西部地区生态恢复与重建的生态经济评价 [J]. 干旱地区农业研究, 2003, 21 (3).

[9] 戚蕊, 马文龙. 构建西北民族地区的生态经济系统 [J]. 甘肃社会科学, 2000 (4).

[10] 李昌武. 额尔古纳市生态经济发展研究 [D]. 北京: 中央民族大学, 2009.

[11] 胡熙宁. 中国生态经济发展路径探析 [D]. 北京: 中央民族大

---

① 李苏. 宁夏生态经济超常规发展模式研究 [J]. 哈尔滨商业大学学报 (社会科学版), 2011 (2): 64-69.

学，2010.

［12］刘书莉．都匀市城市建设与环境保护协调发展的思考［J］．黔南民族师范学院学报，2001（6）．

［13］朱新玲．论民族地区发展生态经济的缘由及其内涵特征与基本原则［J］．市场论坛，2008（4）．

［14］李妹睿．藏族传统生态经济伦理观探微［J］．青海民族学院学报，2009（3）．

［15］何成学．关于加快民族地区生态经济发展的对策与措施［J］．市场论坛，2008（5）．

［16］卓玛措，李春花，罗正霞，马占杰．青海生态经济系统的能值分析［J］．青海师范大学学报（哲学社会科学版），2008（2）．

［17］李绍明，李锦．长江上游民族地区生态经济系统［J］．广西民族研究，2001，（3）．

［18］庄强．云南环境经济系统的能值分析与可持续发展对策研究［J］．环境科学导刊，2007，26（1）．

［19］钱斯亮，邓乐，肖永刚．迪庆藏族自治州生态经济能值分析［J］．环境科学导刊，2008，27（6）．

［20］岳敏，魏奋子．基于能值分析的甘南藏族自治州农业生态经济评价［J］．农业现代化研究，2009，30（1）．

［21］贾文雄，宋凤兰．定西地区农业生态经济系统的结构和功能分析［J］．干旱区资源与环境，2000，14（4）．

［22］赵晟，李自珍．甘肃省生态经济系统的能值分析［J］．西北植物学报，2004，24（3）．

［23］吴兵兵，米丽娜，张建明．宁夏生态经济系统能值分析［J］．宁夏大学学报（自然科学版），2008，29（4）．

［24］白屯．生态经济：从反思传统经济到面对生态风险［J］．华东经济管理，2009（10）．

［25］冯佺光，赖景生．山地化民俗生态旅游经济协同开发研究——以三峡库区生态经济区重庆市东南翼的少数民族聚居地为例［J］．农业现代化研究，2009（5）．

［26］郭婧．论少数民族习惯法对循环经济建设的作用——以贵阳市花溪区高坡苗族乡调查为例［J］．凯里学院学报，2010（4）．

［27］丁生喜，王晓鹏．环青海湖地区城镇化建设的生态经济效应分析［J］．青海民族大学学报（社会科学版），2010（2）．

[28] 李永诚. 试论生态文明、生态经济与绿色营销的互动关系 [J]. 湖北农业科学, 2010（3）.

[29] 田钒平. 西部民族地区经济与生态协调发展的理念转换与制度建构 [J]. 民族学刊, 2011（1）.

[30] 薛梅, 董锁成, 李泽红, 李斌. 民族地区生态经济发展模式研究 [J]. 生态经济, 2008（3）.

[31] 葛少芸. 民族地区生态经济协调发展之探析 [J]. 西北民族大学学报（哲学社会科学版）, 2005（4）.

[32] 罗凤燕. 民族地区构建和谐社会呼唤生态经济 [J]. 学术论坛, 2007（8）: 83-88.

[33] 陈效兰. 加快发展民族地区的生态经济 [J]. 黑龙江民族丛刊, 2009（4）.

[34] 仙珠. 乡村社区生态环境保护研究——以三江源乡村社区为例 [J]. 安徽农业科学, 2010（34）.

[35] 李苏. 宁夏生态经济超常规发展模式研究 [J]. 哈尔滨商业大学学报, 2011（2）.

[36] 王玉林等. 草地农业生态经济模式的研究 [J]. 黑龙江畜牧科技, 1997（2）.

[37] 蔡传涛, 张智英. 傣族农户庭园生态经济模式结构与功能研究 [J]. 生态农业研究, 1999, 7（1）.

[38] "胶东农村生态经济模式的演变与发展研究"课题组. 胶东地区生态经济模式探讨 [J]. 莱阳农学院学报（社会科学版）, 1999（1）.

[39] 邓艾. 可持续发展的草原生态经济模式——甘肃牧区生态经济问题研究 [J]. 西北民族学院学报（哲学社会科学版）, 2002（6）.

[40] 蒋万胜. 论西部生态经济模式的建立 [J]. 陕西师范大学学报（哲学社会科学版）, 2004, 33（2）.

[41] 王智红. 从牧童式经济到太空人式经济——论中国生态经济模式的构建 [J]. 中国市场, 2006（10）.

[42] 周庆行, 曾智, 刘燕. 论以文化生态为依托的少数民族文化生态经济模式构建 [J]. 生态经济, 2006（1）.

[43] 胡宝清, 陈振宇, 饶映雪. 西南喀斯特地区农村特色生态经济模式探讨——以广西都安瑶族自治县为例 [J]. 山地学报, 2008, 26（6）.

[44] 付桂军. 内蒙古半农半牧区生态经济模式构建 [J]. 北方经济, 2009（3）.

［45］董智新．新疆草地生态经济系统可持续发展研究［D］．乌鲁木齐：新疆农业大学，2009．

［46］杨玉文，李慧明．我国民族地区生态经济实现模式研究［J］．内蒙古社会科学，2010（2）．

［47］肖秀荣，孙贺．西部跨越式发展与生态建设［J］．哈尔滨学院学报，2004，25（5）．

［48］朱宏伟．民族地区生态经济研究概述［J］．广西财经学院学报，2010（2）．

［49］康雨磬．银川永宁三沙源沙漠生态旅游景观营造研究［D］．保定：河北农业大学，2011．

［50］曲小溪．生态旅游环境承载力评价研究［D］．大连：大连理工大学，2007．

［51］斜晓东．生态旅游及其可持续发展战略研究之一——生态旅游的基本理论问题探讨［J］．四川环境，2003（3）．

［52］郭跃．刍议生态旅游的经济意义［EB/OL］．http：//www.studa.net/Travels/060214/09502937.html．

［53］崔涛．黑龙江省生态旅游产业发展的综合评价研究［D］．哈尔滨：东北林业大学，2007．

［54］梁歆梧．论我国生态旅游的可持续发展［J］．决策咨询通讯，2006（3）．

［55］周丽洁，熊礼明．生态旅游的社区参与型发展道路探讨［J］．商业时代，2008（29）．

［56］杨开忠，许峰，权晓红．生态旅游概念内涵、原则与演进［J］．人文地理，2001（4）．

［57］赵欣．定西市安家沟流域生态旅游规划研究［D］．北京：北京林业大学，2008．

［58］魏敏．生态旅游资源开发的制度短板效应与政策取向研究［J］．财贸研究，2006（2）．

［59］王国武，隋国有．生态旅游及其要求［J］．林业勘查设计，2005（4）．

［60］HETZER N D. Environment, Tourism, Culture［J］. UNNS, Reported Ecosphere, 1965（12）．

［61］ZIFFER K A. Ecotourism：The Uneasy Alliance［M］. Conservation International, 1989．

［62］唐卫东．生态旅游内涵及基本特征探析［J］．消费导刊，2010（7）．

第八章 民族地区人力资源开发

民族地区人力资源开发是民族地区经济发展和全面建设小康社会的重要保证。本章从民族地区人力资源开发的重要性、现状、问题及成因、途径与对策等方面,就我国民族地区人力资源开发研究进行综述。

杨林、屠年松和常志有认为,人力资源是社会经济长期持续发展的第一资源。[①] 冯学军认为,人力资源是一种以人口形式存在的特殊经济资源,可以通过教育培养实现其水平的提高,是一定范围内的人口总体所具有的劳动能力即知识和技能的集合,既包括作为劳动者的人的数量,也包括劳动者的素质。人力资源作为社会第一资源与核心资源,在经济和社会发展中的巨大作用是其他任何资源所无法比拟的。[②] 李达业指出,随着知识经济时代的到来,天赋的自然资源的作用相对下降,人力资源的战略地位越来越重要,尤其是高层次人力资源的作用越来越突出。[③] 因此,人力资源开发在综合国力竞争中越来越显得重要。

民族地区人力资源开发对于民族地区经济发展、社会繁荣进步具有重要的价值。在我国,很多学者对民族地区人力资源开发进行研究,这些研究对于民族地区人力资源开发、实现民族地区经济发展与全面建设小康社会具有重要的指导意义和参考价值。目前,对我国民族地区人力资源开发的研究主要集中在民族地区人力资源开发的重要性,民族地区人力资源开发的现状、问题及其成因,民族地区人力资源开发的途径与对策等方面。

---

① 杨林,屠年松,常志有. 边疆少数民族地区人力资源开发的障碍分析 [J]. 学术探索,2007 (2):131-134.

② 冯学军. 广西少数民族地区人力资源开发的现状与对策 [J]. 广西社会科学,2001 (6):55-56.

③ 李达业. 论西部民族地区人力资源开发 [J]. 青海社会科学,2004 (5):60-62.

第一节 人力资源开发的一般理论

一、人力资源与人力资源开发的内涵

1. 人力资源的内涵

张泽梅指出，"资源"是一个经济学术语，泛指社会财富的源泉，是指能给人们带来新的使用价值和价值的客观存在物。世界上有四种资源：人力资源、自然资源、资本资源、信息资源。人力资源不同于自然资源、物质资源等一般被动的生产要素，它是各种生产要素中最积极、最活跃的能动要素，是经济增长的最重要的经济资源。人力资源也不同于人口资源，后者比较侧重考察人口量方面的资源，前者则强调质和量的统一。关于人力资源的含义，学术界尚存在不同的认识和看法。对于学术界的百家争鸣，笔者比较同意这样的说法，即人力资源既是一个宏观概念，又是一个经济范畴，它是指能够推动社会和经济发展的、具有智力和体力劳动能力的人们的总称，包括就业人口、失业人口、就学人口、家务劳动人口和军事人口；前两部分人口合计为经济活动人口，也即现实的社会劳动力；后三部分人口是潜在人力资源，虽具备劳动能力，但尚未成为社会劳动力。人力资源的核心在人力，最关键的要素是智力。它有别于以数量、生理、体力等为特征的劳动力资源。与自然资源相比，人力资源是最活跃、最积极、最有主动性的生产要素，是推动经济社会发展的第一资源。人力资源具有能动性、两重性、时效性、再生性、社会性等特征。人力资源具有数量和质量双重属性，数量是具有劳动能力的人口数量，质量则是经济活动人口具有的体质、文化知识和劳动技能水平。它是数量和质量的统一体，是一个国家或地区的劳动力素质的综合反映。人力资源开发的核心是提高人力资源质量。

2. 相关概念之间的联系与区别

人力资源是一个涵盖面很广的理论术语，它的提出开拓了经济学、社会学对人和劳动力研究的新领域。在人力资源开发研究中，人力资源、人口资源以及人力资本这几个概念既有联系又有区别，极易混淆，以下予以界定。

（1）人口资源是指一定时空范围内的有生命、有思想的活的个人的总称，不仅包括具有现实的和潜在的劳动能力的人口在内，也包括了根本不具有或

已经丧失了劳动能力的纯粹的消费人口，如没有劳动能力的小孩、丧失劳动能力的残疾人和老年人，它体现的是地区的人口数量或人口规模，是一个最基本的概念，犹如金字塔的底层。人口资源是这几个概念中范围最大的，它要比劳动力资源、人力资源和人才资源的范围都大，劳动力资源、人力资源以及人才资源都是建立在这个基础之上的。

（2）劳动力资源则指一个国家或地区具有劳动能力并在劳动年龄范围内的人口总和，也就是人力资源中扣除将来的劳动者和已退出劳动力大军的人口，是特殊年龄界限内的人力资源，这部分人口直接推动着现实社会经济的发展。从数量的角度说，劳动力资源小于平时所说的人力资源的数量，人力资源还包括虽已离退休但仍从事工作的劳动者，并且是指具有较高素质的劳动者。因而，人力资源既突出数量，也突出质量，是质量和数量二者的统一。

（3）人力资本是指通过人力资源开发投资（包括正规学校教育、电视教育、职前训练、在职训练、农业技术推广、成人识字、基础技能短期培训、职业市场信息传播、职业研究及其营养卫生、人口流动等方面的投资）形成的，凝结于劳动者身上的生产知识技能和健康素质的存量，是人们作为经济主体创造财富和收入的生产能力。它作为一种资本形态，是投入到人身上的、用于提高其素质的各种费用的总称。由于人力资本和人力资源都是在研究人力作为生产要素在经济增长和经济发展的重要性时产生的，所以人们常将二者相提并论。但是，人力资本与人力资源还是有着根本的区别：第一，人力资本是通过对人力资源进行开发投资而形成的，可以带来财富增值的资本形式；人力资源是经过开发而形成的具有一定体力、智力和技能的人，只有经过人为的投资，并投入到经济生活中，其带来新的价值才能产生人力资本。第二，人力资本强调投资付出的代价及其收回，而人力资源强调的是人力资源的形成、开发、使用、配置和管理。第三，人力资源是人力资本的载体，人力资本是依附在人力资源上的体力、知识和技能。

（4）人才资源是指一定时空范围内的，经过专业教育培训的，具有特殊专长、较强管理能力和创造能力的，从事专业劳动的人口总和。它是人力资源的更高层次，强调人的质量方面，反映了一个国家或地区的人才质量和未来的发展前途，是最被重视和最为重要的财富。我国的现有状况就是人力资源和劳动力资源丰富，而人才资源缺乏。因为，人力资源和劳动资源要成为人才资源，必须具备一定的条件，而且要对其进行大量的教育和培训投资。此外，这也需要个人付出相当的努力。人才资源是最核心的部分，也是最精华的部分，它的范围要比人力资源和劳动力资源的范围要小。

从上述对人力资源所做的定义和对人力资源相关的几个概念的界定中，

人口资源、劳动力资源、人才资源和人力资源的概念及其相互关系已然明了。人口资源、劳动力资源、人才资源和人力资源四者的关系就范畴而言，人口资源是其他三者的基础，范围最大；其次是人力资源；再次是劳动力资源；人才资源范围最小，是"核心地带"。

总之，如果用一句话来概括这几个概念之间的不同，则是：人口资源和劳动力资源突出的是人口的数量和劳动者的数量，人力资本和人才资源侧重考虑的是人的质量，人力资源则是对人的数量和质量研究的统一。

二、人力资源开发理论的形成

1. 早期人力资源理论

对人力资源重要性的认识和研究，应该说在古典政治经济学家那里就已经有了。重农主义的代表人魁奈，可以说是最早研究人的素质的经济学家，他认为人是创造财富的第一因素。古典政治经济学鼻祖威廉·配第首先提出了"劳动创造价值"的观点。他有一句著名的格言："土地是财富之母，劳动是财富之父。"配第还看到了由于人的个体素质不同，人的劳动能力也不同；而人的劳动能力不同，则创造的价值也必然不同。对早期人力资源思想首次进行较为系统分析的是著名古典经济学家亚当·斯密。他发展了劳动创造价值的思想，并在其代表作《国富论》中谈了关于人力资本投资的一些观点。他认为劳动生产力的水平受制于人们在劳动中所表现出来的劳动技巧的熟练程度和判断能力的强弱，而技巧的熟练程度是需要经过教育培训才能获得的。教育培训又需要花费时间和付出学费。因而，人获得技巧与才能是可以得到补偿并获得利润的。他还明确地把在人的才能和教育上投入的费用视为资本。"学习一种才能，须进学校才能学到，所费不少。这样花费去的资本，好像已经实现并且固定在学习者身上。这些才能，对于他个人自然是财富的一部分，对于他所属的社会，也是财富的一部分。学习的时候固然要花费一笔费用，但这种费用可以得到补偿，赚取利润。"大卫·李嘉图进一步发展了劳动创造价值的理论，明确地提出劳动是创造价值以及价值增值的源泉，并比较细致地分析了人们的简单劳动和复杂劳动的差别。除此之外，法国经济学家萨伊认为对受过教育和培训的人所支付的工资，不仅包括劳动的一般工资，而且还包括培训时所垫付的资本利息，因为教育也是资本。古典政治经济学家的集大成者、英国著名的经济学家阿尔弗雷德·马歇尔在经济理论中正式提出人的能力因素，他在综合西方经济学时注意到经济增长与劳动力素质的关系，对这方面问题做了较多的论述。他认为知识和组织是最有力的生产力，是资本的重要组成部分，知识和组织的重要性日益增大，应该把它们作为一个独立的生产要素看待。

以上这些古典经济学家的观点，形成了早期的人力资源思想，从而为20世纪人力资源理论的产生和发展奠定了思想基础。但是，需要指出的是，直到20世纪中叶，经典的、正统的西方经济学并没有内在地把人力资源看作一种资本。这是因为在劳动力、土地、资本这三项基本要素中，他们把劳动力这个生产要素看作是"非资本"的，看作是不包含知识和技能的自然形态的劳动力，是简单的劳动人口数量的总和。

2. 马克思的人力资源思想

马克思继承和发展了古典政治经济学关于劳动创造价值的理论，创建了马克思主义政治经济学说，从马克思政治经济学的研究对象——资本主义生产方式及与它相适应的生产关系和交换关系上讲，人及其劳动是马克思主义政治经济学说的核心，它从哲学的高度阐明了人是劳动的主体，自然资源是劳动的客体，资本资源是联结主体与客体的媒介。关于人力资源虽然马克思没有专门研究和论述，但是他的许多理论观点却对研究人力资源具有指导意义。这些理论观点主要有包括以下几个方面的内容。

（1）劳动价值理论。

马克思在劳动价值论中，对人力资源在经济活动中的决定作用做了充分的肯定。马克思最早提出和研究了生产过程中人的主导地位与作用的问题，即人的劳动不同于其他任何形式的生产要素，劳动是创造社会财富的主要源泉。他认为，商品都具有价值和使用价值，人类的具体劳动产生商品的使用价值，抽象劳动则形成商品的价值，这是因为人的劳动是最能动的要素，它能够使用物质资料，改造客观对象，满足人的需要。在此基础上，马克思又进一步提出，近代社会中表现出来的资本资源、自然资源高于人力资源，自然资源高于人力资源，甚至奴役、控制人本身的现象，是一种异化，是对经济生活中主、客体关系的扭曲和颠倒。

（2）劳动者具有不同的素质。

马克思论述了复杂劳动比简单劳动可以创造更多的社会财富，其中特别提出了简单劳动和复杂劳动的区别，"比较复杂的劳动只是自乘的或不如说多倍的简单劳动，因此少量的复杂劳动等于多量的简单劳动"。马克思认为，复杂劳动之所以可以创造更多的社会财富，或者说能够创造更多的价值，主要是由于复杂劳动的能力是通过教育和培训而获得的。复杂劳动"是这样一种劳动力的表现,这种劳动力比普通劳动力需要较高的教育费用,它的生产要花费较多的劳动时间,因而它具有较高的价值"。在此基础上,马克思把科学和教育看作生产力,因为科学技术和教育可以提高人的智力和技巧。

(3) 劳动力的价值构成理论。

马克思认为,劳动力的价值就是生产和再生产劳动力所耗费的生活资料的价值,其中包括劳动者恢复体力和智力所必需的生活资料的价值。因而,教育培训是提高劳动者劳动能力的基本途径,而要进行教育与培训,就必然要有人力和物力的耗费,这种耗费又是构成劳动力价值的重要组成部分。正如马克思所论述的:"要改变一般人的本性,使他获得一定劳动部门的技能和技巧,成为发达的和专门的劳动力,就要有一定的教育和训练,而这就要花费或多或少的商品等价物。"他又指出:"劳动力的教育费用随着劳动力性质的复杂程度而不同。"

(4) 人口素质有逐步提高的趋势。

马克思认为应将人的素质与数量结合起来。Pm 是生产资料,A 是劳动力。Pm/A 是生产力的技术构成,是在质的基础上的量的比例,因而量的变化是和质的变化结合在一起的。当然,劳动者的量大质低,就出现劳动力密集型产业,即 Pm/A 中的分母额大。机器大工业的兴起,Pm 与 A 的素质提高,生产力的发展,要求 MP 的量比并入 Pm 的 A 相对增长,Pm/A 中分子份额大,形成生产资料密集型产业。随着新的技术革命,分子、分母的技术含量有突变,形成技术密集型产业,社会生产力有突变性大发展;这时社会所需人口的数量将进一步缩小,所需人口的素质则要大大提高。这为我们在社会生产力大发展的前提下,进行人力资源开发提供了理论基础。

3. 现代人力资源开发理论的形成与发展

第二次世界大战后,特别是 20 世纪 50 年代以后,社会生产力、科学技术以空前的速度向前发展,人力资源的作用特点越来越明显,它对一国经济增长的贡献也越来越大。而且随着社会生产条件以及社会综合因素的深刻变化,人力资源在社会生活中的地位也产生了质变。与此同时,战后西方经济理论研究领域也大为拓展,研究方法产生了飞跃,经济发展理论、经济总量理论、经济运行理论逐步成熟,使人们对诸如总投资、总收入、总储蓄、总消费之类的总量关系以及它们之间的内在联系的探讨日益深入。总量分析揭示了由于人力资源质量的差异,造成不同国家的等量物质资本投入带来差别迥异的产出,在对诸如此类经济现象的分析中产生了人力资本理论。人力资本问题的研究使西方许多学者真正意识到,教育在社会与经济发展中的重要地位。他们从发达国家的经济增长过程中物质投入与教育的关系、教育对经济增长的作用，以及教育水平的提高对社会和个人收益的关系的研究中发现，教育的投入不是简单的成本花费，而是可以带来利润的资本投入。最早提出教育培训生产率效应的是韦尔奇，他发现，如果农民受教育程度提高了，他对新技术的反应就会更敏感，同时也会由于及时地采用新技术而获得更高的收入。1958年，出生在波兰的美国经济学家明塞尔（Jacob Mincer）在1958年发表了题为《人力资本投资和个人收入分配》的论文，其后又发表了题为《在职培训、成本、收益与某些含义》的文章。他着重用数学方法来说明劳动者接受教育及工作，认为教育是人力资本的形式之一。人力资本作为一种资本，它会在将来带来收入，是今后收益的源泉。因此，教育就是人力资本的投资。他在人力资本形式、教育、培训和其他人力资本投资过程的研究方面取得的成果，具有开拓意义。威廉·阿瑟·刘易斯在一系列研究人力资本的著作和论文中，较为全面地论述了人力资本投资、劳动者投资与经济增长的关系、教育的作用、人才有效配置、人力资源迁移、劳动者的健康等问题，对西方人力资本理论做出了重大的贡献，并由此获得1979年的诺贝尔经济学奖，其主要著作有《人力资本投资》《教育的经济价值》等。美国经济学家西奥多·舒尔茨认为，人力资本与物质资本是资本的两种形式。人力能够带来经济增长，但也要有相应的资本投资。对人力进行投资，就形成了人的知识和技能，正是这种人的知识和技能，才产生了促进经济增长的重要力量，从而形成了人力资本。而未经投资的人力资源，不能形成人力资本。美国经济学家丹尼森1962年发表《美国经济增长的因素和我们的选择》，美国著名经济学家贝克尔的有关人力资本的主要著作《生育率的经济分析》《人力资本》《家庭论》等论著，都翔实地论证了人力资本投资可比物质资本投资带来更大的经济效应。

人力资源理论兴起于20世纪60年代，是同舒尔茨、贝克尔、丹尼森等人创建的人力资本理论同步发展起来的。美国经济学家舒尔茨和贝克尔被认为是现代人力资源理论的创始人。人力资源理论从诞生开始，其重要性就得到了世界许多国家政府和学者们的关注。继20世纪50年代后期舒尔茨等人的开拓性研究之后，经济理论界对人力资源和人力资本理论进行了深入的研究，改变了以前忽视人力资本的思想，将人力资源置于生产诸要素的首要位置。正如英国经济学家哈比森1973年在《作为财富的人力资源》一书中所说的那样："人力资源是国民财富的最终基础。资本和自然资源是被动的生产因素。人是积累资本、开发自然资源、建立社会经济和政治组织并推动国家向前发展的主动力量。显而易见，一个国家如果不能发展人民的技能和知识，就不能发展任何别的东西。"随着人力资本理论的建立,人们对人力的认识不断深化,认为人力是一种生产性资源,是一种资本,具有开发价值;对人力进行投资,就形成了拥有知识和技能的高级人才,这就要求对人力资源进行有效的开发,这就使社会普遍重视人力资源开发。人力资本理论的提出,也标志着由人力资源开发管理阶段转变为人力资本开发管理阶段,即从人力资源外在要素的数量开发,转移到注意人力资源的内在要素的质量开发管理,把开发的重点由量的配置转变为质的提高。随着对人力资源开发研究的深入,它的内容越来越丰富,涉及的方面也越来越多,逐步形成了一个学科体系。①

第二节 民族地区人力资源开发的重要性

有关民族地区人力资源开发的重要性的研究,学者、研究人员从民族地区经济发展、西部大开发战略、共同富裕、全面建设小康社会、民族关系等角度进行了论述。

一、从民族地区经济发展角度认识民族地区人力资源开发的重要性

徐桐柱认为,开发民族地区的人力资源,是促进民族地区经济和社会发展的关键。②冉春桃指出,加强人力资源开发有利于推动民族地区对教育的投入,促进民族地区社会经济的快速发展,有利于提高民族地区劳动者的劳动技能及素质。③李兴江、李泉④和冯学军⑤指出,少数民族地区人力资源开发是促进少数民族地区经济发展的根本途径。人力资源开发是少数民族地区将潜在资源优势转化为现实经济优势的关键,是全面振兴民族经济的重要保障,是提高少数民族地区收入水平的重要措施,是推动少数民族地区社会进步的

---

① 张泽梅. 渝东南民族地区人力资源开发研究 [D]. 重庆:重庆师范大学,2005.
② 徐桐柱. 关于民族地区人力资源开发问题的探讨 [J]. 湖北民族学院学报(哲学社会科学版),2000,20(3):29-32.
③ 冉春桃. 论民族地区人力资源开发 [J]. 中南民族学院学报(人文社会科学版),2000(2).
④ 李兴江,李泉. 甘肃少数民族地区人力资源开发的特殊性及对策研究 [J]. 甘肃广播电视大学学报,2001,11(1):8-11.
⑤ 冯学军. 广西少数民族地区人力资源开发的现状与对策 [J]. 广西社会科学,2001(6):55-56.

必然要求。朱华清认为，要加快民族地区经济建设的步伐，必须大力进行人力资源的整体开发，充分发挥人力资源开发在经济社会发展中的基础性、战略性、决定性作用。① 李忠斌认为，民族地区经济要实现快速、健康和持续发展，在增加物质资本投入的同时，要下更大的力气开发人力资源，积累足够支撑民族地区经济发展的人力资本。② 李霞林指出，民族地区人力资源开发是促进民族地区经济发展的决定因素。提高人力资源素质是全面建设小康社会的根本目标之一。人力资源开发是西部民族地区实现新型工业化和农业产业化的需要，是西部民族地区经济可持续发展的需要。③ 杨林等指出，人力资源开发是转变经济增长方式的重要途径之一，并日益为当今世界各国所普遍重视，它在一定意义上决定了一个地区经济发展的速度和后劲。对于经济欠发达的西部少数民族地区而言，为缩小与其他发达地区的差距，更应充分发挥人力资源在其经济发展中的作用。④ 朱立国、党赟认为，人力资源是社会发展的第一资源，对于西北民族地区的发展更是意义重大。人才的流失成为西北地区发展的重要瓶颈。为此，政府和企业应该从完善劳动力市场、社会保障制度、用人机制等方面做出努力。⑤

二、从西部大开发战略角度认识民族地区人力资源开发的重要性

郑长德指出，在实施西部大开发战略中，强化西部民族地区的人力投资，重点加强西部民族地区的教育和卫生保健等社会服务，实现人力资源开发，是西部民族地区摆脱贫困、走向繁荣的一个重要战略选择。⑥ 马玉香指出，人

---

① 朱华清. 加快贵州民族地区的人力资源开发 [J]. 贵州民族研究，2004，24（3）：191-194.

② 李忠斌. 论民族教育投资与民族地区人力资源深度开发 [J]. 黑龙江民族丛刊（双月刊），2006（4）：113-121.

③ 李霞林. 西部民族地区人力资源开发与全面建设小康社会 [J]. 贵州民族研究，2007，27（4）：43-47.

④ 杨林，武友德，骆华松，常志有，薛勇军. 西部少数民族地区人力资源评价及开发研究 [J]. 经济研究，2009（10）：36-47.

⑤ 朱立国，党赟. 对西北民族地区人力资源流失的思考 [J]. 经济研究导刊，2011（7）：140-141.

⑥ 郑长德. 论西部民族地区人力资源的开发与人力资本的形成 [J]. 人口与经济，2001（3）：57-63.

力资源开发是少数民族地区实施大开发和现代化的关键。① 张志新强调"民族地区人力资源开发直接关系到西部大开发战略的成败。"② 宋仕平认为,人力资源开发在推进西部民族地区政治、经济、文化发展的历史进程中,具有极其重要的战略意义。人力资源开发是西部民族地区社会可持续发展的内在要求,是西部民族地区经济快速发展的根本途径,可以为西部民族地区的市场经济体制的完善提供人才保障。③ 秦昌宏认为在实施西部大开发战略中,强化湖北少数民族地区的人力投资,重点加强少数民族地区的教育改革和制度改革,实现人力资源开发,是该地区摆脱贫困、走向繁荣的一个重要战略选择。构建适合少数民族地区人力资源开发的制度,对提升民族地区经济自身的发展能力,缩小湖北东西部差距,促进湖北区域的平衡发展,实现中部崛起、西部大开发战略的顺利实施和国家经济的稳定发展,都具有十分重要的理论意义和实践价值。④

三、从共同富裕、全面建设小康社会角度认识民族地区人力资源开发的重要性

李鸿霞、刘海斌认为,开发少数民族人力资源、实现各民族共同富裕、促进少数民族地区的发展,是青海少数民族经济发展的主要任务之一,也是西部开发振兴青海的重要举措。⑤ 刘建文、叶红认为,人是边疆民族地区最宝贵、最丰富的资源,强化人力资源开发是边疆民族地区人力资源开发的战略选择。边疆民族地区只有重视教育,现代化和全面建设小康社会才有可靠的保障。从人入手,重视人力资源的开发,普遍而大幅度地提高边疆民族地区各民族劳动者的素质,是边疆民族地区发展与现代化的关键和保证。⑥ 岑雪婷

---

① 马玉香. 试析民族地区人力资源开发的现状及对策 [J]. 西北民族大学学报(哲学社会科学版),2003(5): 66 – 68.

② 张志新. 试论民族地区人力资源开发 [J]. 贵州社会科学,2004(4): 39 – 40.

③ 宋仕平. 困境与抉择:西部民族地区的人力资源开发 [J]. 青海师范大学民族师范学院学报,2004,15(2): 1 – 5.

④ 秦昌宏. 论民族地区人力资源开发研究——以湖北少数民族地区为例 [J]. 湖北社会科学,2011(4): 75 – 77.

⑤ 李鸿霞,刘海斌. 青海少数民族人力资源开发对策研究 [J]. 青海社会科学,2006(6): 56 – 59.

⑥ 刘建文,叶红. 边疆民族地区的人力资源开发问题探究 [J]. 中共云南省委党校学报,2008,9(6): 57 – 61.

认为，人力资源开发是民族地区脱贫致富的根本途径，是实现产业结构调整的要求，是民族地区将资源优势转化为经济优势的关键所在，是西部民族地区可持续发展的内在要求。① 阿迪力·买买提、买买提明·艾合买提认为，人力资源特别是民族地区人力资源开发问题，对一个国家或地区社会经济发展的重要影响日益显著。就我国而言，民族地区经济发展落后，在很大程度上并不是因为资源的贫乏，而是因为开发这些资源的技术水平太低。所以，就民族地区而言，在人力资源开发和利用上有所突破和提升是促进民族经济发展的关键因素。②

四、从民族关系角度认识民族地区人力资源开发的重要性

滕新才、王孔敬指出：各少数民族和民族地区人力资源的开发政策关系到我国的民族平等、民族团结能否真正落到实处，关系到我国民族地区的社会主义现代化建设进程、党的科学发展观在民族地区的实施以及和谐社会能否真正实现等战略决策。随着我国社会结构逐渐转型，民族地区的人力资源开发政策必须做出新的调整和完善，真正实现民族地区人力资源开发的可持续发展。③

综上所述，民族地区人力资源开发对于民族地区经济发展、实现西部大开发战略、共同富裕、全面建设小康社会及正确处理民族关系具有重要的战略意义。全面认识民族地区人力资源开发的重要性，是我国加快发展民族经济、全面建设小康社会的重要前提。

---

① 岑雪婷. 民族地区人力资源开发刍议 [J]. 北方经济，2009 (4)：14 – 15.
② 阿迪力·买买提，买买提明·艾合买提. 民族地区农村人力资源开发对区域社会经济发展的作用——以新疆为例 [J]. 学术论坛，2010 (11)：134 – 138.
③ 滕新才，王孔敬. 民族地区人力资源开发政策研究 [J]. 云南民族大学学报（哲学社会科学版），2008，25 (5)：79 – 82.

第三节 民族地区人力资源开发的现状、问题及其成因

一、民族地区人力资源开发的现状

徐桐柱指出，新中国成立以来，民族地区在人力资源的开发方面虽已取得了很大成就，但由于种种原因仍然存在许多矛盾，隐含一系列危机，不适应新形势发展的要求，主要表现在以下几方面：传统的文化环境不利于人才的脱颖而出，人力资源结构不合理，人力资源素质不高，文化层次结构不合理。[1]

部分国内学者从不同的民族地区来研究人力资源开发的现状。李志刚、刘传玉[2]和李盛刚[3]分析了甘肃省河西民族地区人力资源开发的现状。研究表明，甘肃省民族地区劳动力资源数量丰富，存量增长快，人力资源存量的增长速度较快，但真正高质量的人口却严重不足。甘肃省民族地区人力资源开发与管理中也存在着一些不足，主要体现在：人力资源的行业配置、城乡配置和所有制分布不合理，贫困人口比重高，人力资源的文化素质低，人力资源的开发环境不佳，人才流失严重。李雁玲分析了贵州民族地区人力资源现状，指出少数民族地区人力资源没有得到充分开发和利用，人力资源浪费现象十分严重，人力资源结构不合理，文化素质有待提高。[4] 廖元昌以云南省德宏傣族景颇族自治州为例，分析了边疆少数民族地区人力资本的现状，指出边疆少数民族人力资本存量短缺具体表现为：整体受教育程度低，文盲比率偏高；少数民族劳动力从事职业以低水平、复杂性劳动为主；少数民族适龄人口入学率低、辍学现象严重；接受普通高中阶段教育的人口比例少，质量

---

[1] 徐桐柱. 关于民族地区人力资源开发问题的探讨 [J]. 湖北民族学院学报（哲学社会科学版），2000，20 (3)：29-32.

[2] 李志刚，刘传玉. 甘肃省河西民族地区人力资源开发研究 [J]. 西北民族大学学报（哲学社会科学版），2004 (1)：75-79.

[3] 李盛刚. 甘肃民族地区人力资源开发现状及对策 [J]. 兰州大学学报（社会科学版），2005，33 (4)：122-125.

[4] 李雁玲. 贵州民族地区人力资源现状及对策 [J]. 贵州工业大学学报（社会科学版），2007，9 (1)：70-73.

型人力资本存量提高困难；国家机关、国有事业单位从业人员中少数民族所占比重偏低。① 秦昌宏指出，目前湖北少数民族地区人力资源绝对量大，但相对量很小，人才资源总量不足，面临着整体素质不高和高端人才流失的现象，人才的结构与分布不够合理，高层次、高技能、复合型的创业人才紧缺。②

袁泽民、李兴刚探讨了我国民族地区的人力资源现状。他们研究指出，民族地区人力资源的总体特点为人力资源数量多、资源丰富，但是由于受到历史、交通、经济等因素的影响，民族地区的人力资源表现出质量差、分布不均等特点。西部民族地区不仅人口文化素质低，而且人力资本存量增长缓慢。③

赵曼分析了西部少数民族地区人力资源现状。在我国西部的12个省、自治区、直辖市中，5个是自治区，3个是按自治区对待的多民族省份。现在西部90%以上的面积是民族自治地方，20%左右的人口是少数民族，占全国少数民族人口的80%。据第五次全国人口普查统计数据，我国少数民族人口为10 643万人，占总人口的8.41%，同1990年第四次全国人口普查相比，少数民族人口增加1 523万人，增长了16.7%。但是，由于受到历史、交通、经济等因素的影响，民族地区的人力资源表现出质量差、分布不均等特点。④

王鉴、张海通过《中国统计年鉴》《中国民族统计年鉴》《中国人口和就业统计年鉴》等数据分析了民族地区的人力资源状况。他们研究发现，民族地区的人力资源数量相对较少，质量提升较快但与全国平均水平还有一定差距；人力资源开发环境有待改善，人力资源情况的地区差异较大。结合民族地区人力资源现状的特点。他们认为，提高人力资源质量是民族地区人力资源开发的主要途径，而优先发展民族教育是提高民族地区人口质量的主要途径。⑤

---

① 廖元昌. 边疆少数民族人力资本存量短缺问题研究——以云南省德宏傣族景颇族自治州为例 [J]. 思想战线，2007，33（5）：96－101.

② 秦昌宏. 论民族地区人力资源开发研究——以湖北少数民族地区为例 [J]. 湖北社会科学，2011（4）：75－77.

③ 袁泽民，李兴刚. 对阻碍西部民族地区人力资源开发的因素分析 [J]. 商场现代化，2008（3）：285－287.

④ 赵曼. 西部少数民族地区人力资源开发的困境探析 [J]. 科技信息，2010（22）：471－472.

⑤ 王鉴，张海. 我国少数民族地区人力资源现状及开发研究 [J]. 西北师大学报，2010（6）：51－57.

二、民族地区人力资源开发中存在的问题

郑长德指出，西部民族地区与发达地区相比，人口增长快，人力资本存量低，结构不合理，文盲、半文盲比例高，且高素质的人才仍在不断流出，使西部民族地区在人口负担不断加大的同时，与发达地区之间的知识差距继续拉大。①

宋仕平指出，西部民族地区人力资源开发困境重重，主要问题表现在以下几个方面：人口文化素质偏低，人力资源存量增长缓慢；人力资源结构配置不尽合理，部门、行业间的人才流动及人力资源配置机制滞后；教育经费投入不足，人力资源开发主体过于单一；人力资源开发水平较低，开发能力有限。②

杨鸿等指出，我国边疆少数民族地区人力资源存在供需矛盾突出的问题，表现为数量和质量不能满足经济社会的持续发展，且地域之间供需不平衡。③

王志勇、李忠斌依据第五次全国人口普查数据，从总量、质量及结构的角度分析了毛南族人力资源的现状，重点从教育、医疗和就业的角度分析了毛南族人力资源开发的典型个案，在此基础上指出毛南族人力资源开发利用过程中存在的主要问题。④

刘建文、叶红指出，边疆民族地区人力资源开发中面临五大问题：人力资源开发难度大，成本高，人才使用效益不高；开发力度不够，开发能力弱；开发和使用机制不良；市场配置功能不健全；政府的宏观调控能力有待提高。⑤

杨应旭分析了贵州少数民族地区人力资源开发中存在的一些问题，主要包括：思想观念比较传统，现代化观念较为缺乏；教育科技投入不足、发展

---

① 郑长德. 论西部民族地区人力资源的开发与人力资本的形成 [J]. 人口与经济, 2001 (3): 57-63.

② 宋仕平. 困境与抉择：西部民族地区的人力资源开发 [J]. 青海师范大学民族师范学院学报, 2004, 15 (2): 1-5.

③ 杨鸿, 盛祖淳, 杨林, 武友德. 边疆少数民族地区人力资源供需矛盾及对策分析 [J]. 云南师范大学学报 (哲学社会科学版), 2007, 39 (2): 30-35.

④ 王志勇, 李忠斌. 人口较少民族地区人力资源开发调查报告 [J]. 黑龙江民族丛刊 (双月刊), 2007 (4): 169-175.

⑤ 刘建文, 叶红. 边疆民族地区的人力资源开发问题探究 [J]. 中共云南省委党校学报, 2008, 9 (6): 57-61.

滞后，人力资源开发难度明显；基础设施建设滞后，自然环境制约明显；经济社会发展滞后，人力资源开发财力有限；"三大差距"客观存在，人力资源开发难度不小；管理思想落后，部门配合不力。①

赵曼分析了西部少数民族地区人力资源开发的困境，主要包括：人口文化素质偏低，人力资本存量增长缓慢；人力资源结构配置不合理，人才闲置现象明显；教育相对投入不足，人力资源开发处在潜在停滞状态；人力资源开发水平较低，开发能力有限。②

朱立国、党赟认为，西北民族地区人力资源流动存在的问题主要包括：劳动力市场存在诸多制度性弊端，社会保障制度也存在诸多不足，政府在人力资源流动管理方面职能方面存在缺失。③

三、民族地区人力资源开发中存在问题的成因

李志刚、刘传玉指出，甘肃省河西民族地区人力资源开发困难的原因在于：偏僻的地理区位和相对恶劣的自然条件、特殊的文化信仰和传统的生活方式、思想观念保守落后、医疗卫生条件差、贫困面大及人力资源缺乏自我投资等。④ 李彦福指出，少数民族人力资源开发的主要困难在于观念的转变。⑤ 梅端智、张和平分析了影响青海少数民族地区人力资源开发的地理、经济、政策等环境因素。⑥ 廖元昌认为，少数民族人力资本存量短缺的现实和根本的原因是基础教育的缺失，少数民族人口文盲率高、入学率低、辍学现象严重是基本的表现，而造成基础教育缺失的原因很难用一种因素解释，而是多种因素相互交织、共同作用的结果。这些因素纠织在一起，使少数民族地

---

① 杨应旭．贵州少数民族地区人力资源开发研究 [J]．西北人口，2008，29（1）：103 – 107．

② 赵曼．西部少数民族地区人力资源开发的困境探析 [J]．科技信息，2010（22）：471 – 472．

③ 朱立国，党赟．对西北民族地区人力资源流失的思考 [J]．经济研究导刊，2011（7）：140 – 141．

④ 李志刚，刘传玉．甘肃省河西民族地区人力资源开发研究 [J]．西北民族大学学报（哲学社会科学版），2004（1）：75 – 79．

⑤ 李彦福．构建社会化教育体系，开发少数民族人力资源 [J]．广西右江民族师专学报，2004，17（2）：98 – 101．

⑥ 梅端智，张和平．青海少数民族地区人力资源开发环境与对策分析 [J]．青海社会科学，2005（4）：42 – 46．

区教育陷入困境。① 杨林等分析认为，边疆少数民族地区人力资源开发存在制度、经济、文化等障碍。② 袁泽民、李兴刚认为，阻碍西部民族地区人力资源开发的两个最主要的因素是：第一，民族地区教育相对投入不足，人力资源开发处在潜在停滞状态；第二，人才管理缺乏市场运作，人才流失现象严重。③

秦昌宏分析了湖北少数民族地区人力资源开发过程中的制度约束：高等教育薄弱，民族地区高等教育的定位较模糊，使教育难以为经济快速发展提供必需的人才；职业技术培训滞后，从目前各地、州在职培训举办主体体制来看，学校、企业和其他社会力量往往从各自利益出发办学，造成职业培训和继续教育的机构门类繁多，浪费大量资源，办学效率不能得到保证。④

李占魁探讨了制约西部民族地区女性人力资源开发的原因，包括表层原因和深层原因。其表层原因有：女性自身生理和心理的制约、自然环境和区位的劣势。其深层原因有：民族地区经济不发达，传统生产、生活方式依然制约女性人力资源的开发；民族教育落后，人力资源管理和使用的机制和体制不健全、不完善。⑤

以上对我国民族地区人力资源开发现状、问题及其成因的研究，深化了我们对我国民族地区人力资源开发的状况的认识和理解，为民族地区人力资源开发的决策提供了依据。

第四节 民族地区人力资源开发的途径与对策

关于民族地区人力资源开发的途径与对策的研究，学者、研究人员从不同的方面，针对各民族地区的实际情况提出了一系列途径与对策。这些途径与对策主要集中在以下几个方面。

---

① 廖元昌. 边疆少数民族人力资本存量短缺问题研究——以云南省德宏傣族景颇族自治州为例 [J]. 思想战线，2007，33 (5)：96-101.

② 杨林，屠年松，常志有. 边疆少数民族地区人力资源开发的障碍分析 [J]. 学术探索，2007 (2)：131-134.

③ 袁泽民，李兴刚. 对阻碍西部民族地区人力资源开发的因素分析 [J]. 商场现代化，2008 (3)：285-287.

④ 秦昌宏. 论民族地区人力资源开发研究——以湖北少数民族地区为例 [J]. 湖北社会科学，2011 (4)：75-77.

⑤ 李占魁. 西部少数民族地区女性人力资源开发的突出问题及对策研究 [J]. 西北人口，2011 (1)：126-129.

一、教育方面的途径与对策

李彦福认为，少数民族人力资源开发的根本出路在于建立社会化大教育体系。少数民族成员必须"打开山门"，通过感知转变观念，形成社会化学习氛围；地方官员一定要树立教育是基础产业、先导产业和主导产业的新观念，下大力气办好教育；学校教育一定要从"抓精英教育"向"抓全民族教育"转变；政府一定要实施"三教"统筹，办教育要让老百姓真正得到实惠。① 廖元昌指出，要提高少数民族地区基础教育水平，大力发展边疆少数民族地区成人教育，弥补基础教育缺失造成的人力资本供给短缺，提高少数民族人力资本存量，大力发展职业技术教育。② 刘建文、叶红认为，教育是边疆民族地区人力资源开发的根本途径，必须改革教育体制，建立多渠道、多层次的人才培养体系，根据边疆民族地区社会经济发展的需要，加大人才引进的力度。③ 王鉴、张海提出，优先发展民族教育是提高民族地区人口质量的主要途径，一方面要加强不同地区民族教育的薄弱环节，构建均衡发展的民族教育体系；另一方面要重视开发少数民族人口的人力资源水平，提高少数民族人口的教育水平是提高民族地区的人力资源水平的关键。④ 朱立国、党赟认为，要加强基础教育，尤其是加强西部农村地区的基础教育；要调整教育投资结构，大力发展职业培训和职业教育，培养大量技术性人才。在高等教育领域也要注意体制的创新，主要是要调整学校的专业结构，使其更加符合西部开发对专业人才的需求。⑤

---

① 李彦福. 构建社会化教育体系，开发少数民族人力资源 [J]. 广西右江民族师专学报，2004，17（2）：98–101.

② 廖元昌. 边疆少数民族人力资本存量短缺问题研究——以云南省德宏傣族景颇族自治州为例 [J]. 思想战线，2007，33（5）：96–101.

③ 刘建文，叶红. 边疆民族地区的人力资源开发问题探究 [J]. 中共云南省委党校学报，2008，9（6）：57–61.

④ 王鉴，张海. 我国少数民族地区人力资源现状及开发研究 [J]. 西北师大学报，2010（6）：51–57.

⑤ 朱立国，党赟. 对西北民族地区人力资源流失的思考 [J]. 经济研究导刊，2011（7）：140–141.

二、思想观念方面的途径与对策

边疆民族地区的人力资源开发是一个系统工程,必须进一步解放思想、更新观念,以改革为动力,以市场为导向,以科学发展观为指导,全面革新边疆民族地区人力资源开发机制。宋仕平指出:进一步解放思想,转变观念,遵循市场规律和人才流动规律,实行"稳定、培养、引进并重"的人才培养与开发举措,采取多元化、系统化开发策略,是西部民族地区人力资源开发的正确抉择。① 李盛刚认为,要克服宗教因素、思想观念、环境束缚等因素对甘肃省民族地区人力资源开发的严重影响和制约,发展民族地区教育,引导民族地区群众进行人力资本投资。② 李霞林强调,以科学发展观为指导,促进西部民族地区人力资源开发,全面建设小康社会。具体而言要做到:第一,牢固树立科学的人才观;第二,努力提高卫生保健水平,改善和增强人力资源的素质;第三,调动各方的积极性,加大教育和科研投入;第四,建立和完善人力资源管理系统;第五,加强少数民族干部队伍建设。③ 仇毓文认为,必须树立科学发展观,才能实现教育和少数民族地区经济的可持续发展。在少数民族地区的可持续发展中确立教育的"超级产业"地位极为重要,抓好现有劳动力和劳动力后备资源的文化教育与职业培训,对少数民族地区十分重要。④ 谢妮认为,民族地区既有的主要开发途径——普通教育、职业教育和民族教育尚有很大的改进空间,需要对人们思维定式中的民族地区教育内涵进行更为深入的剖析,从而使教育真正发挥出开发民族人力资源的作用。⑤ 李占魁认为,当今社会女性要形成自我竞争和提高的观念机制。女性要自我更新陈旧观念,自尊、自信、自强、自立,克服不利于自我发展的心理障碍,

---

① 宋仕平. 困境与抉择:西部民族地区的人力资源开发 [J]. 青海师范大学民族师范学院学报,2004,15 (2):1-5.

② 李盛刚. 甘肃民族地区人力资源开发现状及对策 [J]. 兰州大学学报(社会科学版),2005,33 (4):122-125.

③ 李霞林. 西部民族地区人力资源开发与全面建设小康社会 [J]. 贵州民族研究,2007,27 (4):43-47.

④ 仇毓文. 青海民族地区人力资源开发与和谐社会可持续发展 [J]. 青海师范大学学报(哲学社会科学版),2009 (2):7-11.

⑤ 谢妮. 特色经济视野中的贵州民族地区人力资源开发研究 [J]. 职教论坛,2010 (10):51-54.

增强竞争意识，增大社会参与能力。① 尚衡、李文娟认为，西部民族地区人力资源的开发，其前提在于转变观念，使重视人才的观念得到普及，诸如"读书无用论"等观念在西部民族地区是大量存在的，一定要大力加快这种观念的转变。② 石翠红指出，民族地区的发展需要引进外来资源和新的观念理论，但外来观念只有在尊重民族性和地方性知识的基础上才能在当地生根发芽。很多人力资源的开发由于忽视民族地区的地域性，忽视民族地区特有的宗教、生活习惯、民俗风情，致使农牧民产生抵触情绪，开发难见成效。尊重民族地区人力资源的民族性和地方性，其根本还是要尊重民族文化。③

三、政府调控方面的途径与对策

徐桐柱强调，要强化政府调控职能，保证民族地区人力资源开发的持续发展；要强化政策开发、资金引导并优化工作环境；要建立公平竞争机制、人才合理流动机制及良好的服务体系，确保人力资源合理有序流动；加大教育投入，构建多元化的教育模式。④ 韩彦东认为，必须提高少数民族聚居区基础教育水平，坚决落实对贫困地区和少数民族地区基础教育实施倾斜政策的有关规定，改变少数民族地区教育经费的投入模式，提高教师数量和素质，确保教学水平的平稳提高。⑤ 李忠斌提出了政府要制定人力资源开发的长远规划，保障少数民族地区人力资源开发与经济增长的一致性；加大人才培养的投入力度；以产业发展重点为导向，合理调整人才资源结构；深化人事管理体制改革。⑥ 严再正、王志凌以贵州省为个案，探讨了西部民族地区人力资源开发问题。他们提出必须大力发展教育事业，培养高素质人才；制定有利于人才合理流动的机制；加强和改善卫生保健服务；重视限制人口数量、提高

---

① 李占魁. 西部少数民族地区女性人力资源开发的突出问题及对策研究 [J]. 西北人口，2011（1）：126 – 129.

② 尚衡，李文娟. 浅析西部民族地区人力资源现状及开发对策 [J]. 商品与质量，2011（7）：73.

③ 石翠红. 民族地区人力资源开发的现状及对策研究 [J]. 前沿，2011（1）：181 – 184.

④ 徐桐柱. 关于民族地区人力资源开发问题的探讨 [J]. 湖北民族学院学报（哲学社会科学版），2000，20（3）：29 – 32.

⑤ 韩彦东. 人口较少民族人力资本存量短缺的原因分析及对策 [J]. 黑龙江民族丛刊（双月刊），2005（5）：118 – 125.

⑥ 李忠斌. 论民族教育投资与民族地区人力资源深度开发 [J]. 黑龙江民族丛刊（双月刊），2006（4）：113 – 121.

人口质量、优化人口智能结构的政策,因地制宜地制订明确的人力资源开发计划。① 杨应旭提出,应加大政府部门之间的配合,完善和普及社会保障体系;培育和发展社会经济组织,提高人力资源的竞争能力;加快城市化进程,促进农民乡城流动。② 仇毓文认为,青海省政府需要深化教育改革,提高人口素质,调整产业结构和布局,加快城市化进程,促进全省经济均衡发展。城镇化不仅能有效提高人民的生活水平,改变人民的生活方式,开拓广大的农村市场,而且还能够利用城镇化条件下社会文化、信息、技术、产业等优势,提高人民的整体素质,促进地区经济结构调整和经济效益的提高,从而促使产业结构调整,并整合从业人员力量。③

四、市场、用人机制等方面的途径与对策

郭京福等研究了民族地区的人力资源开发与应用,强调:发展教育,实施知识战略,在充分发挥本地区现有人力资本的前提下,采取灵活的用人管理机制,以及虚拟经营的人力资源应用策略,提出改善软环境,建立技术人员新的分配、奖励工资制度,以产业项目吸引人、技术扩散等具体可行的人力资源应用对策。④ 李盛刚认为,应该培育人力资源市场,建立和完善人力资源市场机制,促进人力资源的市场优化配置,使人力资源在价值规律作用下自由流动;建立以市场为导向的人力资源开发管理体系。⑤ 李鸿霞、刘海斌强调,人力资源开发在少数民族地区应偏重向经济文化方面倾斜,实现人才差异化开发;要加快少数民族地区文教事业的发展,推进城镇化建设,提高人力资源后续能力;改善农牧区潜在少数民族人力资源生存与发展的生活和环境条件;有效利用教育资源,发展少数民族群众教育,提高其整体素质;树

---

① 严再正,王志凌. 西部民族地区人力资源开发的战略思考——以贵州省为个案[J]. 陕西省行政学院陕西省经济管理干部学院学报,2006,20 (2):14 – 17.

② 杨应旭. 贵州少数民族地区人力资源开发研究 [J]. 西北人口,2008,29 (1):103 – 107.

③ 仇毓文. 青海民族地区人力资源开发与和谐社会可持续发展 [J]. 青海师范大学学报(哲学社会科学版),2009 (2):7 – 11.

④ 郭京福,黎树斌,王晓华. 民族地区人力资源开发与应用对策研究 [J]. 贵州民族研究,2002 (2):40 – 44.

⑤ 李盛刚. 甘肃民族地区人力资源开发现状及对策 [J]. 兰州大学学报(社会科学版),2005,33 (4):122 – 125.

立"人本管理"的人力资源开发理念,建立终身开发的人力资源开发系统工程。[①] 梅端智、张和平指出:人力资源开发要遵循利益对称原理,只有兼顾国家利益、企业利益、家庭个人利益,才能加快西北少数民族地区人力资源开发,促进经济发展、社会进步和全面建设小康社会。[②] 杨鸿等提出,要继续实施计划生育政策,控制人口增长,加大教育投资力度,发展各类教育培训,挖掘和发展吸纳人力资源潜力大的产业和行业,发展特色经济,建立统一的人力资源市场,促进区域合作,改革城乡分割、区域封闭的多元户籍型人力资源管理体制。[③] 唐新平认为,必须建立科学合理的人才保障机制。第一,要提高认识,树立正确的人才观,形成尊重知识、尊重人才的社会环境;第二,要完善人才奖励制度,重奖各个领域贡献突出的优秀人才;第三,要实行多种分配形式,形成向重点岗位、优秀人才倾斜的分配激励机制;第四,要想方设法提高武陵民族地区工作人员的工资福利待遇;第五,要完善和改革现行职称评聘制度,为优秀人才脱颖而出创造条件;第六,要继续深化社会保障制度改革,完善失业保险、养老保险、医疗保险、住房分配等制度,为高层次人才和紧缺人才在民族地区安心工作创造良好的制度环境。[④] 方骥认为,在倡导"感情留人、事业留人"的前提下,制定一系列优惠政策和用人制度,积极为他们创造良好的工作环境和生活环境,尽可能为他们解决一些实际困难,调动他们工作的积极性和创造性,做到人尽其才、才尽其用;同时还要正确对待外来人才和本地人才,在人才的管理和使用方面要一视同仁。[⑤]

综上所述,民族地区人力资源开发应因地制宜,针对各民族地区具体的情况来进行决策,努力转变思想观念,切实抓好教育,加强政府调控职能,建立和完善人力资源市场机制及企业单位用人机制。

总体而言,目前我国对民族地区人力资源开发的研究存在以下两个方面的不足:一是缺乏定量研究,没有把民族地区人力资源开发与当地产业结构

[①] 李鸿霞,刘海斌. 青海少数民族人力资源开发对策研究 [J]. 青海社会科学,2006 (6): 56-59.

[②] 梅端智,张和平. 青海少数民族地区人力资源开发环境与对策分析 [J]. 青海社会科学,2005 (4): 42-46.

[③] 杨鸿,盛祖淳,杨林,武友德. 边疆少数民族地区人力资源供需矛盾及对策分析 [J]. 云南师范大学学报 (哲学社会科学版),2007,39 (2): 30-35.

[④] 唐新平. 民族地区特色经济发展与特色人力资源开发研究——以武陵民族地区为例 [J]. 职业时空,2009 (8): 57-59.

[⑤] 方骥. 试论西部民族地区人力资源开发 [J]. 传承,2010 (5): 80-81.

调整和全国产业转移结合起来；二是缺少微观的实证研究，比如对民族地区龙头企业在地区人力资源开发的带头、示范作用和成功的经验缺乏研究等。

本章参考文献：

　　［1］杨林，屠年松，常志有．边疆少数民族地区人力资源开发的障碍分析［J］．学术探索，2007（2）

　　［2］冯学军．广西少数民族地区人力资源开发的现状与对策［J］．广西社会科学，2001（6）．

　　［3］李达业．论西部民族地区人力资源开发［J］．青海社会科学，2004（5）．

　　［4］张泽梅．渝东南民族地区人力资源开发研究［D］．重庆：重庆师范大学，2005．

　　［5］徐桐柱．关于民族地区人力资源开发问题的探讨［J］．湖北民族学院学报（哲学社会科学版），2000，20（3）．

　　［6］杨林，武友德，骆华松，常志有，薛勇军．西部少数民族地区人力资源评价及开发研究［J］．经济研究，2009（10）．

　　［7］李兴江，李泉．甘肃少数民族地区人力资源开发的特殊性及对策研究［J］．甘肃广播电视大学学报，2001，11（1）．

　　［8］朱华清．加快贵州民族地区的人力资源开发［J］．贵州民族研究，2004，24（3）．

　　［9］李忠斌．论民族教育投资与民族地区人力资源深度开发［J］．黑龙江民族丛刊（双月刊），2006（4）．

　　［10］李霞林．西部民族地区人力资源开发与全面建设小康社会．贵州民族研究，2007，27（4）．

　　［11］冉春桃．论民族地区人力资源开发［J］．中南民族学院学报（人文社会科学版），2000（2）．

　　［12］朱立国，党赟．对西北民族地区人力资源流失的思考［J］．经济研究导刊，2011（7）．

　　［13］郑长德．论西部民族地区人力资源的开发与人力资本的形成［J］．人口与经济，2001（3）．

　　［14］马玉香．试析民族地区人力资源开发的现状及对策［J］．西北民族大学学报（哲学社会科学版），2003（5）．

　　［15］张志新．试论民族地区人力资源开发［J］．贵州社会科学，2004（4）．

　　［16］宋仕平．困境与抉择：西部民族地区的人力资源开发［J］．青海师范大学民族师范学院学报，2004，15（2）．

[17] 秦昌宏. 论民族地区人力资源开发研究——以湖北少数民族地区为例 [J]. 湖北社会科学, 2011 (4).

[18] 李鸿霞, 刘海斌. 青海少数民族人力资源开发对策研究 [J]. 青海社会科学, 2006 (6).

[19] 刘建文, 叶红. 边疆民族地区的人力资源开发问题探究 [J]. 中共云南省委党校学报, 2008, 9 (6).

[20] 岑雪婷. 民族地区人力资源开发刍议 [J]. 北方经济, 2009 (4).

[21] 阿迪力·买买提, 买买提明·艾合买提. 民族地区农村人力资源开发对区域社会经济发展的作用——以新疆为例 [J]. 学术论坛, 2010 (11).

[22] 滕新才, 王孔敬. 民族地区人力资源开发政策研究 [J]. 云南民族大学学报 (哲学社会科学版), 2008, 25 (5).

[23] 李志刚, 刘传玉. 甘肃省河西民族地区人力资源开发研究 [J]. 西北民族大学学报 (哲学社会科学版), 2004 (1).

[24] 李盛刚. 甘肃民族地区人力资源开发现状及对策 [J]. 兰州大学学报 (社会科学版), 2005, 33 (4).

[25] 李雁玲. 贵州民族地区人力资源现状及对策 [J]. 贵州工业大学学报 (社会科学版), 2007, 9 (1).

[26] 廖元昌. 边疆少数民族人力资本存量短缺问题研究——以云南省德宏傣族景颇族自治州为例 [J]. 思想战线, 2007, 33 (5).

[27] 袁泽民, 李兴刚. 对阻碍西部民族地区人力资源开发的因素分析 [J]. 商场现代化, 2008 (3).

[28] 赵曼. 西部少数民族地区人力资源开发的困境探析 [J]. 科技信息, 2010 (22).

[29] 王鉴, 张海. 我国少数民族地区人力资源现状及开发研究 [J]. 西北师大学报, 2010 (6).

[30] 杨鸿, 盛祖淳, 杨林, 武友德. 边疆少数民族地区人力资源供需矛盾及对策分析 [J]. 云南师范大学学报 (哲学社会科学版), 2007, 39 (2).

[31] 王志勇, 李忠斌. 人口较少民族地区人力资源开发调查报告 [J]. 黑龙江民族丛刊 (双月刊), 2007 (4).

[32] 杨应旭. 贵州少数民族地区人力资源开发研究 [J]. 西北人口, 2008, 29 (1).

[33] 李彦福. 构建社会化教育体系, 开发少数民族人力资源 [J]. 广西右江民族师专学报, 2004, 17 (2).

[34] 梅端智, 张和平. 青海少数民族地区人力资源开发环境与对策分析

[J]．青海社会科学，2005（4）．

　　[35] 李占魁．西部少数民族地区女性人力资源开发的突出问题及对策研究[J]．西北人口，2011（1）．

　　[36] 仇毓文．青海民族地区人力资源开发与和谐社会可持续发展[J]．青海师范大学，2009（2）．

　　[37] 谢妮．特色经济视野中的贵州民族地区人力资源开发研究[J]．职教论坛学报（哲学社会科学版），2010（10）．

　　[38] 尚衡，李文娟．浅析西部民族地区人力资源现状及开发对策[J]．商品与质量，2011（7）．

　　[39] 石翠红．民族地区人力资源开发的现状及对策研究[J]．前沿，2011（1）．

　　[40] 韩彦东．人口较少民族人力资本存量短缺的原因分析及对策[J]．黑龙江民族丛刊（双月刊），2005（5）．

　　[41] 严再正，王志凌．西部民族地区人力资源开发的战略思考——以贵州省为个案[J]．陕西省行政学院陕西省经济管理干部学院学报，2006，20（2）．

　　[42] 郭京福，黎树斌，王晓华．民族地区人力资源开发与应用对策研究[J]．贵州民族研究，2002（2）．

　　[43] 唐新平．民族地区特色经济发展与特色人力资源开发研究——以武陵民族地区为例[J]．人才培育，2009（8）．

　　[44] 方骥．试论西部民族地区人力资源开发[J]．传承，2010（5）．

　　[45] 朱宏伟．我国民族地区人力资源开发研究概述[J]．广东财经职业学院学报，2009（6）．

　　[46] 毛笑文．西部民族地区人力资源开发现状及对策研究[J]．西北民族研究，2004（1）．

　　[47] 房文双．西部民族地区人力资源开发探析[J]．内蒙古科技与经济，2008（22）．

　　[48] 王志军，刘红叶．西部民族地区人力资源开发问题研究[J]．西北民族大学学报（哲学社会科学版），2007（1）．

　　[49] 胡海军．浅论西部少数民族地区人力资源开发[J]．发展，2009（2）．

第九章 民族地区扶贫开发

第一节 关于贫困的一般论述

刘纯阳、蔡铨认为,自从人类进入文明社会以来,贫困问题就一直困扰着人们。贫困作为一种社会经济现象并不为某一个国家、地区或民族所独有,而是普遍发生在世界上所有国家、地区或民族之中。可见,贫困是具有世界性。但是,时至今日,学术界还找不到一个科学合理的、能为世界各国所接受的关于贫困的定义。其原因有两个:第一,虽然贫困具有世界性,但是具体到每一个国家、地区或民族,他们各自的贫困程度、贫困的表现特征、贫困的成因乃至对贫困的理解又各不相同;第二,人类发展的历史也是不断挑战并战胜贫困的历史,旧有的贫困现象消除了,新的贫困现象又将出现,因此关于贫困的定义是动态的、不断发展的,而不是静态的、一成不变的。研究贫困问题不能仅仅停留在静态分析或比较静态分析的层面,而应该逐步把动态经济学的分析方法引入其中。①

一、贫困的含义

国外贫困的概念是布思、朗特里(S. Rowntree)在经验研究的基础上提出的,到 20 世纪 50 年代蒂特马斯(R. M. Titmuss)、斯密斯(A. Smith)、汤森(P. Townsend)等学者对贫困的理解进行了扩展,但是后来仍既找不到关于贫困的确切定义也找不到贫困划分的明确标准。直到 1901 年,朗特里出版了一本贫困研究的专著《贫困:关于乡村生活的研究》(*Poverty: A study Of Townlife*),他在这本书中对贫困含义的阐述被认为是较早的贫困定义。他认为,如果一个家庭的总收入不足以维持家庭人口最基本的生存活动要求,那么这个家庭就基本上陷入了贫困之中;他还采用绝对消费的方法制定了英国

---

① 刘纯阳,蔡铨. 贫困含义的演进及贫困研究的层次论 [J]. 经济问题,2004 (10):5-6,80.

20世纪初的贫困线。尽管如此,经济学家们仍然认为,在20世纪60年代以前,关于贫困的理论研究还没有被作为一个特定的对象纳入经济学框架之中。舒尔茨在1965年发表的《贫困经济学》中指出,虽然经济学家们已经对经济稳定和经济增长做过了大量的分析研究,但是在经济学中却仍然缺乏带有理论色彩的贫困问题的专门研究,也没有提出任何为了解释有关贫困的重要经济问题的经济学假说。因为他们没有将关于贫困问题的理论纳入经济学的研究范畴。在美国,较早的贫困定义由奥尔辛斯基(Orshansky)在20世纪60年代给出并为美国官方统计机构所采纳,她将购买美国农业部食品计划所包含的食物费用的3倍设定为贫困线,如果某人所在家庭收入低于由此计算出来的具有相同特征家庭的贫困线,这个人就被认为是贫困者。此后,随着贫困研究日趋走热,关于贫困的定义也越来越多,影响比较大的主要有:①由梅尔通(Robert K. Merton)和尼斯贝特(Robert A. Nisbet)在20世纪60年代提出,后被广泛运用的绝对贫困和相对贫困概念。[①] 所谓绝对贫困,也称生存贫困,是指缺乏维持生存所必需的最低生活标准的能力,这些维持生存所需的基本条件包括食品、住房、衣着消费等;相对贫困则是指一个人或家庭的收入低于社会平均收入水平一定程度时的生活状况。[②] ②世界银行在《1990年世界发展报告》中对贫困的定义为:贫困是指缺少达到最低生活水准的能力。[③] 此外,世界银行提出按1985年价值人均每天1美元的绝对收入标准确定贫困线,是迄今为止进行贫困国际比较的最重要的尺度之一。③从20世纪80年代后期到90年代末,阿玛蒂亚·森(Amartya Sen)在他发表的一系列论文中阐述了能力贫困的概念,贫困是指对人类基本能力和权利的剥夺,而不仅仅是收入缺乏。[④] 在他看来,贫困的真正含义是指贫困人口创造收入的能力和机会的贫困。

温晓琼、周亚雄指出,对于贫困的含义我国学术界进行了长期深入的研究。贫困的含义经过了一个从狭义到广义不断扩散的过程。早期对贫困含义的研究将视野局限于物质生活,强调物质收入的绝对数量;而新近贫困含义的研究则把个人能力和社会公平也纳入其中,更倾向于运用相对指标来度量

---

① 蔡荣鑫. 国外贫困理论发展评述 [J]. 经济学家, 2000 (2): 85-90.
② 黄文平, 卢新波. 贫困问题的经济学解释 [J]. 上海经济研究, 2002 (8): 3-8.
③ 马俊贤. 农村贫困线的划分及扶贫对策研究 [J]. 统计研究, 2001 (6): 30-34.
④ 刘尧. 农村知识贫困与农村高等教育 [J]. 清华大学教育研究, 2002 (5): 51-56.

贫困。① 1989年，国家统计局农村经济社会调查总队（以下简称"农调总队"）定义，贫困是个人或家庭依靠劳动所得和其他合法收入不能维持其基本的生存需求。1994年，林闽钢指出，贫困是经济、社会、文化落后的总称，是由低收入造成的基本物质、基本服务相对缺乏或绝对缺少发展机会和手段的一种状况。1997年，曹洪民认为，贫困分为相对贫困和绝对贫困两种状态。所谓绝对贫困是指物质供给不能维持生存，或因生活状况处在生存临界点以下而被称为生存贫困。而相对贫困是指生存临界点以上的生活状况，是绝对贫困基本解决之后出现的一种贫困。同时它是一个动态的概念，其内涵随社会、经济、文化背景的变化而变化。陆小华指出，贫困是对人类一种生存状态的描述，是指满足特定人群生存所需的物质供给、技能保障、意识引导、与社会平均水平相比处在匮乏状态，甚至不足以维持基本生存。一般意义上，前者即能满足特定人群生存所需，但与社会平均水平相比处于匮乏状态，被称为相对贫困；后者即不足以维持基本生存，指绝对贫困。② 刘尧认为，阿玛蒂亚·森在他发表的一系列论文中阐述了能力贫困的概念：贫困是指对人类基本能力和权利的剥夺，而不仅仅是收入缺乏。在他看来，贫困的真正含义是指贫困人口创造收入的能力和机会的贫困。由此可见，关于贫困的含义的研究是动态的、不断发展的，而不是静态的、一成不变的。③

由此不难看出，贫困的定义走过了一个从狭义向广义不断扩展的过程。早期的贫困定义将视野局限于物质生活，强调物质和收入的绝对数量；而新近的贫困定义则把个人能力和社会公平也纳入其中，更倾向于运用相对指标来度量贫困。受此影响，波士顿大学的乌德亚·瓦格尔博士把贫困研究分为三个层次，即收入贫困（或消费贫困）层次、能力贫困层次和社会排斥层次。以下是经济学关于贫困含义的动态演进过程（如图9-1所示）。

---

① 温晓琼，周亚雄. 我国贫困研究的前沿问题综述 [J]. 甘肃农业，2005 (11)：57.

② 陆小华. 研究西部问题的核心——《西部对策》[J]. 领导决策信息，2000 (19)：32.

③ 刘尧. 农村知识贫困与农村高等教育 [J]. 清华大学教育研究，2002 (5)：51-56.

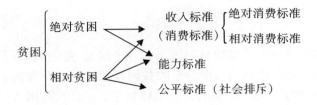

图 9-1 经济学关于贫困含义的动态演进过程

伴随着贫困研究的不断深入,学者们对贫困成因的分析也日渐成熟和完善。人们逐步认识到,虽然贫困的表现基本相同,但造成贫困的原因却各有不同。资源短缺固然是导致贫困的重要原因,但绝不是唯一原因。个人能力、人口数量、区位特点、经济结构、文化乃至制度等因素都已经进入了贫困研究者的视野。综合来看,对贫困成因的研究已经基本完成了从资源要素贫困观(沈红[1],李伟[2],李秉龙等[3])向贫困文化观(周怡[4])再向能力贫困观(黄文平、卢新波[5],刘尧[6])的转变。提倡加大人力资本投资,注重贫困人口的能力建设,已经成为当代反贫困研究的一大亮点,也为我国广大贫困地区制定卓有成效的、新的反贫困战略提供了新思路。

二、贫困测量方法与贫困标准的制定

国内一些学者评介了国外的贫困测量方法。如屈锡华、左齐详细地介绍过关于贫困的基础测量指标、标准化度量以及洛仑兹曲线与基尼系数。[7]

---

[1] 沈红. 中国贫困研究的社会学评述 [J]. 社会学研究,2000 (2):91-103.
[2] 李伟. 教育与健康水平对农户劳动失业率的影响:对中国农村贫困地区的一项研究 [J]. 市场与人口分析,2001 (5):45-53.
[3] 李秉龙. 中国农村贫困、公共财政与物品 [J]. 社会学研究,2002 (3).
[4] 周怡. 贫困研究:结构解释与文化解释的对垒 [J]. 社会学研究,2002 (3):49-63.
[5] 黄文平,卢新波. 贫困问题的经济学解释 [J]. 上海经济研究,2002 (8):3-8.
[6] 刘尧. 农村知识贫困与农村高等教育 [J]. 清华大学教育研究,2002 (5):51-56.
[7] 屈锡华,左齐. 贫困与反贫困——定义、度量与目标 [J]. 社会学研究,1997 (3):106-117.

1. 基础度量指标

（1）贫困发生率：贫困发生率是描述贫困现象的一个最基本的指标，是从贫困人口在其人口总体中所占比例的角度，反映贫困现象的社会存在的面或发生率。若用 H 表示贫困发生率，n 表示人口总体数量，q 表示贫困人口数，则：

$$H（贫困发生率）= q（贫困人口数）/n（人口总体数量） \quad ①$$

因为总体人口及其中的贫困人口均是不断变化的，故 H 又称为贫困人口调查指数，是调查时点数据（一般以年度为统计期）。

（2）贫困缺口（总差额）：贫困缺口侧重从经济收入差额的角度度量贫困的程度，或者说为了消除贫困，使得所有贫困者的经济收入都超越贫困线尚需要的社会财力。先给定贫困线 z（凡收入低于 z 者划入贫困人口行列），设 y_i 表示贫困者的经济收入（$y_i < z$，$i = 1, 2 \cdots, q$），G 表示贫困缺口，则 G 值越小，表示贫困缺口越小，反之亦然。

$$G = \sum_{i=1}^{q}(z - y_i) \quad ②$$

（3）贫困缺口率：由 G（贫困缺口）、q（贫困人口数）及 z（贫困线）可组成另一贫困度量指标 I，称为贫困缺口率，用公式表示为：

$$I = G/q \times z \quad ③$$

（4）贫困线指数：直接用贫困线（脱贫最低收入）同总体人均收入 y 相比较，其比值也反映一个人口社会的贫困问题，定义为贫困线指数，用 K 表示：

$$K = z/y \quad ④$$

（5）综合指数：如果将贫困发生率、贫困缺口率及贫困线指数组合起来，可得到另一个新的贫困指标量。研究者定义：

$$R = H \times I \times K \quad ⑤$$

上式中，R 为综合贫困指数。显然，若相对贫困人口越多，贫困缺口越大，贫困指数越高，则贫困问题越严重。这由贫困综合指数得以反映和度量。从经济活动的角度来看，贫困的核心问题是经济收入，综合指数则体现了这一内核。

2. 标准化度量

以上基础指标是统计绝对量或为绝对量的相对比值，简洁明了，计算方便，是度量贫困的基本指标量。但不同地区（国度）间的贫困问题都有显著的内在差别，即使在一些基础指标量相近或相同的情况下，其贫困的形态或程度都可能大相径庭。这是因为基础指标着重从整体角度给出计量而未考虑贫困人口的个体差异。因此，反映贫困结构差异的度量，还必须从贫困人口的收入分布着手，必须对每个贫困者的收入及缓减其贫困现状的问题加以考虑。另一方面，为了地区（国度）间的分析比较，还必须对指标量进行标准化。

（1）福利加权数（福利方程）：对于收入越低者，就应给予较多的福利补贴。从计量上讲，收入少，则贫困缺口大，需配以较大的福利加权数。按上假设，贫困者的经济收入 y_i（$i=1,2,\cdots,q$）是递增序列，因而贫困差额（缺口）G_i（$i=1,2,\cdots,q$）则是递减序列，按差额大就应配以较大权数的原则，则可考虑一个递减序列作为相对应的福利加权数。显然，最方便又最简单的递减序列就是自然数 1 至 q 的反序，即 q，$q-1$，$\cdots 2$，1。同时，q 为贫困人口数，在加权求和后以 q（及 n，z）为常量可以得到更贴切的贫困因素分解。

（2）琛氏贫困指数：琛氏贫困指数是对所有贫困人口在一个人口总体中的贫困缺口比（或收入缺口比）的福利加权。琛氏贫困指数有两种表达式：

$$P_{s1} = \sum_{i=1}^{q} I_i V_i \qquad ⑦$$

式中 I_i（$i=1,2,\cdots,q$）表示第 i 个贫困者的贫困缺口比，V_i（$i=1,2,\cdots,q$）为相应的加权因子。因此 P_{s1} 表示以贫困线为参照的贫困缺口比加权和。

$$P_{s2} = \sum J_i V_i \qquad ⑧$$

式中 J_i（$j=1,2,\cdots,q$）表示贫困者相对于总体人均收入的收入缺口比。所以 P_{s2} 实际表示以总体人均收入为参照的收入缺口比加权和。

P_{s1} 反映缓减贫困的基本福利需要（以贫困线为相对量），P_{s2} 反映贫困人口达到社会人均收入水平的相对负担。换句话说，琛氏贫困指数是从脱贫与达到社会人均水平两个目标考察贫困问题的相对程度，分别给出了一个较为合理的相对度量。

3. **洛伦兹曲线与基尼系数**

洛伦兹曲线是衡量收入不平等状况的又一常用手段。洛伦兹曲线研究的是国民收入在国民之间的分配问题。为了研究国民收入在国民之间的分配问题，美国统计学家洛伦兹（Max Otto Lorenz）提出了著名的洛伦兹曲线。画一个矩形，矩形的高为衡量社会财富的百分比，将之分为五等份，每一等份为20的社会财富。在矩形的长上，将100份的家庭从最贫者到最富者从左向右排列，也分为五等份，第一个等份代表收入最低的20份的家庭。在这个矩形中，将每100份的家庭所有拥有的财富百分比累计起来，并将相应的点画在图中所得到的曲线就是洛伦兹曲线（如图9-2所示）。

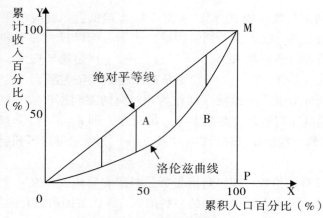

图9-2 洛伦兹曲线

基尼系数是衡量一个国家收入分配不平等程度的另一个常用的办法。基尼系数又称基尼集中比率，它是在洛伦茨曲线的基础上，计算洛伦茨曲线和对角线之间所包围的面积与洛伦茨曲线所在的半个正方形的面积的利率。基尼系数的经济含义是：在全部居民收入中，用于进行不平均分配的那部分收入占总收入的百分比。基尼系数最大为1，最小等于0。前者表示居民之间的收入分配绝对不平均，即100%的收入被一个单位的人全部占有了；而后者则表示居民之间的收入分配绝对平均，即人与人之间收入完全平等，没有任何差异。但这两种情况只是在理论上的绝对化形式，在实际生活中一般不会出现。因此，基尼系数的实际数值只能介于0~1之间。[①]

---

① 百度百科. 基尼系数 [EB/OL]. http://baike.baidu.com/view/186.htm.

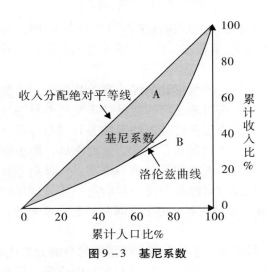

图 9 – 3　基尼系数

基尼系数是根据洛伦茨曲线提出的判断分配平等程度的指标。如图 9 – 3 所示，设实际收入分配曲线和收入分配绝对平等线之间的面积为 A，实际收入分配曲线右下方的面积为 B；并以 A 除以 A + B 的商表示不平等程度。如果 A 为零，基尼系数为零，表示收入分配完全平等；如果 B 为零，则基尼系数为 1，收入分配绝对不平等。收入分配越是趋向平等，洛伦茨曲线的弧度越小，基尼系数也越小；反之，收入分配越是趋向不平等，洛伦茨曲线的弧度越大，那么基尼系数也越大。按照联合国有关组织规定，基尼系数是综合考察居民内部收入分配差异状况的重要指标（如表 9 – 1 所示）。

表 9 – 1　基尼系数衡量指标

基尼系数	居民内部收入分配差异状况
低于 0.2	收入绝对平均
0.2—0.3	收入比较平均
0.3—0.4	收入相对合理
0.4—0.5	收入差距较大
0.5 以上	收入差距悬殊

通常把 0.4 作为收入分配差距的警戒线，根据黄金分割律，其准确值应

为0.382。一般发达国家的基尼指数在0.24～0.36之间,美国偏高,为0.4。中国大陆基尼系数2010年超过0.5,已跨入收入差距悬殊行列,财富分配非常不均。

成艾华运用各统计年鉴数据,把民族自治县作为一个整体与全国县域经济进行对比分析,并运用当前通用的衡量经济发展差异的基尼系数和泰尔系数,重点对民族自治县内部经济发展的区域差异进行分析,分析得出民族自治县与全国县域经济整体发展水平相比,发展滞后,距小康水平还有相当大的距离。此外,民族自治县内部发展也不平衡。从纵向差异性看,呈现出不断扩大的趋势,而且通过对经济发展差异的进一步分解可以看出,五大地区自治县GDP总差异的上升主要是由于区间差异上升带来的,而区内相对差异变化不大。①

赵长林、李兴绪用基尼系数和泰尔熵指标的分解分析比较云南省17个少数民族地区的收入差距。从基尼系数要素分解中可知:粮食收入、经济作物和商业收入的不均等对总收入的不均等的贡献率分别为12.76%、20.97%和66.27%。可见,商业收入是影响总收入差距的主要原因。进一步来看,粮食作物、经济作物和商业收入的集中率分别为0.4138、0.6466和0.8414,总伪基尼系数为0.7041,显然粮食作物和经济作物的集中率要小于总伪基尼系数,起缩小收入差距的作用,而商业收入的集中率要大于总伪基尼系数,起拉大收入差距的作用。同时,粮食作物和经济作物在总收入的比重分别为21.72%和22.83%,加起来不到总收入的一半,商业收入的比重比较大,占55.45%。因此,正是商业收入的差距导致了各地区居民总的收入差距,而且呈现差距拉大的趋势。所以单纯依靠增加粮食作物和经济作物的收入来缩小总收入差距不可取,有效的手段是缩小商业收入之间的差距,如鼓励商业高收入者对低收入者进行帮助,加大政府对地区商业的支持等。分析得出这些少数民族地区的总基尼系数为0.54,说明他们之间的收入不均等程度为差距悬殊,需要引起高度重视。②

杨蕊、娜娜根据我国现有的统计年鉴资料,通过三角形法计算出新疆2004—2008年的基尼系数,2008年全区基尼系数达到了0.415,比2004年上升了0.094,表明新疆收入分配不合理状况已开始显现。他们指出新疆应该与

---

① 成艾华.民族自治县经济发展的区域差异研究[J].中南民族大学学报(人文社会科学版),2007(1):61-63.

② 赵长林,李兴绪.基尼系数和泰尔熵指标的分解分析比较——以云南省17个少数民族地区的收入差距为例[J].西华大学学报(哲学社会科学版),2007,(1):68-71.

全国一样，高度重视居民收入分配问题，加快建立健全社会保障体系的步伐，加快扶贫济困的力度，只有如此才能够在广大人民群众的理解支持下，保持和维持全区社会的稳定。①

罗遐认为，"贫困人口"的测量依据贫困线的确定而确定，与不同的测量方法直接关联，国际上度量贫困线的主要方法有市场菜篮法、恩格尔系数法、国际贫困标准和生活形态法。我国贫困人口的测量方法不仅仅是一个学术探讨的问题，更重要的是一个实践的问题，因为自20世纪80年代中期反贫困工作正式开展以来，客观上要求我们对贫困人口进行测算以实施救助措施。考虑到我国主要是针对贫困标准的确定来测量贫困人口的现实，因此应该集中考察关于城乡贫困线制定的研究。

农村贫困线的确定。国家统计局2014年计算出我国绝对贫困线为2300元。根据满足最低营养标准——每天2100大卡热量的食品组合，计算出购买这些食品的花费，以最低食品费用支出除以基本食品支出的比重（0.6）即是贫困线。学者杨钟认为农村绝对贫困人口的标准是根据我国的经济发展水平制定的，与其他国家和国际标准相比是很低的。比如，按照世界银行的贫困标准，1985年平均购买力1人1天消费1美元即年收入365美元，如果低于270美元，则称为赤贫；再如按照比例法计算，将居民户人均收入七等分，其中最低收入户（通常占全部居民户的5%或者10%）为贫困户，贫困户中家庭平均每人全部年收入的上限即为贫困线。根据国家统计局调查显示，收入占全部居民户最低的5%贫困户，2005年农村贫困线约为861元，但是以10%的标准则约为1 028元。如果按国际通行的收入比例法，以一个国际或地区社会中位（或平均）收入的50%~60%作为贫困线，收入低于该标准可以认为是处于贫困状态。国家统计2015年中国农民年人均纯收入为2300元。按购买力平价计算，约相当于每天2.2美元，略高于世界银行1.9美元的贫困标准。后面几种方法我们可以理解为相对贫困线的测量可能更适合中国的实际。学者林闽钢对于中国农村贫困标准的调查研究表明，当前农村贫困检测中使用的贫困标准存在不少问题，如贫困标准层次单一、贫困标准变动性差以及现行贫困标准已经不能正确反映农村的贫困状况，需要调整和修正。

城市贫困线的确定。20世纪90年代以来，由于我国经济转轨和产业结构调整等原因，城市出现了大批下岗失业人员，这样以经济体制改革配套角色

---

① 杨蕊，娜娜. 新疆城乡居民收入差距实证分析 [J]. 北方经济（综合版），2009 (12)：78-79.

出现的城市居民最低生活保障制度的建立被提上了日程，低保标准的制定成为一个迫切的现实问题。2016年的《城市居民最低生活保障条例》规定：直辖市、设区的市的城市居民最低生活保障标准，由市人民政府民政部门会同财政、统计、物价等部门制定，报本级人民政府批准并公布执行；县（县级市）的城市居民最低生活保障标准，由县（县级市）人民政府民政部门会同财政、统计、物价等部门制定，报本级人民政府批准并报上一级人民政府备案后公布执行。国务院发展研究中心课题组利用国际上先进的收入/支出指标法和国家统计局的城市调查数据测算了全国的城市贫困线。曹艳春通过调查研究发现各省市制定低保的方法主要有：抽样调查型、部门协商型、参照制定型、主观判断型和混合型等。由上述贫困线的制定与研究可以看出，目前我国对于贫困人口的测量还主要是以经济标准来确定的，而且方法多采用国际通行的方法，不过标准相对较低，这在学界也基本达成共识。①

中国规定贫困县的确定标准也同样相对较低。1986年国家首次确定了331个国定贫困县，依据的标准是人均纯收入低于150元/年的县、人均纯收入低于200元/年的少数民族自治县和人均纯收入低于300元/年的老区县。到1994年国家制定《国家八七扶贫攻坚计划》时，国定贫困县增加至592个，依据的标准是1992年人均纯收入低于400元/年的县。可见，国定贫困县数量的增加并不是由于我国的贫困状况在加重（事实上这段时期内我国的扶贫和治贫效果是有目共睹的），而是由于国定贫困县的划定标准在提高。2001年5月，我国召开第三次扶贫开发工作会议，决定并开始实施《中国农村扶贫开发纲要（2001—2010）》，对国定贫困县的划定又进行了调整，主要特点就是以贫困人口相对集中的中西部少数民族地区、革命老区、边疆地区和一些特困地区作为扶贫重点。

第二节　民族地区扶贫开发的历史与现状

苏艳认为，与我国汉族地区相比，我国西部民族地区的贫困人口众多，贫困发生率高。据不完全统计，目前我国少数民族地区贫困人口占我国农村贫困人口的50%以上，这些贫困人口又主要集中在258个少数民族贫困县，占少数民族地区总人口的18.5%。另一方面，从区域上看，西部地区大多数

---

① 罗遐.1980年代中期以来中国贫困问题研究综述[J].学术界，2007（6）：247-257.

的贫困人口集中连片分布在如下贫困地区：内蒙古努鲁尔虎山地区、陕北地区、甘肃中部地区、宁夏西海固地区、秦岭大巴山地区、横断山地区、滇东南地区、桂西北地区和西藏地区等，其中绝大部分为少数民族地区。

客观来看，我国政府的扶贫行动在新中国成立以后就开始了。20世纪50年代初，一些省派出工作队到困难区、困难村帮助困难户解决春耕生产的困难。20世纪60年代，国家有关部门在《加强农村社会保障工作　帮助贫下中农克服困难的报告》中提出要帮助困难户发展生产，报告中明确提出要使困难户"依靠集体经济，通过生产自救，逐步走上与其他社员共同富裕的道路"。20世纪70年代后期，国家民政部曾派出工作组分赴十几个省、区调查了解农村困难户和各地的扶贫情况，并对全国扶贫工作进行安排。1978年，在全国经济比较困难的情况下，中共中央、国务院决定每年拨款5 000万元帮助陕北地区发展经济，用于扶贫帮困。

从1949年到1978年改革开放前的30年，可以说是我国扶贫工作的第一个大的历史时期。这一时期的扶贫，从性质上看基本上是由民政部门负责社会救济工作，主要是向困难户、贫困户、无偿提供吃饭穿衣等最基本的、维持生存的生活资料；从方式上看，则主要是采取直接救济的"输血"方法，国家每年向贫困地区调拨粮食、衣物等救济物品，贫困户、困难户基本上是"吃饭靠供应、生产靠贷款、生活靠救济"。

改革开放以来，我国进入扶贫的第二个大的历史时期，逐步实施了具有实质性内容的扶贫战略，开展了大规模的扶贫开发行动。改革开放以来，我国的扶贫开发大致可以分为四个阶段。

第一阶段，1978年年底至1985年，这是开始大规模扶贫行动、贫困人口大幅度减少的阶段。1978年12月党的十一届三中全会通过的《中共中央关于加快农业发展若干问题的决定（草案）》指出："农村仍有1亿几千万人口粮不足……有近四分之一的生产队社员收入在40元以下。"这实际上是党和政府第一次明确了我国农村存在着较大规模的贫困人口，并把解决这一问题作为加快农业发展的必要条件之一。这一时期我国农村的贫困人口大幅度减少，从1978年的2.5亿人减少到1985年的1.25亿人，下降了50%，平均每年减少1786万人，贫困发生率由1978年的30.7%下降到1985年的14.8%。

第二阶段，1986—1993年，是大规模扶贫开发进入组织化和制度化、贫困人口稳定减少的阶段。在这一阶段，我国政府确定了对贫困县的扶持标准，并核定了贫困县。全国的贫困县分为国家重点扶持的贫困县和省区扶持的贫困县两类，国家重点扶持的贫困县确定为331个，省区重点扶持的贫困县确定为368个，全国的贫困县总数为699个；同时，把扶持老少边穷地区尽快摆脱经济文化落后状态作为一项重要内容，列入国民经济发展计划，进行了有组织、有计划的大规模扶贫开发，较大幅度地增加了扶贫开发的投入，制定并实施了一系列促进贫困地区经济发展和贫困人口脱贫的优惠政策，对传统的"输血"式的扶贫方式进行了彻底的改革，实现了向"开发"式扶贫的转变，使贫困人口稳步减少。1986—1992年，全国农村的绝对贫困人口从1.25亿人减少为8 000万人，平均每年减少640万人左右，到1993年年底又减少为7 500万人。

第三阶段，1994—2000年，是扶贫攻坚、基本消除农村绝对贫困的阶段。这一阶段，国家对直接扶持的重点贫困县进行了较大幅度的调整，把国家直接扶持的贫困县由原来的331个增加为592个。1994年3月，我国正式公布并实施《国家八七扶贫攻坚计划》（以下简称"八七计划"），提出从1994年到2000年，集中人力、物力、财力，动员社会各界力量，力争用7年左右的时间，基本解决全国农村8 000万绝对贫困人口的温饱问题。《国家八七扶贫攻坚计划》实施以来，党和国家又进一步加大了扶贫力度，较大幅度地增加了扶贫投入，采取了一系列重大扶贫措施。到1998年年底，我国的农村贫困人口又下降为4 200万人。改革开放以来，我国的贫困地区经济发展和扶贫开发取得了巨大的成就。农村绝对贫困人口大幅度减少，从1978年的2.5亿人减少到1998年的4 200万人，农村贫困发生率从30.7%下降为4.6%。一些省份如广东、福建、江苏、浙江、山东等已经完成基本消除农村绝对贫困的任务，贫困县全部脱贫；一些集中连片的贫困地区，如沂蒙山区、井冈山区、闽西南地区等已经率先基本解决了温饱问题，"三西"地区秦巴山区、武陵山区等重点贫困地区的贫困面貌也有了较大的改变。

第四个阶段，2000年以后，扶贫工作进入新阶段。从2001年8月起，我国开始实施《中国农村扶贫开发纲要（2001—2010年）》。这是继《国家八七扶贫攻坚计划》之后又一个指导全国扶贫工作的行动计划。它以贫困人口相对集中的中西部的少数民族地区、革命老区、边疆地区和一些特困地区为重点，以彻底解决极端贫困人口的温饱问题并为进入小康生活创造条件为基本内容，以开发式扶贫为主要方式，从而标志着中国政府的扶贫运动进入了一个新的阶段。这一正确的方式一定要坚持。要将民政救济的对象与扶贫的对象区别开来，扶贫资金主要用于农户发展优势产业和特色产业，增强自我生存和自我发展的能力。①

郭怀成等以新疆和墨洛地区为案例,对反贫困与生态环境可持续性的关系进行了深入的剖析,系统分析了反贫困与生态环境可持续性之间的相互作用关系,以便更好地反映和墨洛地区经济生态环境系统的综合性、多目标性、动态性、不确定性等特征。通过引入情景分析和交互式调整方法,使得规划模型最优且更具有科学性和可操作性。规划结果以区间数形式表达,既有了明确的发展规模,又留下发展调节的余地,增强了方案的可操作性。他们指出建立的 IMOPMEES 模型是一种既考虑反贫困目标,又考虑生态环境可持续性目标的规划方法。②

王建兵指出,西部民族地区是我国贫困人口的密集分布区,贫困面大,贫困度深,脱贫难度大,返贫率高。2005 年在全国 592 个国家扶贫工作重点县中,民族自治县(不含西藏)增加到 267 个,占重点县总数的 45.1%,比八七计划期间增加了 10 个,提高了 1.7 个百分点。甘青宁三省区八七计划扶贫以来的整体情况存在可喜的一面,但仍面临巨大挑战,存在诸多不可忽视的问题,一是贫困面大、扶贫任务艰巨,二是绝对贫困与相对贫困并存,三是贫困地区基础设施仍较落后。③

龚霄侠指出,随着《国家八七扶贫攻坚计划》的实施和完成,全面实现了由"道义性扶贫"向"制度性扶贫"转变、由"救济性扶贫"向"开发性扶贫"转变和由"扶持贫困地区"向"扶持贫困人口"转变的三大战略转移。伴随着三大战略转移,扶贫方式实际上也经历了"救济式扶贫""项目带动式扶贫"和"扶贫到户"三个阶段。到 2000 年年底,西部民族地区大部分已按期完成国家八七计划扶贫攻坚目标,扶贫开发取得了举世瞩目的成就。贫困人口数量大幅度下降,由 1978 年的 2.5 亿人下降至 2004 年年底的 2 900 万人。其中,1994—1999 年间贫困人口总量减少了 7 496 万人。到 2004 年,以扶贫重点县为例,农村绝对贫困人口为 1 613 万人,绝对贫困人口比重为 8.196,农村低收入人口为 2 580 万人,低收入人口比重为 12.996;农民生活水平提高,农村居民人均纯收入达 1 582 元,恩格尔系数下降为 53.296;税

---

① 苏艳. 民族地区扶贫问题研究——以贵州省黔东南苗族侗族自治州为例 [D]. 北京:中央民族大学,2008.

② 郭怀成,张振兴,陈冰,邹锐,张宁. 西部地区反贫困与生态环境可持续性研究——以新疆和墨洛地区为例 [J]. 北京大学学报(自然科学版),2004 (1):144-153.

③ 王建兵. 民族文化背景下的扶贫战略——以甘青宁三省区为例 [J]. 开发研究,2006 (6):68-71.

费负担大幅下降，农民人均税费负担为24.1元，税费负担占农民人均纯收入的比重下降到1.59%；文化教育有所改善，劳动力文盲率下降。此外，农业生产条件、基础设施等也得到了较大的改善。但是，应该看到中国西部民族地区扶贫开发任务还相当重，西部民族地区已经成为我国当今农村反贫困的主战场。西部民族地区反贫困还面临着以下问题与困难：观念更新的程度不够；经济能量低下，资本严重不足；科教重视不够，人才流失严重，科技创新能力低。[①]

王岚认为，四川民族地区贫困现状及存在问题为：贫困面大，贫困程度深，区域特征突出；基础设施落后，扶贫难度大；生存环境恶劣，自然灾害频繁，返贫率高；社会发育程度较低，基础教育和社会保障严重不足；扶贫资金投入不足，财政自给率低。四川民族地区经济发展落后，经济实力十分薄弱，长期以来，扶贫主要靠国家、省市等的投入，但扶贫资金的投入力度仍严重不够。四川民族地区"十一五"时期的扶贫工作对策，必须以科学发展观为指导，以大力发展民族地区经济为中心，尽快建立社会服务体系，加强人才发展战略和四川民族地区的生态环境建设。[②]

杨栋会对西南少数民族地区农村收入差距和贫困进行研究，并以云南布朗山乡住户调查数据为例，研究结果表明在乡级层面贫困问题严峻，尤其是在人文贫困方面，公共品缺乏，基础设施薄弱。从行政村和自然村层面来看，贫困人口的行政村和自然村分布不均衡，自然村内部收入分配较平均，村与村之间差距较大；各民族之间收入悬殊较大，贫富分化明显，同一民族内部收入不平等较严重；不同收入组之间收入差距较大，而组内差距则相差较小，贫困人口集中分布在低收入组。[③]

郭佩霞认为，科学、合理的效益评价体系从来都是成功扶贫行动不可或缺的内容。目前民族地区扶贫效益评估体系存在着诸多缺陷，包括经济效益评估难以精准定位行动方向，社会效益评估指标项严重缺失，指标体系构建缺乏地域性、民族性和性别敏感性，等等。对此，必须从民族地区的地理与人文特性出发，秉持效率、全面、动态、地域、民族、人文关怀、可行的思想与原则，重新构建其效益评价体系。她提出应着重从三个方面重构民族地

---

① 龚霄侠. 西部民族地区反贫困问题研究 [D]. 兰州：兰州大学，2007.
② 王岚. 科学发展观与四川民族地区"十一五"扶贫工作对策探讨 [J]. 西南民族大学学报（人文社会科学版），2007（12）：186-190.
③ 杨栋会. 西南少数民族地区农村收入差距和贫困研究——以云南布朗山乡住户调查数据为例 [D]. 北京：中国农业科学院，2009.

区扶贫效益评价体系:一是通过"有项目"和"无项目"两种途径来达到计量投入费用和产出效益,建立深入反映扶贫行动经济效率的模型与指标;二是强化社会效益评估内容与衡量指标项;三是增强效益评估体系的地域性、民族色彩和性别敏感指标。①

李娜认为,新中国成立以来,尤其是改革开放之后,我国人口较少民族地区贫困状况虽有较大缓解,但贫困问题依然比较严重。2001年国家民委的摸底调查资料显示,中国22个总人口在10万人以下的人口较少的民族主要分布在云南、新疆等10个省(区)中的86个县、238个乡镇、640个行政村,其中人口较少民族相对聚居的自然村寨2 519个。在人口较少民族聚居的行政村中,有剩余贫困人口17.5万人,占总人口比重的18.4%,而同期全国的贫困发生率仅为3.5%,有些民族的贫困率甚至更高,有的处于整体贫困状态。另外,由于地处偏远、山川阻隔,人口较少民族聚居村寨的基础设施条件较差,在2 519个自然村寨中不通电的占24.6%,不通电话的占72.1%,不通邮的占53.7%,不通公路的占43.2%,没有有线广播的占86.30%,不能接收电视节目的占50.1%,没有安全饮用水的占67.2%。中国人口较少民族的贫困表现在:基础设施落后;经济发展落后;地方财政困难,大部分人口较少民族生活在贫困线以下。截至2002年年底,中国颁布执行的少数民族经济政策共有123项,其中能够继续执行的少数民族经济政策有78项,平均稳定程度为63.14%,说明少数民族经济政策变更频率较高、稳定程度相对较低、执行连续性相对较差。其中,稳定程度相对较高的政策主要有:少数民族就业职业政策、少数民族文化教育政策、民族地区扶贫优惠政策、民族地区扶贫专项基金、民族地区对口联合政策、少数民族人口生育政策、民族地区农业发展政策、民族地区外贸边贸政策;稳定程度相对较低的政策主要有:少数民族贸易和民族特需用品生产企业政策、民族地区财政优惠政策、民族地区扶贫开发计划、民族地区工业发展政策、民族地区税收优惠政策。这说明国家在促进民族地区社会经济发展过程中,比较重视就业、教育、扶贫优惠政策、扶贫专项基金、对口支援、计划生育、农业及外贸边贸等政策的贯彻落实,而对于少数民族贸易和民族特需用生产企业、财政、扶贫开发计划、工业、税收等政策的贯彻落实则重视不够。②

庄天慧、杨宇基于层次分析法构建了四川省少数民族国家扶贫重点县扶

---

① 郭佩霞. 民族地区扶贫效益评价体系的构建 [J]. 西南民族大学学报(人文社会科学版),2009(9):52-55.

② 李娜. 人口较少民族扶贫开发政策实施研究 [D]. 北京:中央民族大学,2010.

贫资金投入对反贫困经济、社会、生态三方面影响的指标体系，采用专家问卷打分的形式构建判断矩阵。运用MAILAB 7.0软件计算各指标权重，通过扶贫资金投入对反贫困的影响综合指数模型，综合评价四川省少数民族地区国家扶贫重点县反贫困所取得的进展。结果表明，四川省少数民族地区国家扶贫重点县扶贫资金投入对反贫困影响的总体效果良好，但是需要优化扶贫资金投向与使用结构，并且重视社会进步与生态影响的意义。①

周毅认为，中国贫困人口主要分布在西部少数民族地区生态脆弱带。民族教育扶贫是民族地区脱贫治本之策，是实现教育公平的有效途径，有利于生态保护、民族经济社会发展和民族团结稳定。民族教育扶贫并非孤立的公共政策和纯粹的福利行动，也不是化解民族社会矛盾的权宜之计，而是实现基本公共服务均等化、构建民族和谐社会的重要举措，其实质是让贫困地区少数民族人口在享受优质教育资源方面有更多选择，最大限度地发挥优质教育资源的辐射和带动作用，是帮助民族贫困地区增强"造血功能"的民生工程，功在当代，利在千秋。②

崔楚、郭佩霞对四川省民族地区财政扶贫资金投入与减贫效率进行研究，指出凉山州11个扶贫重点县的扶贫资金来源，主要有中央扶贫贴息贷款、中央扶贫财政资金、以工代赈、中央专项退耕还林还草工程补助、省级财政安排的扶贫资金等。通过综合考察不同投向的扶贫资金的使用效率，进一步分析其减贫成效降低的原因，研究者建议凉山州要进一步提高扶贫资金的减贫效果，需要改进以下方面：第一，优化扶贫资金的使用结构；第二，拓展扶贫资金来源，加大财政扶贫力度；第三，理顺扶贫机构设置，强化各部门的协作机制③。

第三节 民族地区扶贫开发的对策

张克勤关于民族扶贫资金管理使用的思考对策如下。①民委系统财政扶贫资金的使用管理要始终坚持"三个原则"：坚持集中使用的原则，坚持效益

---

① 庄天慧，杨宇. 民族地区扶贫资金投入对反贫困的影响评价——以四川省民族国家扶贫重点县为例 [J]. 西南民族大学学报（人文社会科学版），2010（8）：164-166.

② 周毅. 民族教育扶贫与可持续发展研究 [J]. 民族教育研究，2011（2）：102-106.

③ 崔楚，郭佩霞. 四川省民族地区财政扶贫资金投入与减贫效率研究——以凉山州11个国家扶贫重点县为例 [J]. 行政事业资产与财务，2011（9）：32-34，50.

第一的原则,坚持专款专用原则。②民族扶贫资金的使用管理要认真搞好"三个结合":要与民族工作部门的职能相结合,要与旅游开发项目相结合,要与能人经济相结合。③民族扶贫资金的管理使用要努力实现"三个转变":从民族专项资金向财政扶贫资金转变,在帮扶的方式上要实现由放任式支持向参与式帮扶的转变,在资金的流向上要实现由基础设施建设向产业开发的转变。①

李戎戎提出,民族贫困地区旅游扶贫对策如下:实行政策倾斜扶持;多方筹措旅游扶贫资金;大力发展特色旅游;坚持人与自然的和谐发展,把旅游可能带来的负面影响控制在最小的范围内。应对旅游区生活用水和垃圾做出明确的安排和妥善处理的方法,坚决消除随意排放、乱丢乱扔的思想和行为;制定有关法规、条例约束市民和游人,不准乱扔乱丢瓶罐、废纸、食品袋等旅游废物,游客不得随意选择烧烤或野炊地点,更不准砍伐树木;严禁以发展狩猎旅游为名,随意捕杀动物,破坏生态环境。在旅游高峰期,严格控制旅游景点的游人流量,不能为了眼前多一点收益而破坏景点的自然环境。②

龚霄侠提出,西部民族地区参与式反贫困的对策如下:确立西部民族地区参与式反贫困的基本思路;加快体制改革和扶贫体制创新;强化教育扶贫,增强贫困人口的自我发展能力;优化调整产业结构,促进产业全面发展;在参与式理论指导下,针对绝对贫困地区,搞好移民搬迁和劳务输出;加强生态建设,改变山区贫困面貌;加强基础设施建设,增强区域发展能力。③

李劲松提出,人口较少民族旅游扶贫对策如:①坚持以科学发展观为指导,全面实施参与式旅游扶贫战略。以科学发展观为指导,在人口较少民族旅游扶贫中全面实施参与式旅游扶贫战略,是由人口较少民族的根本特点决定的。科学发展观中强调的可持续发展,就是要统筹人与自然的和谐发展,处理好经济建设、人口增长与资源利用、生态环境保护的关系,推动整个社会走上生产发展、生活富裕、生态良好的文明发展道路。②坚持政府主导型旅游发展模式。人口较少民族旅游扶贫工作必须把政府主导放在突出位置,充分发挥政府部门的行政手段和协调能力,在推动旅游扶贫工作的各个重要

---

① 张克勤. 关于民族扶贫资金管理使用的几点思考 [J]. 民族论坛, 2003 (9): 17-19.

② 李戎戎. 旅游扶贫在构建民族地区和谐社会中的重要作用——以白族地区为例 [J]. 经济问题探索, 2006 (3): 149-151.

③ 龚霄侠. 西部民族地区反贫困问题研究 [D]. 兰州: 兰州大学, 2007.

环节上发挥主导作用。通过政府主导，进行相关旅游市场建设，为旅游企业创造良好的市场环境，最终形成领导重视、相关部门支持，政策、资金倾斜，优化旅游业发展的宏观经济、社会、舆论大环境；成立专门的组织机构，制定人口较少民族旅游扶贫的专门政策法规，把其纳入国民经济和社会发展的整体布局之中，并依法开展相关工作加强基础设施建设，打造人口较少民族旅游扶贫工作良好的硬环境，多渠道筹集旅游扶贫资金，为人口较少民族旅游扶贫提供坚实保障。③实施精品拉动战略，打造人口较少民族旅游精品：一是以旅游精品带动人口较少民族地区资源开发，使资源优势尽快转化为产品优势；二是以旅游精品带动市场促销，树立和形成人口较少民族旅游的整体形象；三是以精品拉动效益提高，使之成为人口较少民族地区新的收入增长点；四是精心规划，提高人口较少民族旅游产品的科技和文化内涵；五是抓好落实，把人口较少民族旅游精品落到实处。结合人口较少民族旅游资源的相关优势，当前应该主要打造修学旅游、生态旅游、乡村旅游、民俗旅游、边境旅游等人口较少民族旅游产品的精品，并以此为基础进一步形成人口较少民族旅游品牌体系，争取创造具有国家级和世界级影响力的旅游产品。④充分利用政府及各界力量支援人口较少民族旅游扶贫。⑤合理利用旅游扶贫已有模式，积极开拓旅游扶贫新模式。⑥大力开发人口较少民族旅游商品。人口较少民族相关旅游商品的生产处于初级的简单制造阶段，旅游者在人口较少民族地区的购物消费占其旅游总消费比重较低：行业管理水平低，缺乏规范，相关体制不顺，重视程度还不够高；缺乏专项经费，投入资金不足；开发设计思路需进一步拓宽，开发生产技术有待提高；旅游商品主要以初级产品为主，缺乏纪念意义，文化挖掘力度不够，工艺普遍粗糙，品种不够丰富，包装过于简单；宣传和销售意识和力度欠缺，还未形成体系化和网络化产销。①

范远江提出以下渝东南民族地区发展性贫困的治理对策。①多渠道增加该区域少数民族人口的经济收入。②提高个体的发展能力。发展性贫困的重要原因是技能滞后于社会发展的需要而导致下岗、失业并缺少提升自身发展能力的基础。③拓展个体能力运用的空间。对于渝东南民族地区少数民族人口来讲，不愿提高受教育水平与进行技能培训的一个重要原因是自身能力运用的空间有限。④扩大该区域少数民族贫困人口使用社会资源的数量与质量。具体而言，通过降低其人口增长的速度，减少人口出生的总量；集中贫困人

---

① 李劲松．人口较少民族旅游扶贫研究［D］．北京：中央民族大学，2009．

口的居住区域，扩大公共基础设施的使用数量；改变生产种植方式，避免对自然界过多依赖；增加公共服务的数量，降低公共服务的费用；实施移民工程，降低对自然界的过度开发；实施自然生态的补偿机制，提高生态收益的数量。①

李娜提出以下人口较少民族扶贫开发对策。①完善政策体系与落实监管机制。加强理论研究，提高政策制定水平；培养和建立一支熟悉和热爱民族政策理论研究的工作队伍，坚持理论与实践相结合原则；明确政策执行主体，理顺各分工主体间的职能分工关系；加强各级监督主体的监督职权，健全人口较少民族扶贫开发政策实施效益的评估体制。②创新扶贫开发机制。政府进一步扶持必不可少，推行以富民为中心、以人为本的发展政策和战略，把特色优势资源转化为经济发展优势，实现人口较少民族经济社会可持续发展②。

韩康提出构建民族地区立体式扶贫开发模式。①扶贫开发的总体模式和具体模式。总体扶贫模式的构成包括：扶贫的战略决策、扶贫的资源传递和扶贫的资源接收三个环节。②民族地区立体式扶贫开发模式。救济式扶贫是基础，参与式扶贫是根本，开发式扶贫是催化剂，因此有必要建立立体式扶贫开发模式（如图9-4所示）。③

蓝红星提出新时期西藏扶贫开发对策。①目前，西藏特色产业扶贫开发显现出了旺盛的发展活力，正在实现从"输血"向"造血"功能的转变，按照"发展—规范—再发展—再规范"的原则，一是要科学规划，有序开发，确保可持续发展；二是要把握时机，完善制度，扎实推进专业合作组织的建设；三是立足优势，着眼长远，逐步建立由龙头企业带动的产业带；四是注重技能，不断培训提高从业人员素质；五是加强协调，认真落实产业开发配套资金。②西藏党政机关要做好定点扶贫工作。③西藏边境地区民族众多，各地情况有较大区别，发展极不平衡，需要做到结合西藏边境民族地区的实际情况。④把改善边境地区和人口较少民族聚居地区的基础设施及促进产业结构调整作为重点。⑤西藏集中了连片贫困地区，贫困人口的转移、就业、培训任务十分艰巨，加强对贫困劳动力有组织的技能培训是当务之急，也是增

---

① 范远江. 渝东南民族地区发展性贫困的原因及对策探析［J］. 黑龙江民族丛刊（双月刊），2009（5）：71-75.
② 李娜. 人口较少民族扶贫开发政策实施研究［D］. 北京：中央民族大学，2010.
③ 韩康. 民族地区立体式扶贫开发对策研究——以黔西南州为例［J］. 致富时代，2010（12）：97-98.

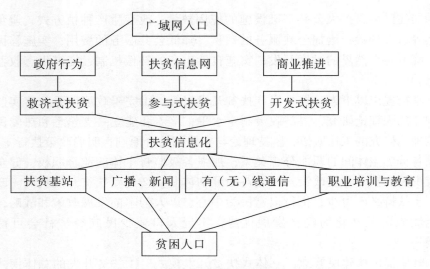

图9-4 立体式扶贫开发模式

加群众收入、加速脱贫致富的"短、平、快"的有效措施。①

陈全功、程蹊提出空间贫困视野下的扶贫政策建议。①高度重视空间贫困这种类型的贫困，改变扶贫思路。②大力改善交通道路、卫生饮水等基础设施和服务。民族地区的空间贫困，最有效的消除方法是通过改善交通道路，缩短空间距离，搭建农户凭借个人能力反贫困的物质平台。同时，要提高卫生饮水等基本公共服务水平，消除隐含的空间地理劣势。③提高农业生产性补贴。空间贫困中的气候、生态环境等劣势需要政府补贴和农业保险予以克服。政府要建立和增添长效补贴政策，防止贫困地区的自然灾害（如气候、地质灾害）、市场波动冲击造成的损失。当地政府可以引导社会力量参与进来，创办适宜的农业保险，克服空间贫困的"生态劣势"。④实行有效的就地迁移和小村镇建设。②

朱金鹤、崔登峰认为，新疆国家级贫困县的扶贫开发工作在新形势下具有长期性、艰巨性、复杂性和特殊性。缘于特殊的地理环境和民族构成，反贫困在新疆不仅是经济问题，同时也是社会问题和政治问题。新疆国家级贫困县绝大多数都分布在南疆三地州，贫困率较高，少数民族占贫困人口比重

---

① 蓝红星. 新时期西藏扶贫开发的探索 [J]. 安徽农业科学，2011 (9)：5616-5618.
② 陈全功，程蹊. 空间贫困理论视野下的民族地区扶贫问题 [J]. 中南民族大学学报（人文社会科学版），2011 (1)：58-63.

居高不下，财政均出现高额赤字，收支矛盾极为突出，对上级财政政策有着极强的依赖性。新疆国家级贫困县的贫困类型及原因分为六类：生态贫困、地域贫困、民族贫困、文化教育贫困、市场竞争引致性贫困和制度性贫困。研究者在此基础上提出扶贫对策：有效整合各种扶贫资源，积极探索权益保障为主要内容的赋权式扶贫开发，加强以结构调整与龙头企业为动力的产业扶贫，促进以提升自我发展能力为核心的科技扶贫，全力推进以改善民生为重点的公共服务均等化，根据贫困类型和群体特征灵活选择扶贫措施。①

本章参考文献：

[1] 刘纯阳，蔡铨. 贫困含义的演进及贫困研究的层次论 [J]. 经济问题，2004（10）.

[2] 温晓琼，周亚雄. 我国贫困研究的前沿问题综述 [J]. 甘肃农业，2005（11）.

[3] 陆小华. 研究西部问题的核心——《西部对策》[J]. 领导决策信息，2000（19）.

[4] 刘尧. 农村知识贫困与农村高等教育 [J]. 清华大学教育研究，2002（5）.

[5] 沈红. 中国贫困研究的社会学评述 [J]. 社会学研究，2000（2）.

[6] 李伟. 教育与健康水平对农户劳动失业率的影响：对中国农村贫困地区的一项研究 [J]. 市场与人口分析，2001（5）.

[7] 李秉龙. 中国农村贫困、公共财政与物品 [J]. 社会学研究，2002（3）.

[8] 周怡. 贫困研究：结构解释与文化解释的对垒 [J]. 社会学研究，2002（3）.

[9] 黄文平，卢新波. 贫困问题的经济学解释 [J]. 上海经济研究，2002（8）.

[10] 屈锡华，左齐. 贫困与反贫困——定义、度量与目标 [J]. 社会学研究，1997（3）.

[11] 百度百科. 基尼系数 [EB/OL]. http：//baike.baidu.com/view/186.htm.

---

① 朱金鹤，崔登峰. 新形势下新疆国家级贫困县的贫困类型与扶贫对策 [J]. 农业现代化研究，2011（3）：276-280.

[12] 成艾华. 民族自治县经济发展的区域差异研究 [J]. 中南民族大学学报（人文社会科学版），2007（1）.

[13] 赵长林，李兴绪. 基尼系数和泰尔熵指标的分解分析比较——以云南省17个少数民族地区的收入差距为例 [J]. 西华大学学报（哲学社会科学版），2007（1）.

[14] 杨蕊，娜娜. 新疆城乡居民收入差距实证分析 [J]. 北方经济（综合版），2009（12）.

[15] 罗遐. 1980年代中期以来中国贫困问题研究综述 [J]. 学术界，2007（6）.

[16] 苏艳. 民族地区扶贫问题研究——以贵州省黔东南苗族侗族自治州为例 [D]. 北京：中央民族大学，2008.

[17] 郭怀成，张振兴，陈冰，邹锐，张宁. 西部地区反贫困与生态环境可持续性研究——以新疆和墨洛地区为例 [J]. 北京大学学报（自然科学版），2004（1）.

[18] 王建兵. 民族文化背景下的扶贫战略——以甘青宁三省区为例 [J]. 开发研究，2006（6）.

[19] 龚霄侠. 西部民族地区反贫困问题研究 [D]. 兰州：兰州大学研究生学位论文，2007.

[20] 王岚. 科学发展观与四川民族地区"十一五"扶贫工作对策探讨 [J]. 西南民族大学学报（人文社会科学版），2007（12）.

[21] 杨栋会. 西南少数民族地区农村收入差距和贫困研究——以云南布朗山乡住户调查数据为例 [D]. 北京：中国农业科学院，2009.

[22] 郭佩霞. 民族地区扶贫效益评价体系的构建 [J]. 西南民族大学学报（人文社会科学版），2009（9）.

[23] 李娜. 人口较少民族扶贫开发政策实施研究 [D]. 北京：中央民族大学，2010.

[24] 庄天慧，杨宇. 民族地区扶贫资金投入对反贫困的影响评价——以四川省民族国家扶贫重点县为例 [J]. 西南民族大学学报（人文社会科学版），2010（8）.

[25] 周毅. 民族教育扶贫与可持续发展研究 [J]. 民族教育研究，2011（2）.

[26] 崔楚，郭佩霞. 四川省民族地区财政扶贫资金投入与减贫效率研究——以凉山州11个国家扶贫重点县为例 [J]. 行政事业资产与财务，2011（5）.

[27] 张克勤. 关于民族扶贫资金管理使用的几点思考 [J]. 民族论坛，

2003（9）.

［28］李戎戎. 旅游扶贫在构建民族地区和谐社会中的重要作用——以白族地区为例［J］. 经济问题探索，2006（3）.

［29］李劲松. 人口较少民族旅游扶贫研究［D］. 北京：中央民族大学，2009.

［30］范远江. 渝东南民族地区发展性贫困的原因及对策探析［J］. 黑龙江民族丛刊（双月刊），2009（5）.

［31］韩康. 民族地区立体式扶贫开发对策研究——以黔西南州为例［J］. 致富时代，2010（12）.

［32］蓝红星. 新时期西藏扶贫开发的探索［J］. 安徽农业科学，2011（9）.

［33］陈全功，程蹊. 空间贫困理论视野下的民族地区扶贫问题［J］. 中南民族大学学报（人文社会科学版），2011（1）.

［34］朱金鹤，崔登峰. 新形势下新疆国家级贫困县的贫困类型与扶贫对策［J］. 农业现代化研究，2011（3）.

［35］杨秋宝. 反贫困的抉择：中国50年的实践、基本经验和历史意义［J］. 陕西师范大学学报（哲学社会科学版），1999（4）.

［36］格根图雅. 科尔沁右翼中旗扶贫开发研究［D］. 呼和浩特：内蒙古师范大学，2010.

［37］杨秋宝. 我国五十年实施扶贫战略的基本经验及历史意义［J］. 中共青岛市委党校·青岛行政学院学报，1996（6）.

［38］赵永平. 经济增长中的农村贫困问题研究［D］. 兰州：甘肃农业大学，2006.

［39］戴芳菲. 反贫能力提高导向的财政扶贫标准影响因素研究［D］. 长沙：湖南大学，2010.

［40］李恭园. 社会和谐的几个宏观指标——基于经济责任审计视阈分析［J］. 内蒙古农业大学学报（社会科学版），2010（1）.

［41］汤化雨. 山西城镇居民贫困问题研究［J］. 太原：山西财经大学，2008.

第十章 民族地区资源、环境与可持续发展

第一节 可持续发展的含义

李凤娟指出，第一次将"可持续发展"作为当代科学术语明确提出并给予系统地阐述，是在1980年国际自然保护联盟组织制定的《世界自然保护大纲》中，其基本定义为"可持续发展是能够满足当今的需要，而又不牺牲今后世世代代自身需要的能力的发展"。它是一个变化过程，在这个变化过程中，资源的利用、投资的方向、技术的发展以及机构改革都是协调的，并能加强当今和今后满足人类需要和希望的潜力。1987年，联合国召开的世界大会提出可持续发展理论后，各行各业都在研究同可持续发展的关系。可持续发展理论的核心思想是对环境保护和大自然生态化高度重视的同时，发展经济、促进社会稳步发展，并要求人们放弃已经走惯了的"黑色道路"，走"绿色道路"，即调整"向自然索取速度"与"自然界恢复速度"相平衡的产业化路线。①

陆莹指出，对于可持续发展的含义，世界上比较公认的是在《我们共同的未来》报告中所涉及的定义：既满足当代人的需要，又不损害后代人满足需要的能力。该定义包括了以下三层丰富的内涵。

（1）"需要"的概念。它有两重含义：其一，既要满足当代人的需要，又不危及子孙后代的利益，也就是要兼顾眼前和长远利益；其二，是满足世界上贫困人民的基本需求，并将此放在特别优先的地位考虑。

（2）"限制"的概念。首先，对地球上的可再生资源利用率不能超过其再生和自然增长的限度，否则资源就会枯竭。其次，对不可再生资源的利用，应考虑这种资源的临界性，并研究将耗竭减少至最低程度的技术及得到替代物的可能性。再次，保护物种的多样性，否则会导致生态系统的瓦解。最后，应将对环境造成危害的不利影响控制在最低程度，以确保生态系统的完整性。

---

① 李凤娟. 西部民族地区生态旅游发展研究——以甘南藏族自治州为例 [D]. 兰州：西北师范大学，2006.

（3）"公平"的概念。首先，体现未来取向的代际平等。在发展问题上要足够公正地对待后代的发展，当代人的发展不能以损害后代的发展能力为代价。当代人对后代的生存发展具有不可推卸的责任，后代要能得到至少和当代人从前辈那里继承的一样多的自然财富。其次，体现空间观念的代内平等。任何地区、任何国家的发展不能以损害别的国家和地区的发展为代价，特别是要维护发展能力较弱的国家和地区。可持续发展的核心思想是：健康的经济发展应建立在生态可持续能力、社会公正和人们积极参与自身发展决策的基础上。它所追求的目标是既要使人类的各种需求得到满足，个人得到充分发展，又要保护资源和生态环境、不对后代的生存和发展构成威胁。①

董智新认为，尽管可持续发展概念目前还未有一致的可操作定义，但可持续发展已成为世界各国的发展战略目标选择，同时又成为诊断国家健康运行的标准。学者们一致认为这一概念存在深刻的哲学背景、社会背景乃至心理背景。可持续发展的核心，在于正确处理人与自然、人与人之间的关系，要求人类以最高的智力水平与泛爱的责任感去规范自己的行为，去创造和谐的世界，达到人与自然的互相协调、协同进化，人与人的和衷共济、平等发展，利己利他的平衡、当代后代的协调发展。②

最近几十年，国内外的学者对可持续发展问题进行了大量细致的研究，形成了一系列的研究成果。一些著作从经济学角度对当前国际上有关可持续发展的特征、局限、实践意义和应用前景做了系统的分析研究。肖晓认为，可持续发展是指既满足当代人的需要，又对后代满足其需要的能力不构成危害的发展，亦即谋求经济、社会与自然环境的协调发展，维持新的平衡，制衡出现的资源损耗和环境污染，控制重大自然灾害的发生。可持续发展是在保持和增强未来发展机会的同时满足当代居民需求，并通过现有资源的可持续经营管理，在确保文化完整性、基本生态过程、生物多样性和生命支持系统的同时，实现经济、社会效益和审美需求的发展模式。③ 李宏、李伟认为，可持续发展理论实质上是关于"人—地"关系的理论，是通过对人类行为的调整而达到"人—地"和谐共存的理论，是在环境保护理念指导下的发展理

---

① 陆莹. 川西民族地区生态旅游发展问题研究——以阿坝藏族羌族自治州为例[D]. 成都：西南财经大学，2006.

② 董智新. 新疆草地生态经济系统可持续发展研究[D]. 乌鲁木齐：新疆农业大学，2009.

③ 肖晓. 九寨沟旅游区旅游可持续发展战略及对策研究[J]. 软科学，2009（5）：68-71.

论。从此,"生态平衡""绿色道路"及"可持续发展"成了人们的时髦话语。将这一理念不假思索地用于民族旅游开发中,便为"保护下开发"战略提供了理论依据。"人—地"关系与"人—人"关系有着本质的区别。其一,"人—地"关系是指人类与自然地理环境的关系,强调了人类生存对自然环境的依赖性;而"人—人"关系是指人群与人群的关系,两者之间并不具有直接的依附性。其二,由于人的主观能动性,决定了在"人—地"关系中人类的主导地位,即人类可以主动地适应环境和改造环境,因此可以调整自身行为而达到趋利避害的目的;但在"人—人"关系中,双方均处于主导地位,如传统社会与现代社会在相互交往中应该平等地进行对话才能真正地实现交流,也正是因为如此双方都必须调整各自的行为才能达到二者的和谐关系①。

第二节 人口—资源—环境

在相关研究领域,对人口、资源、环境三者关系的探索有过三次高潮,如表10-1所示。

表10-1 人口、资源、环境关系探索的高潮

高潮	时期	关心的对象	关心的特殊问题
第一次高潮	20世纪四五十年代	有限的自然资源	粮食生产的不足、不可再生的资源耗竭
第二次高潮	20世纪六七十年代	生产和消费产生的副产品	农药和化肥的使用、垃圾和废物的处理、噪声污染、空气和水污染、放射性和化学污染
第三次高潮	20世纪八九十年代	全球环境变化	气候变暖、酸雨、臭氧层变薄

最近几十年对人口、资源、环境关系的探索还包括以下问题:生物多样

---

① 李宏,李伟. 论民族旅游地的可持续发展 [J]. 云南师范大学学报(哲学社会科学版),2010(1):128-134.

性的问题，即一些野生动物和植物物种的灭绝和野生环境的毁灭；由于人类活动所引起的微生物生态的变化问题，如森林毁灭、荒漠化、全球气候变化、抗生素和农药的滥用等。

1. **人口对环境、资源影响的两种理论**

（1）悲观主义论。

麦多斯（D. H. Meadows）等于20世纪70年代初撰写的《增长的极限》就曾预言，过快的人口增长会引起粮食需求的迅速增长，同时经济增长将引起不可再生资源耗竭速度的加快和环境污染程度的加深。这些变化都带有指数增长的性质，当这些变量发展到一定程度时，必然会在经济增长与自然资源和环境之间造成巨大的矛盾，为整个社会和人类带来灾难性后果。持有这种观点的人普遍认为必须为经济增长设立极限。有些经济学家更认为，应当放慢经济增长的速度，实现"零增长"。

（2）乐观主义论。

在20世纪70年代末，人口增长会给环境和资源带来负面影响的观点受到抨击。朱利安·林肯·西蒙（Julian. L. Simon）发表文章称，适度的人口增长并不会阻碍经济增长和经济发展。其原因有两个：适度的人口增长会刺激人们进行技术的开发和创新，从而使生产能力的增长快于人口的增长；市场经济机制能够自动通过市场价格体系，促使人们利用更丰富的资源替代比较稀缺的资源，因而并不会造成资源短缺。

与上面两种比较极端的观点相比，主流观点认为，如果对市场反馈和技术进步过分强调，会导致社会科学工作者得出人口增长对资源和环境影响甚微，甚至基本没有什么影响的可笑结论。主流观点进一步认为，人口增长在某些特定社会、经济和政治条件下会对环境和资源产生负面影响。人口增长可能对不可再生资源、空气和水的质量、气候，以及生物多样性造成损害。其损害程度取决于调节资源利用和外在性成本分配的制度安排是否可行及其效率。

2. **有关民族人口研究**

卢守亭认为伴随着城市化的发展，东北民族人口结构性社会流动趋向高级化，同时也出现了高级化变迁的速度较慢，上升性社会流动的规模较小，社会流动的省际差异较大等问题。要正确解决民族人口社会流动问题，必须加快少数民族经济社会发展，提高民族人口受教育水平。① 黄荣清为了更加全面准确地把握人口发展状态，构建了衡量人口发展的指标体系。按照这个指标体系，他分析了中国各民族人口的发展现状、各民族在发展过程中所处的位置，以及他们目前存在的突出问题。② 杨军昌认为，在新的时期，重视人口文化研究，批判、继承和大力开拓推广新的人口文化有利于统筹解决中国人口问题，有助于社会主义文化建设，也有助于我国综合国力的提高。西南地区是我国多民族聚居的人口大区，全国3个民族人口大省（广西、云南、贵州）集中于西南，8个民族省区有4个集中于西南。西南各民族在创造光辉灿烂的民族文化的同时，对于促进民族地区的人口再生产和经济发展、社会进步产生了积极的作用和影响。重视对西南民族人口文化的研究，无疑有助于西南民族人口再生产和民族地区经济社会发展，对于解决民族共同发展繁荣的相关深层次问题有着不可低估的学术意义和实践价值。③ 丁克家、杨景琴对我国穆斯林民族人口状况进行了分析，4个民族的人口分布和居住格局具有鲜明的地域特征和民族特色。回族是仅次于汉族的分布最广的少数民族，回族的传统聚居地以西北为主，但回族人口在各地的流动性较强。东乡族、撒拉族、保安族分别聚居在甘肃省临夏回族自治州的东乡族自治县、积石山保安族东乡族撒拉族自治县、青海省循化撒拉族自治县等地，居住相对集中。对这4个民族的人口指标和历史变化进行分析研究，可总结和发现中国穆斯林民族社会、经济与文化的变迁与时代性发展。④

3. 有关民族资源研究

我国大多学者针对民族资源的研究主要集中在民族旅游资源、民族人力资源及民族文化资源的开发与保护上。卜奇文介绍了广西12个民族的民族旅游资源的现状，广西各民族旅游资源主要包括民族文化艺术、民族手工艺品、民族美食、民族服饰、民族建筑、民族礼仪等。他提出了民族旅游资源开发和利用思路：一要充分利用本地民族风情文化资源，抓紧开发民族风情文化旅游，努力提高旅游产品品位，增强在旅游市场中的竞争能力；二要采取建

---

① 卢守亭. 东北城市化进程中民族人口的社会流动［J］. 大连大学学报，2007，28（1）：59-62.
② 黄荣清. 中国各民族人口发展状况的度量［J］. 人口学刊，2009（6）：3-13.
③ 杨军昌. 西南民族人口文化研究［D］. 兰州：兰州大学，2009.
④ 丁克家，杨景琴. 中国内地回族等四个穆斯林民族人口状况分析［J］. 北方民族大学学报（哲学社会科学版），2011（1）：48-56.

立窗口、集中展示的方式，推出各具特色的民族风情文化旅游景点；三要注意利用本地资源开发富有地方民族特色的旅游商品和饮食，使旅游购物和饮食尽量地方化、民族化；四要规划合理的民族旅游路线。[①] 陈旖分析了贵州民族旅游的优势：节日多、服饰变化多、分布广和特色鲜明等，通过研究现有的民族资源开发形式，发现贵州民族旅游资源还有很大的开发空间，但在开发中存在交通条件差、旅游景点质量不高等问题。他提出了以下建议：注重民族特色、打造旅游品牌，促进交通网络等基础设施建设，重视与邻省市的旅游连线，保证旅游业与民族文化产业的有机结合，从而推动全省民族旅游资源的可持续开发。[②] 窦开龙认为，民族旅游资源是指能够激发游客民族旅游动机、到民族旅游目的地消费民族旅游产品，并且能够带来社会文化、经济效益的自然和人造的事物和现象。其特点是区域性、乡土性、丰富性、审美性、脆弱性、综合性、稀少性等。[③] 邓永进指出，自觉传承、抢救、传播和创新民族文化，积极保护、建设民族聚居地，合理开发民族旅游资源和大力开发民族旅游人力资源，是实现民族旅游可持续发展的战略重点；而编制科学的民族旅游开发与保护规划和探索促进民族旅游可持续发展的有效机制，则是实现民族旅游可持续发展的主要措施。[④] 张晓宇认为，民族地区旅游文化的资源由以下四部分构成。一是物态文化层，由物化的知识力量构成，是人们的物质生产活动及其产品的总和，是可感知的、具有物质实体的文化事物。二是制度文化层，由人们在社会实践中建立的各种社会规范构成，包括民族的社会经济制度、婚姻制度、家族制度、艺术组织等。三是行为文化层，它的外在形态为各种符号，这些符号主要体现为物质实体和行为方式，以民族民风民俗形态出现，见之于日常起居生活之中，具有鲜明的地域特色。四是心态文化层，由人类社会实践和意识活动中经过长期孕育而形成的价值观念、审美情趣、思维方式等构成，它是民族文化的内隐部分，即价值观和意义系统，是民族文化的核心部分。民族文化旅游资源要进行保护性开发，坚持走可持续发展道路，实现旅游业开发与传承少数民族文化、保护少数民族文化

[①] 卜奇文. 展示多彩的民族文化——广西民族旅游资源开发系列研究·民族篇 [J]. 广西民族学院学报（哲学社会科学版），1999（S1）：75-77.

[②] 陈旖. 浅谈贵州民族文化旅游资源的可持续开发 [J]. 贵州民族研究，2007，27（2）：82-85.

[③] 窦开龙. 民族旅游资源的内涵和特征 [J]. 现代商业，2008（12）：98.

[④] 邓永进. 论民族旅游可持续发展的战略重点与主要措施 [J]. 云南民族大学学报（哲学社会科学版），2010（2）：62-66.

旅游资源、注重经济效益有机结合，以推动少数民族地区旅游业健康稳定的发展。① 安颖解析民族生态文化中宗教、图腾、聚落、村规民约、经济类型等因子，探索这些因子与自然资源保护之间的耦合关系，有助于把握少数民族传统的生态文化对于自然资源保护的重要价值。少数民族聚居地的自然资源必须从该民族生态文化出发，深入研究当地居民的生态观、价值取向、群体行为模式等文化背景，探讨该民族传统的生态文化与自然资源保护以及合理利用的内在联系，才能提出更好地解决或缓解这些矛盾与冲突的途径和方法。保持少数民族生态文化特质的关键在于维持和延续某些历史要素，因为这种历史要素共同培育了自然资源环境与其地域民族文化的和谐，保持和丰富了传统文化的张力。在追求可持续发展的今天，要让对自然资源适度开发、尊重自然、敬畏自然等生态思想重新焕发出生命活力②。

4. 有关民族环境研究

张胜冰提出，由于环境伦理观念的作用，少数民族对自然界充满信仰、崇拜、畏惧、感恩等神圣心理，有效地维护了人与自然在原始状态下的和谐，但也使得少数民族地区长期以来摆脱不了"攫取型经济"的落后生活方式和思维观念。在现代社会发展中，少数民族环境伦理观念陷入了困境，引发出一些新的社会问题和文化问题。③ 赵娴以少数民族为主要对象，详细阐述少数民族环境权的概念、特征，以及我国现阶段少数民族环境权保护中存在的矛盾与问题，以期更好的保护少数民族的环境权利，实现真正意义上的环境正义。④ 殷生宝对三江源地区民族生态旅游环境及开发进行研究，三江源地区民族生态旅游的开发环境包括人文地理环境、政策环境、经济环境、自然资源与人文资源环境及设施环境。他指出生态环境存在的问题包括：一些地区超载放牧，掠夺性地利用草场，滥采乱挖黄金、冬虫夏草，盗猎珍稀濒危野生动物，使得草场大面积退化，畜牧业水平降低，植被被破坏，优良牧草减少，

---

① 张晓宇. 少数民族地区旅游文化资源的开发与保护[J]. 前沿，2011（9）：118－120.

② 安颖. 论少数民族生态文化与自然资源保护的关系[J]. 学术交流，2011（2）：198－200.

③ 张胜冰. 环境伦理观念对少数民族传统生活方式的影响[J]. 中南民族大学学报（人文社会科学版），2005，25（2）：42－45.

④ 赵娴. 云南省少数民族环境权研究[C]//生态文明与环境资源法——2009年全国环境资源法学研讨会论文集，2009：1478－1484.

有毒杂草增加，鼠害肆虐，有些优质草场已经变成寸草不生的黑土滩；土地沙化和水土流失不断加剧，面积逐年扩大，沙尘暴天气增多；冰川退缩，水位下降，江河断流，湖泊干涸；自然灾害频发，雪、旱、风沙等灾害加剧，防灾抗灾能力低下。[①]赵世钊提出了民族文化生态环境建设的几个原则，包括：①政府、开发商、村民和旅游者利益协调博弈的原则；②承载力控制原则；③文化资源有价原则。他强调民族文化生态环境建设是要将乡村旅游资源的保护与开发统一起来，在保持民族文化的基础上实现乡村旅游产业的持续发展。因此，民族文化生态环境建设仍要面临乡村旅游资源的保护与开发两个问题，只是不再将二者视为矛盾的对立而是努力做到有机的统一。[②]才惠莲、熊浩然提出环境权是一项新型人权，民族环境权是少数民族人权保护的重要内容。民族环境权以民族区域自治法和国家环境立法为基础，少数民族除了享有一般环境权，还同时享有具备民族特点的环境权。民族环境权的提出，有利于民族地区资源开发利用与环境保护，有利于加快少数民族经济发展，有利于维护国家安全、巩固国家主权。[③]

第三节　资源诅咒

一、资源诅咒的含义

资源诅咒是一个经济学的理论，多指与矿业资源相关的经济社会问题。丰富的自然资源可能是经济发展的诅咒而不是祝福，大多数自然资源丰富的国家比那些资源稀缺的国家增长得更慢。

荷兰在20世纪50年代因发现海岸线富藏巨量天然气而迅速成为以出口天然气为主的国家，其他工业逐步萎缩。资源带来的财富使荷兰国内创新的动力萎缩，国内其他部门失去国际竞争力。至20世纪80年代初期，荷兰经历了一场前所未有的经济危机。此外，关于矿业对发展中国家经济发展的贡献除了中短期矿业项目所带来的"新兴都市"效应外，更多的是与矿业资源相关的经济社会问题，简单言之叫作"资源诅咒"。

---

① 殷生宝. 三江源地区民族生态旅游环境及开发[J]. 青海民族大学学报（教育科学版），2010（5）：114-117.

② 赵世钊. 民族文化生态环境建设与乡村旅游利益分配[J]. 农业经济，2010（6）：41-43.

③ 才惠莲，熊浩然. 论民族环境权[J]. 法制与经济（中旬刊），2010（2）：140-142.

1. 资源诅咒的提出

20世纪80年代中期以来，新的内生增长理论对于索洛增长理论的"趋同过程"和"赶超假说"提出了质疑，大量的实证研究开始比较各国经济增长速度的差异。一些经济学家发现自然资源丰裕的国家经济增长速度却令人失望，开始探求其中原因。

1993年，Auty在研究产矿国经济发展问题时第一次提出了"资源诅咒"这个概念，即丰裕的资源对一些国家的经济增长并不是充分的有利条件，反而是一种限制。在此之后，Sachs和Warner连续发表了三篇文章（1995，1997，2001），对资源诅咒这一假说进行开创性的实证检验。他们选取95个发展中国家作为样本，测算自1970—1989年这些国家国内生产总值（GDP）的年增长率，结果发现仅有两个资源丰裕型国家年增长速度超过2%。回归检验表明，自然资源禀赋与经济增长之间有着显著的负相关性，资源型产品（农产品、矿产品和燃料）出口占国民生产总值（GNP）中的比重每提高16%，经济增长速度将下降1%。即使将更多的解释变量纳入回归方程，比如制度安排、区域效果、价格波动性等，负相关性依然存在。

2. 资源诅咒的程度

资源丰裕度的测量是实证研究中一个重要难题，为此学者们纷纷引入一些替代变量，包括初级产品的出口与GDP的比值（Sachs和Warner，1995）、初级产品部门的就业比例（Glyfason，1999）、人均耕地数量（Wood和Berger，1997）、能源储量（Stijns，2000）、资源租占GDP的比值（Hamilton, K.，2003）等。虽然度量方法存在着较大的差异，但研究结果一致表明，资源丰裕度与经济增长的负相关关系普遍存在。一些研究（Isham et al，2002；Murshed和Perala，2002）对自然资源的类别加以细分，讨论不同资源国家遭受资源诅咒程度的差异。根据资源地理分布集中度的不同，自然资源可以被划分为集中型资源和扩散性资源。集中型资源（如矿产资源）经济体更容易遭受资源的诅咒，因为政府可以通过集中开采直接获取大量收入，进而滋生一个腐败和掠夺性的政府。而对于类似农业耕地这种分散性资源，国家财政收入只有依靠从企业或个人的征税中获得。为了能够赢得公众政治上的支持，政府必须更加追求发展的持续性、政策的一致性和增加国民福利等政治目标，因此，资源诅咒的现象在主要农业国表现得并不十分明显。

3. 资源诅咒的传导机制

国外大多数研究都支持这样一个命题：自然资源如果对其他要素产生挤出效应，就会间接地对经济增长产生负面影响。Gylfason 称之为资源诅咒的传导机制。常见的传导机制包括："荷兰病"、资源寻租和腐败、轻视人力资本投资、可持续发展能力衰退。与国际上这一领域较为丰富的研究成果相比，国内探讨自然资源禀赋与经济增长关系的文献并不多见。

第一，单一的资源型产业结构容易使资源丰裕地区患上"荷兰病"，资源部门的扩张和制造业的萎缩必将降低资源配置的效率。例如，我国能源大省的产业结构特征就是以采掘和原料工业为主的工业比重过大，各类产品的加工链很短，中间产品比例高，最终消费品比例低，挤占了技术含量和附加值高的最终产品工业和高新技术产业的发展。资源部门的扩张性在一定程度上会"挤出"制造业，而中国过去正是工业尤其是制造业加快发展的时期。

第二，资源丰裕地区的资源型产业扩张导致人力资本积累不足，难以支撑持续高速度的经济增长。单一的资源型经济结构导致资源丰裕地区严重缺乏人力资本积累的内在动力，这是因为资源型产业与加工制造业相比，不管是对于人力资本的需求还是人力资本的投资报酬率，都存在着较大的差异。

第三，在产权制度不清晰、法律制度不完善、市场规则不健全的情况下，丰裕的自然资源还会诱使资源使用的机会主义行为及寻租活动的产生，造成大量的资源浪费和掠夺性开采。我国现行资源开发管理的制度安排不仅使得资源的所有权与行政权、经营权相混淆，而且所有权在经济上没有得到充分的体现，其收益由多种途径和渠道转化为一些部门、地方、企业甚至是个人的利益。

第四，资源的开发加大了生态环境的压力，城市环境问题突出，污染治理水平较差。脆弱的自然环境状况不仅阻碍了地区潜在优势的发挥，而且成为经济发展的主要障碍。在资源接近枯竭时，经济发展的可持续性受到了严峻的挑战，由此引发了大量的失业和社会不稳定问题。

二、国外资源诅咒研究

资源诅咒的研究者基于不同的概念化过程、可操作化过程、经济增长模型提出了不同的资源诅咒模型和假设，并应用不同的研究方法和数据样本检验各自假设。但是，不同的研究得到了不同的结论。Ding（2005）首次区分了资源依赖和资源禀赋（类似资源丰裕），结论是资源依赖对经济增长有负效应，但资源禀赋对增长有正效应。Norman（2009）也辨析了资源禀赋和资源依赖，结论是资源禀赋不直接影响经济增长，而资源依赖直接影响经济增长。Bulte等（2005）使用人类福利研究资源开发的影响，人类福利变量包括人类发展指数、贫困指数、预期寿命、营养不良人口比重、饮水不安全人口比例和自变量使用资源出口占GDP比重，结果发现资源依赖和人类福利之间存在消极关系。

很多实证研究都存在明显不足，所以有文献开始质疑资源诅咒是否真的存在。部分研究的结论就是资源没有诅咒效应，Davis（1995）比较了1970—1991年各国GNP，并没有发现资源依赖国家GNP偏小或者发展缓慢。Lederman和Maloney（2002）使用长周期数据，并控制起始GDP和贸易开放度，发现Sachs和Warner（1995，1997）的结论并不成立。Serra（2006）发现资源依赖跟腐败完全无关。

国际上关于资源与经济增长关系的跨国研究丰富且广泛，大多数学者认为两者负相关，即资源丰裕国家经济增长速度往往小于资源贫乏国家，这一关系已经被一系列实证研究证实（Gelb，1988；Sachs和Warner，1995，1997，1999，2001；Leite和Weidmann，2002；Lane和Tomell，1996；Tornell和Lane，1999；Gylfason，2001；Salai-Martin和Subra-Manian，2003；Papyrakis和C. Erlagh，2004）。被证明资源诅咒发展的国家主要有：非洲的刚果、南非、尼日利亚、阿尔及利亚、利比亚、几内亚、塞拉利昂、特立尼达、多巴哥、赞比亚，拉美的墨西哥、智利、委内瑞拉、玻利维亚、厄瓜多尔、扎伊尔，亚洲的沙特阿拉伯、伊朗、伊拉克、科威特等。另外，能源等点资源诅咒效应似乎更显著。Auty（2001）首先提出点资源（point resources）的诅咒效应比散资源（diffuse resources）更严重和普遍，特别是石油、天然气和煤炭等能源。这一观点陆续被其他研究证实（Iite和Weidmann，2002；Ishametal，2005；Salai-I-Martin和Subra-manian，2003；Buheetal，2005；Boschinietal，2007）。

以国家内部不同地区为对象的资源诅咒研究数量有限。Papyrakis和Gerlagh（2004）首先把资源诅咒引入国内不同区域，他们使用美国1986—2001年49个州的数据和相对收敛模型，发现美国州际层面存在资源诅咒。这篇文章同时考察了美国资源诅咒的传导机制，认为资源主要通过"挤出"教育减缓经济增长，扩张的初级产品部门不需要高学历劳动力，这降低了整个地区的教育投资，导致经济增长减缓。Freeman（2005）和Cookeetal等（2006）同样研究了美国不同地区的截面数据，证实了资源诅咒命题在美国成立。

三、国内民族地区资源诅咒研究

赵奉军认为,避免资源诅咒有以下四种思路:放慢资源的开采速度。①那种"有水快流"的思想应该受到重新审视。②设立资源基金政府的支出管理。为了应付自然资源价格的大起大落,有必要根据一个合理的价格基准设立资源基金。如果市场上的价格超过它,则基金收入增加,以此来防止增加的收入转为预算支出;如果低于它,则基金收入的一部分进入政府预算中,以稳定预算支出,以此来防止政府预算支出的大幅波动。③以经济多样化减少对资源部门的依赖,但必须注意,在多样化的过程中应注重市场力量。④加强制度建设和改善投资环境。① 冯宗宪、于璐瑶、俞炜华在分析中心—外围论、贸易条件恶化论、"荷兰病"、资源诅咒和劫难相关理论的基础上,借鉴发展中国家以及中国山西地区开发经验,分析了发展中国家资源诅咒和劫难问题的影响因素(如表10-2所示),并从我国西部资源开发利用的实际出发,就调整资源价格体制、提高技术水平、加快对外开放、完善生态环境管理体制、改革开发管理体制和改变经济增长模式等提出了相应的政策建议。②

表10-2 发展中国家资源诅咒和劫难问题的影响因素一览表

类别	影响因素
国内因素	缺乏合理的规划,缺乏合理、透明的的开采制度,资源定价不合理,分配制度不合理,治理责任不明确,单一的资源依赖性战略,经济、政治体制改革滞后,贫困人口多、经济发展水平落后,科技、教育程度低
国际因素	贸易条件恶化、交易地位、掠夺式开采、国际资源价格波动性、行贿寻租

张亮亮通过对国际经验和教训的总结,探讨转型时期经济欠发达但资源富集的内蒙古地区经济增长的路径选择和面临的挑战,并提出相应的对策建议:一方面,通过集群形式发展矿产资源型产业;另一方面,采取各种措施推动"资源型经济"的多样化转变,实现资源富集地区经济的长期可持续发

---

① 赵奉军. 西部开发必须警惕资源诅咒 [J]. 西部论丛, 2005 (10): 41-42.

② 冯宗宪, 于璐瑶, 俞炜华. 资源诅咒的警示与西部资源开发难题的破解 [J]. 西安交通大学学报 (社会科学版), 2007 (2): 7-18.

展。这些措施包括完善矿产资源价值核算体系,从资源开发收益中提取并建立刚性的发展基金,健全政府公共职能和政府行为监督机制,发挥媒体的自由监督作用等。① 耿香玲指出,资源诅咒命题对西藏经济和社会发展的警示意义在于:国家主体功能区划分对西藏资源开发形成一个强大的外在约束,高昂的资源开发成本使西藏自然资源的经济价值大大降低,资源开发中的浪费和腐败行为使广大农牧民无法从资源开采中得到更多的实惠。基于对西藏各产业的资源优势、产品需求弹性、产业关联度、市场需求前景等方面的综合分析,她得出如下结论:西藏资源性产业如采矿业、建筑建材业、野生动植物产业等不具备成为主导产业的充分条件,而发展文化产业可以在一定程度上破解西藏资源诅咒难题,进而可以作为主导产业加以培育。② 赵灵、张景华根据已有的研究,认为自然资源制约西部经济发展有如下几种机制:"荷兰病"效应、人力资本不足、贸易条件论、制度弱化、生态环境恶化。他们提出西部破解资源诅咒的路径:①合理调整和优化产业结构,实现产业多元化发展。产业结构升级是落后地区实现跨越式发展的重要途径,而西部地区的产业结构调整应立足于地区的比较优势,同时在重点地区和重点行业着力培育竞争优势。②加大人力资本投入,培育经济增长新的动力。为了逃避资源诅咒,资源富裕的地区必须加强人力资本的培养和投入水平,以加快科技创新带动人力资源提升,以优厚待遇吸引人才,充分挖掘现有人力资源潜力。③资源经济与知识经济协调发展。科学技术的发展和人类对于资源的认识实践已经证明,资源的有限性与无限性是辩证统一的,既要看到资源稀缺的一面,更要认识到资源系统是一个发展的、开放的系统。人类通过科技进步加深对资源利用的潜力是广阔的。④改革资源税,提高地方财政收入。⑤积极推动制度创新,建立科学、合理和透明的资源开发管理制度。③ 姚文英通过计算资源贫困指数,比较新疆和广东省 GDP 在全国 GDP 中占比的变化,应用新疆居民人均财富位次等证据验证新疆是否存在资源诅咒效应。验证结果显示,新疆能源、石油、天然气、煤炭资源贫困指数均大于 1;新疆城镇居民人均收入匮乏;与资源相对不丰裕的广东省 GDP 对比,差异悬殊却有进一步扩大的

---

① 张亮亮. 矿产资源富集、"自然红利"与"资源诅咒":中国内蒙古地区的经济增长、问题与对策 [J]. 世界经济情况, 2008 (6): 67 - 70.

② 耿香玲. "资源诅咒"警示与西藏地区主导产业选择 [J]. 西藏民族学院学报(哲学社会科学版), 2008 (5): 74 - 78.

③ 赵灵, 张景华. 我国西部资源诅咒的传导机制与路径选择 [J]. 统计与决策, 2008 (21): 142 - 144.

趋势；新疆能源资源开采量增幅远高于新疆 GDP 增幅等，充分表明新疆存在资源诅咒效应。① 王永丰利用计量经济模型，深入分析得出内蒙古各旗县之间不存在资源诅咒的结论，并以此现实问题为背景，讨论了内蒙古未落入资源诅咒效应的成因是资源价格相对稳定、劳动力剩余、资源经济发展属于初级阶段。他提出预防资源诅咒途径：改革现行"资源租"使用方式，建立有效透明的监督机制，提高"资源租"使用效率；加大人力资本投入，培育经济增长的新动力；放缓资源开发。② 贾会娟、赵春霞指出资源诅咒是青海经济实现可持续发展必须避开的陷阱。尽管青海在 1985—2003 年间 GDP 增速处于全国末位，但自 1998 年实施西部大开发以来青海省 GDP 增速开始超过全国平均水平，特别是进入 2001 年，青海省 GDP 连续 8 年保持 10% 以上的增速。2004 年青海人均生产总值已突破 1 000 美元，2008 年人均生产总值为 2 504 美元，根据国际公认的人均生产总值 1 000—3 000 美元为"黄金发展期"，青海已站在起飞的历史起点上，其对于自然资源尤其是能源资源的需求量和开发量必将大大增加，而资源诅咒发挥作用的前提条件就是资源开发空前繁荣。因此，从宏观上来讲资源诅咒陷阱距离青海并不遥远。因此，需要借鉴国内外成功经验，避免"资源诅咒"的同时注重生态环境的保护。③ 颜泽慧指出，云南是全国得天独厚的矿产资源宝地，但是人均 GDP 的增长率与其资源禀赋极不相称。她应用直观数据比较及计量分析得出云南陷入了资源诅咒的困境，应当充分将资源优势转化为经济优势，合理调整产业结构，摆脱资源诅咒的困境，树立科学发展观，实现云南省经济的可持续发展。④ 姚文英、刘丹以新疆为案例，指出新疆是典型的绿洲分布，由此形成了资源开采利用的点状分布，如新疆煤矿大部分集中在北疆地区，且以乌鲁木齐和昌吉地区尤为突出，而南疆地区尤其是和田、喀什、克州三地州煤矿稀少，符合广义资源诅咒着重强调的点状自然资源开发的理论基础；新疆业已形成的产业结构呈现为资源依赖型的、以采掘业为主的单一化工业发展结构，产生明显的油气、煤等的"资源核"效应；与此同时，新疆脆弱的生态环境使得广义的资源诅咒效应表

---

① 姚文英. 新疆资源诅咒效应验证分析［J］. 新疆农业大学学报，2009（4）：90–94.

② 王永丰. 内蒙古存在"资源诅咒"吗［J］. 财经纵横，2009（7）：75.

③ 贾会娟，赵春霞. "资源诅咒"：青海经济实现可持续发展必须避开的陷阱［J］. 柴达木开发研究，2010（2）：18–20.

④ 颜泽慧. "资源诅咒"的实证分析——以云南省为例［J］. 现代商业，2010（26）：158–159.

现得更为强烈。他们还通过对新疆矿产资源开发中已呈现的"资源核"效应、单一的产业结构、环境污染、生态破坏、粗放浪费、寻租违规等现象论证广义的资源诅咒特征在新疆已经表现得较为明显。①

第四节 对策

冯宗宪等提出了能源资源开发与经济增长模式转变的政策建议。①建立科学合理的能源资源价格体制与相应的税收机制，扩大调整成本计算范围。②在技术进步与合理价格基础上对开发能源资源产量进行科学控制。③在开放的条件下，鼓励东、西部地区企业更加积极大胆地利用两种资源和两个市场。④建立国家和地区的能源、资源发展稳定基金。⑤建立和完善生态环境补偿机制。⑥发挥后发优势，实现西部产业多元化发展。⑦建立科学、合理和透明的资源开发管理制度。⑧支持西部和资源富集区经济协调可持续发展，尽快改善当地人民生活。②梁玉华提出以下民族村寨生态旅游开发对策：转变开发思路，加强民族村寨生态旅游开发与发展的政策导向和开发管理；加强游客管理，控制游客数量；组织村民积极参与生态旅游开发，可以有效地促进民族村寨生态旅游环境保护；完善民族村寨生态旅游产品结构，促进民族村寨生态旅游可持续发展。③王琦认为黑龙江省民俗旅游资源开发策略由四部分构成：①政府投资与宣传策划。政府直接投资是合理、可行的，同时也可通过引进外资、鼓励企业投资等多种形式筹集资金。采取各种优惠政策，鼓励多种经济体制参与旅游业，加强投资环境的治理和改造，加大政策扶持力度，从而引起社会关注，吸引更多的旅游者，增强社会投资旅游业的信心。重视宣传策划。首先，旅游企业或相关单位应向旅游者或潜在消费者提供一些印刷精致、图文并茂、色彩鲜艳、内容新颖、言简意赅的宣传品，如《旅游导读》《旅游地图》《旅游指南》等。其次，可借助平面媒体、电视媒体，通过新闻宣传、专题宣传、广告宣传等多种形式对黑龙江省冬季冰雪艺术游、滑雪旅游，春季登山游、赏花游，夏季森林观光游、湖泊度假游、湿地观鸟

---

① 姚文英，刘丹. 广义"资源诅咒"在我国省域尺度的案例检验——以新疆为例[J]. 新疆财经，2010（2）：22-25.

② 冯宗宪，于璐瑶，俞炜华. 资源诅咒的警示与西部资源开发难题的破解[J]. 西安交通大学学报（社会科学版），2007（2）：7-18.

③ 梁玉华. 少数民族村寨生态旅游开发与旅游可持续发展探讨——以贵阳花溪镇山村旅游开发为例[J]. 生态经济，2007（5）：113-117.

游、火山矿泉疗养游,以及乡村民俗游、中俄边境游等特色旅游产品进行宣传推介。最后,为了配合民俗旅游的宣传,可以组织有关专业人员编写通俗易懂的民俗书籍,既介绍民俗旅游和民俗学的基本知识,也介绍具体民俗文化的起源、发展和演变。②科学定位与产权配置。科学的市场定位是旅游资源评价认识和开发的前提和结果,也是旅游资源开发建设的依据和指导。合理的定位对资源与市场的开发有好处,否则会导致或开发不充分、浪费资源,或投资过大、建设超标准而浪费资金,有货无市。同时,民俗文化体现在少数民族的个体或群体之中,但政府和开发商在开发计划的制订和利润分配方面,没有考虑到征求传统文化真正"主人"的意见,目前的产权安排从根本上剥夺了少数民族人民的自身权益,广大少数民族人民没有得到文化资源开发后带来的应有收益,没有成为民俗文化资源开发的最大受益者。③开发特色产品和发展民族生态旅游,植根于地方文化,突出特色,打造旅游品牌,是黑龙江省旅游产品开发的切入点。黑龙江省具有独特而丰富的旅游资源,应从地方文化特色入手,将民俗文化与其他产业相结合,共同开发有特色的旅游产品。④重视人才培养与可持续发展。目前黑龙江省旅游人才输入不足,严重缺乏高级导游人才、高级管理人才。开发黑龙江省民俗旅游资源,发展黑龙江省民俗旅游,就必须拥有一支高素质的生力军。这支生力军不仅应包括既精通黑龙江省民俗文化,又明确旅游资源开发与规划的专家级人才,还应包括民俗旅游的管理者、经营者、导游等人员,甚至还要包括民俗旅游地的当地居民。①

　　王钰菲提出隆回乡村生态旅游可持续发展的具体举措如下:基础先行,实行内部交通与接待设施并行战略;解放思想,转换观念,多文化发展做强隆回乡村生态旅游;政府主导,市场参与,培育支柱产业;重视加强部门、区域联动战略;重视营销,树立精品意识,突出隆回特色;外树形象,内强素质,以高标准建设隆回生态旅游;开发与旅游相结合的商品、纪念品。可持续发展是一种全新的价值观念,乡村生态旅游可持续发展应促进资源、经济、社会、环境之间协调发展,发展乡村生态旅游要以乡村资源和生态环境的承受力为基础,符合当地的经济、文化和社会道德规范,实现乡村生态旅游与自然、文化和生存环境的协调统一。我国乡村生态旅游目前存在的环境破坏、资源流失甚至丧失、家族式经营管理模式、从业人员素质低下等一系

---

① 王琦. 黑龙江省民俗旅游资源开发研究 [D]. 济南:山东大学,2009.

列问题,都有待用可持续发展观念和手段来解决。①

赵世钊提出民族文化生态环境建设的措施:①将旅游开发与村民就业联系起来,使村民从旅游产业发展中获益。村民能否参与乡村旅游发展过程的各项决策活动是确保村民权益是否得到保障的前提和基础。②选择适当的开发模式并最大程度体现当地村民利益。③成立村民自己的民族文化研究与保护组织。通过对属于自己的民族文化进行研究,增强村民对自己的民族文化遗产的自豪感。④通过制定和实施环境容量限制的方法来保护民族文化生态环境,即把旅游开发和利用的强度、游客进入的数量控制在资源及环境的自然与民族文化的"生态承载力"范围内。⑤合理分工,利益兼顾,促进乡村旅游持续发展。②

张晓宇提出以下民族地区旅游文化资源的保护对策:①发挥政府保护民族文化的主导作用;②坚守民族差异性,挖掘民族文化内涵;③从法律上保护民族旅游地区的生态环境;④坚持开发与保持并重的策略。③

张元元、王琴梅提出以下陕北避免资源诅咒的对策措施。①生态补偿机制。我国生态补偿机制还处在初级试探阶段,补偿实践还存在许多问题:产权界定不清晰;法律还处在缴费的阶段,没有一个完整的法律体系;明显落后于生态破坏的速度,总是等到灾难发生后才去考察、关心治理;当地居民的生态意识不强。基于这些,我国应该借鉴国外的生态补偿机制,适时适地地应用。②调整产业结构。首先是主导产业的选择。其次,拉长原有资源产业链条,在煤、油资源开发上不断延伸产业链,提高产品附加值。加强伴生、共生资源的综合利用,减少资源浪费。要建立"资源—产品—废物—产品"的循环经济。最后,加强资金的管理。③重视人力资本的培养。一要重视人才的培养和吸纳,二要重视生态教育。④全面推行资源税的立法进程。首先,促进国有资源的合理开采、节约使用和有效配置;其次,税的计量;再次,缩小贫富差距。④

李向指出以下规避资源诅咒陷阱的路径选择:①因地制宜,统筹规划,

---

① 王钰菲. 隆回县乡村生态旅游可持续发展研究 [D]. 长沙:湖南农业大学, 2010.
② 赵世钊. 民族文化生态环境建设与乡村旅游利益分配 [J]. 农业经济, 2010 (6): 41-43.
③ 张晓宇. 少数民族地区旅游文化资源的开发与保护 [J]. 前沿, 2011 (9): 118-120.
④ 张元元,王琴梅. 陕北能源开发面临的"准资源诅咒"及其规避分析 [J]. 榆林学院学报, 2010 (4): 1-7.

营建良好的投资环境和生态环境。②发展循环经济，调整产业结构，实现煤炭资源丰富地区经济的可持续增长。一是以循环经济为导向，积极培育各具特色的煤炭资源深加工产业集群。二是拓展思路，鼓励创新，促进劳动密集型产业更新升级。三积极扶持非煤接续产业，实现煤炭资源型地区经济的均衡发展。③优化财政支出结构，调整收入分配机制，让经济增长更多地惠及普通民众。④完善金融服务体系，拓宽金融融资渠道，实现煤炭产业融资方式、方法的多元化和多渠道。①

本章参考文献：

［1］李凤娟．西部民族地区生态旅游发展研究——以甘南藏族自治州为例［D］．兰州：西北师范大学，2006．

［2］陆莹．川西民族地区生态旅游发展问题研究——以阿坝藏族羌族自治州为例［D］．成都：西南财经大学，2006．

［3］董智新．新疆草地生态经济系统可持续发展研究［D］．乌鲁木齐：新疆农业大学，2009．

［4］肖晓．九寨沟旅游区旅游可持续发展战略及对策研究［J］．软科学，2009（5）．

［5］李宏，李伟．论民族旅游地的可持续发展［J］．云南师范大学学报（哲学社会科学版），2010（1）．

［6］卢守亭．东北城市化进程中民族人口的社会流动［J］．大连大学学报，2007，28（1）．

［7］黄荣清．中国各民族人口发展状况的度量［J］．人口学刊，2009（6）．

［8］杨军昌．西南民族人口文化研究［D］．兰州：兰州大学，2009．

［9］丁克家，杨景琴．中国内地回族等四个穆斯林民族人口状况分析［J］．北方民族大学学报（哲学社会科学版），2011（1）．

［10］卜奇文．展示多彩的民族文化——广西民族旅游资源开发系列研究·民族篇［J］．广西民族学院学报（哲学社会科学版），1999（S1）．

［11］陈旖．浅谈贵州民族文化旅游资源的可持续开发［J］．贵州民族研究，2007，27（2）．

［12］窦开龙．民族旅游资源的内涵和特征［J］．现代商业，2008（12）．

---

① 李向．鄂尔多斯规避"资源诅咒"陷阱的路径选择［J］．内蒙古金融研究，2010（6）：33－37．

［13］邓永进．论民族旅游可持续发展的战略重点与主要措施［J］．云南民族大学学报（哲学社会科学版），2010（2）．

［14］张晓宇．少数民族地区旅游文化资源的开发与保护［J］．前沿，2011（9）．

［15］安颖．论少数民族生态文化与自然资源保护的关系［J］．学术交流，2011（2）．

［16］张胜冰．环境伦理观念对少数民族传统生活方式的影响［J］．中南民族大学学报（人文社会科学版），2005，25（2）．

［17］赵娴．云南省少数民族环境权研究［C］//生态文明与环境资源法——2009年全国环境资源法学研讨会论文集，2009．

［18］殷生宝．三江源地区民族生态旅游环境及开发［J］．青海民族大学学报（教育科学版），2010（5）．

［19］赵世钊．民族文化生态环境建设与乡村旅游利益分配［J］．农业经济，2010（6）．

［20］才惠莲，熊浩然．论民族环境权［J］．法制与经济（中旬刊），2010（2）．

［21］赵奉军．西部开发必须警惕"资源诅咒"［J］．西部论丛，2005（10）．

［22］冯宗宪，于璐瑶，俞炜华．资源诅咒的警示与西部资源开发难题的破解［J］．西安交通大学学报（社会科学版），2007（2）．

［23］张亮亮．矿产资源富集、"自然红利"与"资源诅咒"：中国内蒙古地区的经济增长、问题与对策［J］．世界经济情况，2008（6）．

［24］耿香玲．"资源诅咒"警示与西藏地区主导产业选择［J］．西藏民族学院学报（哲学社会科学版），2008（5）．

［25］赵灵，张景华．我国西部资源诅咒的传导机制与路径选择［J］．统计与决策，2008（21）．

［26］姚文英．新疆"资源诅咒"效应验证分析［J］．新疆农业大学学报，2009（4）．

［27］王永丰．内蒙古存在"资源诅咒"吗［J］．财经纵横，2009（7）．

［28］贾会娟，赵春霞．"资源诅咒"：青海经济实现可持续发展必须避开的陷阱［J］．柴达木开发研究，2010（2）．

［29］颜泽慧．"资源诅咒"的实证分析——以云南省为例［J］．现代商业，2010（26）．

［30］姚文英，刘丹．广义"资源诅咒"在我国省域尺度的案例检验——以新疆为例［J］．新疆财经，2010（2）．

［31］梁玉华．少数民族村寨生态旅游开发与旅游可持续发展探讨——以贵阳花溪镇山村旅游开发为例［J］．生态经济，2007（5）．

［32］王琦．黑龙江省民俗旅游资源开发研究［D］．济南：山东大学，2009．

［33］王钰菲．隆回县乡村生态旅游可持续发展研究［D］．长沙：湖南农业大学，2010．

［34］张元元，王琴梅．陕北能源开发面临的"准资源诅咒"及其规避分析［J］．榆林学院学报，2010（4）．

［35］李向．鄂尔多斯规避"资源诅咒"陷阱的路径选择［J］．内蒙古金融研究，2010（6）．

第十一章 民族经济发展的非经济因素

非经济因素与人类的生产和消费有着密切的互动关系,在经济发展中有着不可忽视的重要功能。非经济因素既可能是促进经济发展的动力,又可能成为制约经济发展的瓶颈。国外最早关于非经济因素研究的著作是亚当·斯密的《道德情操论》,该书以经济学的眼光剖析了道德情操问题。此外,边沁、贝克尔、舒尔茨等也从不同的方面来研究经济发展中的非经济因素。而在国内,吴敬琏、茅于轼等学者也从不同的切入点探讨了经济发展中的非经济因素。李岚认为非经济因素"主要是指人类行为的'非物质方面',如政治、法律、宗教、伦理、文化、心理、制度、教育、婚姻、生育、时间配置和社会相互作用等等"。[①] 李明文认为,非经济因素是指一个民族在社会实践活动中形成的、相对于经济因素而存在的意识形式,以及在此意识形式支配下所产生的各种行为方式。它主要表现在某一地区、某一民族的传统价值观、生活习俗、教育意识、科技意识及婚育观念等方面。[②] 目前,我国正在进行西部大开发,而西部地区又是少数民族聚居的地区,因此研究民族经济发展中的非经济因素具有重大的理论和实践价值。

国内对民族经济发展中的非经济因素研究的文献很多,笔者统计了1979—2008年期间中国期刊网上关于民族经济的论文发表情况,30年间共发表关于民族经济的论文多达6 298篇,其中非经济因素研究中文化方面的378篇、教育方面的311篇、制度方面的71篇、思想方面的124篇,以多个非经济因素为研究对象的共计286篇。笔者分析了以多个非经济因素为研究对象的286篇论文的逐年发表情况。统计表明,从整体上来说,关于我国民族经济发展中非经济因素研究的论文数量是在不断增加的,在2006年和2007年达到了高峰,如图11-1所示。

---

① 李岚. 应当重视西部民族地区经济发展中的"非经济"因素研究 [J]. 西北民族学院学报(哲学社会科学版), 2002 (1): 90-92.
② 李明文. 非经济因素对边疆多民族贫困地区经济发展的影响及对策——云南澜沧拉祜族自治县竹塘乡调查研究 [J]. 思想战线, 1997 (6): 64-68.

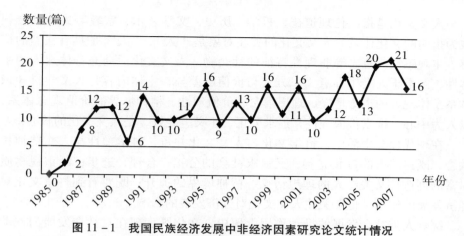

图 11-1　我国民族经济发展中非经济因素研究论文统计情况

本文主要从文化因素、人口素质与教育因素、思想观念因素以及其他非经济因素等方面对有关文献进行综述。

第一节　文化因素对民族经济发展的影响

对我国民族经济发展中非经济因素的研究的第一个重点是文化因素。研究者们多从文化与经济的关系来分析和探讨民族文化对民族经济发展的影响作用。

杨新宇认为文化可以从不同角度进行多种分类。如果对文化这个整体做一个基本的分类及分析，正如英国学者斯诺在《两种文化》中提出的，人类创造了两种不同的知识、方法和观念体系，即科学文化和人文文化。但是，这两种文化之间的关系却又并非如斯诺所言是截然区别、互不相干的。科学文化与人文文化是社会文化整体的两个侧面，作为两种文化精髓的学科理性与人文精神在本质上是融合渗透、高度和谐与统一的。科学文化是指以自然力为指向，基于严谨的科学知识、规范的科学方法、理性的科学思想而形成的文化体系，其目的和任务是认识自然、探求自然界的客观规律，获得关于自然现象的本质性认识，其整个过程要求规范、严谨、求实，要求排除主观意志、情感等非理性因素等。其成果是客观的真理性知识，它能教人知、行，帮助增进人类社会福利，蕴涵于其中的客观、求实、理性的精神则能开阔人的心胸，启迪人的心智，扩大人的视野，使人摒弃愚昧无知、教条迷信。客观、求实、理性的科学精神是科学文化的精髓。

人文文化是指以伦理道德、哲学、历史、文学艺术、宗教等人文社会领域为指向的文化体系。人文文化的关注对象是"人","人"是具有强烈的情感、主观感觉、意志等非理性特征的社会物。人文文化活动充分体现人的主体性,侧重于人类生存意义、方式与价值的差异,主体内容是人文学科知识体系及体现人的道德情操、理想信念、价值理性、精神境界的价值观念体系,以人为中心,推崇价值理性,追求公正、正义、美好,是人文文化的核心。

在现代社会生活中,科学文化与人文文化并重,科学理性与人文精神相融合,既追求人的自我完善,又追求社会的公正、合理、进步;既重视物质财富的创造,又关注人的理想情操、精神境界的提升;既要看到科学文化对经济发展的作用,也要关注人文文化对经济发展的影响。

综观人类社会发展的推动作用上历史,文化既表现在对社会发展的推动作用上,又表现在对社会的规范、调控作用上,还表现在对社会的凝聚作用和社会经济发展驱动作用上。

1. 文化是社会变革的内在推动力

任何社会形态的文化,本质上来说,并不仅仅是对现行社会的肯定与支持,也包含着对现行社会的评价与批判,它不仅包含着这个社会"是什么"的价值支撑,也蕴含着这个社会"应如何"的价值判断。人类社会发展的历史表明,当一种旧的制度、旧的体制无法继续运转下去的时候,文化对新的制度、新的体制建立的先导作用十分明显。蕴藏在新制度、新体制中的文化精神,一方面为批判、否定和超越旧制度、旧体制提供锐利武器;另一方面又以一种新的价值理念以及由此而建立的新世界为蓝图,给人们以理想、信念的支撑。因此,人类历史上新的制度战胜旧的制度,文化起到了内在推动作用。

2. 文化是社会常态的调节机制

如果说新制度代替旧制度的过程,是社会处于一种非常状态的表现,那么,新的制度、体制建立后,社会在一定秩序中运行发展就是社会常态的表现。由于社会是人的社会,而每个人所处的环境、自身素质和精神物质需求又不尽相同,所以常态中的社会依然会存在人与自然、人与人、人与社会等矛盾,并且还存在人自身的情感欲望和理智的矛盾。如果这些矛盾不能妥善解决,这个社会的常态就会被打破,从而破坏社会的稳定和谐。要化解人与自然、人与人、人与社会等的种种矛盾,就必须依靠文化的教化作用,发挥先进文化的凝聚、整合作用,通过有说服力的、贴近民众的方式,将真诚、正义、公正等文化因子潜移默化地植入民众的心田。只有这样，一个社会才能健康、有序、和谐、可持续发展。

3. 文化是增强社会凝聚力的有效途径

文化虽然属于精神范畴，但它可以依附于语言和其他文化载体，形成一种社会文化环境，对生活在其中的人们产生同化作用，为他们树立良好的价值观、审美观、是非观、善恶观提供基本的导向，也为他们认识、分析、处理问题提供大致相同的基本点。正是文化在人们之间的引导和整合作用，促进了民族精神的形成与发展，进而形成一种强大的凝聚力，成为维系社会的纽带。

4. 文化是经济发展的推动力量

文化对经济的推动作用主要表现在以下三个方面。一是文化的导向赋予经济发展以价值意义，经济制度的选择、经济战略的提出、经济政策的制定，无不受到社会文化背景的影响以及决策者文化水平的制约。文化给物质生产、交换、分配、消费以思想、理论、舆论的引导，在一定程度上规定了经济发展的方向和方式。二是文化赋予经济发展以极高的组织效能。人是构成文化的基本单元，不仅要受到文化熏陶，而且也必然按照一定的原理相互沟通、相互认同，从而形成社会整体。文化的这种渗透力是人的社会性的体现，它通过促进社会主体之间的相互沟通，保证经济生活与社会生活在一定组织内有序开展。三是文化赋予经济发展以更强的竞争力。经济活动所包含的先进文化因子越厚重，其产品的文化含量以及由此带来的附加值也就越高，在市场中实现的经济价值也就越大。

人们对于现代意义上的文化有多种界定，要从广义、常义和狭义三个层次上来理解"文化"一词的内涵。广义的文化是指人类所依赖和创造的一切，是人类所创造的历史成绩的总和，即文化是人类在社会实践过程中认识、掌握和改造客观世界的一切物质活动和精神活动，及其创造和保存的一切物质财富、精神财富和社会制度的发展水平、程度和质量的总和，它是一个有机的系统。常义的文化是指人类精神生产能力和精神产品，包括一切社会意识形式，也可以说是观念形态文化。狭义的文化是社会结构中的一个组成部分，是社会观念形态的一种，属于上层建筑。本文所研究的文化界定为常义文化，即相对于经济、政治等文化，主要研究人文文化对于经济发展的作用。

文化具有传统和创新两个层面，但作为传统文化，其主体特征应是传统，即文化的延续性和稳定性。传统是一个历史概念，它在历史的进程中虽然在不断充实、发展和变化，但从其本质来看，没有延续和稳定就谈不上传统。传统文化只是社会文化中由历史承传下来的、比较稳定的、有自己特色的那一部分文化。真正把一个民族凝聚在一起，并使之绵延千年的是民族传统文化。可以说，传统文化和传统精神是一个民族赖以生存繁衍的根。①

马兴胜在《西部民族经济的发展与"本土文化"的关联效应》②《论区域民族经济的发展与民族文化观念的互动》③ 等多篇论文中都谈到了民族经济与民族文化的关系。他认为，"文化与经济相互依存、互为动力，共同推进人类文明向前发展"。民族文化与民族经济是人类所创造的财富中的整体与部分的关系，民族文化渗透于民族经济发展全过程，具有相对独立性，一旦形成，就有其相对稳定性。民族文化传统观念能够影响和制约人们的行为，从而直接或间接地影响区域经济的发展。优秀的文化传统观念可以促进经济发展；相反，落后的文化传统观念则会制约经济发展。他指出"文化传统观念的异同是形成区域经济发展差异的重要成因"，建议要多从社会和市场需求的方面来着眼，多从对公众教益的立场出发去认识和思考民族经济发展的问题，打造适合本区域经济发展的新观念和时代精神；通过各界的协同努力和广泛参与，积极培育"本土文化"市场，让大多数本土人士真正体会到"本土文化"的魅力和亮度，使之成为推动区域经济发展的源源不断的动力。

陈光良则从构建和谐社会的视角探讨了民族经济与民族文化的互动关系。他认为，民族经济与民族文化二者互为一体，相辅相成。民族经济是文化发展的基础，为民族文化提供必需的物质条件；民族文化是民族经济发展的重要资源，为民族经济的发展提供良好的软环境和驱动力。从构建和谐社会的视角出发，他指出民族经济与民族文化互动的本质是"经济文化资源配置合理，经济结构优化，文化产业勃兴，规模、比例、速度协调，效率公平兼顾，财富分配共享，各族人民文化素质和思想道德普遍提高，优秀民族文化发扬光大，并注重解决互动中不和谐、发展中不平衡的问题，推动经济、政治、文化、自然协调发展，实现构建和谐社会的目标"。他从"人—文化—经济"、文化力与经济力、民族地区产业结构优化与保护文化多样性、现代市场经济发展与民族文化传统四个方面，探讨了民族经济与民族文化的互动机制及其

---

① 杨新宇．民族经济发展的文化动因分析［D］．北京：中央民族大学，2006．

② 马兴胜，陈之敏．西部民族经济的发展与"本土文化"的关联效应［J］．商场现代化，2008（9）：217-218．

③ 马兴胜．论区域民族经济的发展与民族文化观念的互动［J］．商场现代化，2008（23）：203．

辩证关系，进而提出促进民族经济与文化良性互动的主要对策，即以科学发展观为指导，转变民族地区经济增长方式，深化改革，促进科技与文化创新；完善经济与文化互动机制，强化经济手段和文化功能的并联效应；培育和弘扬民族精神，倡导社会主义先进文化、和谐文化。①

周书刚根据法国社会学家布迪厄的资本类型做出以下分析：在社会成熟度较低即社会发展尚未成熟阶段中，经济资本的社会贡献率要大于文化资本的贡献率；但随着社会成熟度的提高即社会发展日趋成熟，文化资本的社会贡献率会不断增大，并最终会超过经济资本的社会贡献率，如图11-2所示。基于资本角度的分析，他指出西部大开发背景下恩施自治州提出"建设文化大州"战略的重要意义，并强调：面对资源分散的现状，必须从整体着眼，打破地区限制，充分整合文化资源，形成具有特色的文化力，增强文化建设在经济发展中的贡献力。②

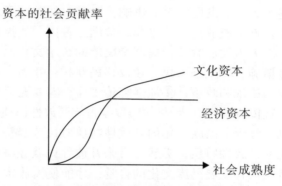

图11-2 资本的社会贡献与社会成熟度关系

吕俊彪探讨了民族经济发展中的文化调适问题。他指出，文化"不适"是民族经济欠发达的深层原因，民族文化的发展往往仅表现为对强势文化的简单模仿，创新不足因而后继乏力；此外，民族文化还可能缺乏竞争意识，对经济发展起阻碍作用。因此，民族文化的调适既是适应民族经济发展的需

---

① 陈光良. 从和谐社会视角探析民族经济与文化互动 [J]. 广西民族大学学报（哲学社会科学版），2008，30（1）：56-60.
② 周书刚. 整合旅游文化资源 发展民族经济——关于"建设恩施文化大州"战略的思考 [J]. 黔东南民族职业技术学院学报（综合版），2007，3（1）：36-39.

要，也是由民族文化自身的发展规律所决定的。① 朱正华等通过研究指出，传统文化的滞后效应是西部民族地区经济发展的制约因素。西部民族地区文化使得求稳求同的思维方式、自给自足的生活模式深深根植于西部民族地区人民的精神和思想中，阻碍了经济社会发展。西部民族地区的文化滞后主要体现在积累财富扩大再生产意识不足、生产生活的封闭性及思想比较保守三方面。他提出当前西部民族地区经济发展，必须要重视构建西部民族地区适应市场经济与现代社会发展的新型文化体系。②

还有一些学者根据不同地方文化的实际情况进行分析。肖雁以云南省少数民族"直过"地区为例，研究了以先进文化助推西部民族地区经济发展的问题。他认为西部少数民族贫困区域经济起飞的主要障碍是累积的贫困文化。贫困区域在观念、习俗、文化等方面的约束所形成的刚性的、固有的意识形态对少数民族贫困地区发生影响，导致了这些地区无法内生出可以推动地区经济发展的非正式制度变迁的力量。③ 杨忠秀、刘亭园、沈泽旭从彝族厚葬习俗的角度来论述民族经济发展的负面影响：厚葬习俗破坏了农村经济发展的基础，宰杀耕牛影响了农业生产，厚葬是贫困之首因。他提出切实可行的解决策略和途径：①大力发展教育，提高全民族的科学文化水平，这是解决厚葬习俗的根本性措施；②生态移民，建设移民新村；③加大各级政府的管理力度，出台相应的法规和政策；④加强宣传工作；⑤要充分利用彝族民间的各种研究学会，宣传科学知识。④ 佟拉嘎以蒙古族开放性民族文化与内蒙古民族经济发展为例，分析了民族文化的开放性特质对民族经济发展的影响。他认为，民族文化的开放性特质，必然会带来开放性民族经济的繁荣；只有明确发展民族经济应该有发展民族文化的自觉，才能使民族本身得到更好的发展。⑤ 纳玛磋从西部民族地区在节庆、婚俗等文化旅游的变异现象出发，分析这种文化旅游的异化对该区域旅游业的影响，并探讨了文化与旅游发展的

---

① 吕俊彪. 民族经济发展中的文化调适问题［J］. 广西民族学院学报（哲学社会科学版），2003，25（2）：152－156.
② 朱正华，窦开龙，介小兵，刘澈元. 西部民族地区经济发展的三大制约因素［J］. 发展，2006（8）：55－57.
③ 肖雁. 以先进文化助推西部民族地区经济发展——以云南省少数民族"直过"地区为例［J］. 经济论坛，2005（18）：23－27.
④ 杨忠秀，刘亭园，沈泽旭. 试论彝族厚葬习俗对经济发展的负面影响［J］. 西昌学院学报（社会科学版），2007（3）：88－91.
⑤ 佟拉嘎. 民族文化的开放性特质对民族经济发展的影响——以蒙古族民族文化与内蒙古民族经济发展为例［J］. 前沿，2008（2）：45－47.

"双赢"发展途径。由于民族旅游业是民族经济的重要组成部分,因此,纳玛磋的分析对于研究发展民族经济过程的文化影响有重要的价值。① 郭蕾以岭南文化对广东省经济发展的影响为例,分析了文化因素对区域经济发展的影响。她对区域经济发展中文化因素的分析对于认识和理解民族经济与民族文化的关系同样具有一定的借鉴意义。② 波拉提·托力干通过对柯尔克孜族传统文化所存在的问题进行分析,认为制约柯尔克孜经济发展的最主要因素是传统生产方式的单一、教育方式的落后、价值观念的陈旧和风俗习惯的惰性等因素。这些传统因素与民族的全面发展与现代化建设不相适应,应该进行变革。因此,柯尔克孜族传统模式向现代模式转变的关键,是改革与现代社会不相适应的各种传统文化因素。民族文化创新的目的就是要实现民族现代化。因此,在保持民族文化特色,继承优秀的、积极的文化的同时,还要用开放的态度来抛弃落后的、消极的文化。柯尔克孜族民族传统风俗习俗里约束民族经济发展的部分应该抛弃,如买卖婚姻形式、各种人生礼仪的奢侈和浪费等,这些传统因素不但没有积极作用,反而约束民族的全面发展,对民族成员造成很大的经济和精神压力。开放性是任何一种民族文化所应具备的优良品格,对柯尔克孜族来说,只有自主型的开放和选择才能够保证文化在保持民族特性的前提下健康地更新和发展。③

杜军林从政治文化角度研究西北少数民族政治发展,客观揭示其建设的历史与现状。在总结分析取得的成就和存在的问题的基础上,整理发掘西北少数民族政治文化建设的有利因素,系统剖析对其建设和发展进程的阻碍因素,进而提出相应的对策和措施,以便研究、解决、深化西北少数民族政治文化建设问题,推动西北民族地区的经济社会和政治稳步发展。④

白启辉认为文化对一个地区经济的发展具有重要的意义,多民族地区由于历史因素、特殊的地域环境因素及各民族自身的不同发展等原因,形成了多种文化特性并存的局面,从而导致多民族地区经济发展滞后,思想观念落后,进而制约了多民族地区的现代化发展进程。他从文化因素的层面入手,

---

① 纳玛磋. 中国少数民族经济文化旅游的变异对西部民族地区旅游业的消极影响[J]. 科教文汇(中旬刊), 2008 (5): 140.

② 郭蕾. 文化因素对区域经济发展的影响——以岭南文化对广东省经济发展的影响为例[J]. 郑州航空工业管理学院学报, 2007, 25 (5): 36-39.

③ 波拉提·托力干. 制约与应对:柯尔克孜传统文化与经济发展关系研究——以新疆伊犁阔克铁热克柯尔克孜民族乡为例[D]. 武汉:中南民族大学, 2008.

④ 杜军林. 西北少数民族政治文化建设研究[D]. 兰州:兰州大学, 2010.

对多种文化特性的形成及原因、局限性等方面进行深入剖析，提出科学制定少数民族地区文化发展对策：大力发展少数民族经济是推动少数民族文化发展的根本；大力推进少数民族文化的多样性共生发展；大力推进少数民族多样性文化与外来文化互动，构建民族乡村和谐文化。①

沙木斯亚·阿力汗、买热瓦提·塞提拜分析了新疆丰富多彩的民族民间文化资源，文化的发展将成为促进经济社会发展的新动力。文化对新疆少数民族经济社会发展的积极影响主要表现在：为少数民族经济发展提供了精神动力；为少数民族发展特色经济提供了依据和条件；为社会主义建设可持续发展提供智力支持。文化对新疆少数民族经济社会发展的不利影响：宗教作为一种文化现象在一定程度上不利于经济的发展；繁杂的习俗及巨大的资财耗费、相对封闭和隔绝的地理和生产单元造成的封闭思维模式和封闭心理，产生了落后的传统观念。②

笔者认为，由于民族的多样性，我国少数民族文化呈现多样化，利用民族的文化优势因地制宜发展民族经济，特别是文化旅游，是促进民族经济发展的有效途径。

第二节　人口素质与教育因素对民族经济发展的影响

木拉提艾力·买西来夫、张应平对民族经济发展中非经济因素研究的另一个重点是人口素质与教育因素。现代化既是"物"的现代化，也是"人"的现代化，归根到底还是人的现代化。③雷根虎认为现代化建设是和现代化的人分不开的。现代化的人要具有现代文化知识、思想观念和伦理道德素质，要具有现代智力、能力、体力和心理素质。一个国家、一个地区，其经济和社会要有快的发展，离开了现代化的人的支撑是很难进行的。④孙晓峰认为当

---

① 白启辉．少数民族地区的文化发展［J］．前沿，2010（5）：105-107．
② 沙木斯亚·阿力汗，买热瓦提·塞提拜．论新疆少数民族经济社会发展的文化因素［J］．边疆经济与文化，2011（1）：14-15．
③ 木拉提艾力·买西来夫，张应平．我国哈萨克族发展民族经济过程中存在的问题与对策研究［J］．商场现代化，2007（7）：228-229．
④ 雷根虎．西部民族地区经济发展的制约因素与对策思考［J］．开发研究，2005（3）：77-79．

今世界的经济竞争,归根到底是人才的竞争。①

21世纪是知识经济时代,知识在经济发展过程中有着举足轻重的地位,正如中国改革开放总设计师邓小平所说"科学技术是第一生产力",而科技进步又是依靠教育的发展为前提的,因此发展一个国家或民族的经济应教育先行,依靠科教的发展带动经济的进步与繁荣。不论从世界各国经济发展过程中的历史角度,还是从理论角度来说,教育对经济的促进作用都不容置疑。

1. 新古典经济增长理论

新古典经济增长模型是由索洛和斯旺最早创立的,后经卡斯和库普曼斯进一步完善和发展,形成一个新的经济增长理论体系。它是在修正了哈罗德—多马模型关于资本—产出比不变,不计技术进步因素假设的条件下建立的新经济增长模型,也称为索洛模型。

$$sf(k) = k' + (A+n)k$$

其中 $f(k)$ 为人均产出,k 为人均资本占有量,s 为储蓄率,k' 为单位时间内人均资本的改变量,n 为人口或劳动力增长率,A 为技术进步率。索洛模型凸显了人均产出增加的三大路径:提高技术水平、增加储蓄率和降低人口出生率。

2. 舒尔茨的人力资本与经济增长理论

美国经济学家舒尔茨在《人力资本投资——教育和研究的作用》中提出五个观点:一是人力资本即存于人身上的知识、经验和技能的总和;二是人力资本即通过投资形成;三是人力资本是经济增长的源泉;四是人力资本是最佳的投资,并计算出1929—1957年美国经济增长中教育的贡献为33%;五是教育是使个人收入的社会分配趋于平等的因素。

3. 丹尼森的经济增长理论

美国经济学家丹尼森把经济增长归为要素投入量的增加和要素生产率的提高两个方面。要素生产率主要由知识增进、资源配置状况和规模节约情况等要素决定。知识增进是人力资本的组成部分,包括技术知识、管理知识的进步和由于采用新的知识而产生的结构和设备的更有效的设计;还包括从国

---

① 孙晓峰. 民族地区经济发展的思考 [J]. 内蒙古大学学报(人文社会科学版),2000(S1):221-225.

内外，有组织的研究、个别研究人员、发明家，或者简单的观察和经验中得来的知识。在1974年出版的《1929—1969年美国经济增长的核算》一书中，丹尼森根据美国国民收入的历史统计数字，对知识增进的贡献定义为27.6%，这种情况在1948—1969年期间显得更为明显，知识增进的贡献为30.9%。据此其结论为，知识进展是发达资本主义国家最重要的增长因素。

4. 库兹涅茨对经济增长因素的分析

库兹涅茨把经济增长的因素主要分为三类：知识存量的增加、劳动生产率的提高和结构方面的变化。而对于知识存量的增长，库兹涅茨认为，随着社会的发展和进步，人类社会迅速增加了技术知识和社会知识的存量，当这种存量被利用的时候，它就成为现代经济高比率的总量增长和结构变化的源泉，从而促进经济的快速发展。

5. 新经济增长理论——内生性经济增长

20世纪80年代后期出现的以罗默和卢卡斯为代表的新经济增长理论，主要是从人力资本内生的角度来考察教育对经济增长的贡献。罗默的观点主要有：一是在资本、人力资本（教育年限）、非技术资本和新思想（专利）这些生产要素中，知识和人力资本是经济增长的决定因素；二是强调技术内生化后，生产率的增长是一个自我产生的过程，当生产过程本身产生了新的知识（教育和培训），并且教育和培训又被作为新知识而纳入生产过程中时，生产率就会增加；三是各国经济增长的差别在于知识和人力资本导致的技术进步率的差异。卢卡斯将人力资本引入经济增长模型中，建立了人力资本溢出模型，认为全球经济范围内的外部性是人力资本的溢出造成的，这种外部性的大小可用全社会人力资本的平均水平来衡量。

6. 教育的正的社会效应——溢出效应

根据西方经济学微观部分理论中的经济活动的外部性可知，教育这一经济行为具有强烈的正的外部性，即溢出效应，即受到良好教育的个人对社会具有正的效应，其教育消费者经济活动的总的收益大于其个人的私人收益，因此根据成本等于收益的最大利润原理，一个国家、民族或地区应该给社会提供更多教育，直到总的成本等于总的收益（均包括社会成本、社会收益），从而达到资源的最优配置，为经济发展提供强有力的智力支持和高素质的人力资源。①

陈晓玲、尹丹指出农村地区教育投入与收益存在不对称性，农村地区教育投资所积累的人才资源绝大部分并没有为农村地区的经济发展服务，而是为发达地区的经济发展做出了积极贡献。②

张学敏、杨明宏对民族贫困地区教育投入与经济发展关系进行了再思考，指出民族贫困地区教育投入低收益的原因：各级各类教育的地域布局导致民族贫困地区教育投入收益低；当地经济发展水平较低导致民族贫困地区人力资本流失；教育投入方向与当地经济发展中劳动力市场需求不一致；不合理的政策导向使教育投入与收益主体不对称。他们提出民族贫困地区教育与经济联动共生可行性模型：联动共生机制——教育投入与经济发展相互作用理论模型；民族贫困地区教育投入与经济发展联动共生的可能性。③

于萨日娜运用灰色系统理论，结合民族教育、民族经济发展趋势，在定性分析当前民族教育与经济增长关系的基础上，对民族教育与经济协调发展关系进行了较深入的实证分析。她通过研究指出，教育与经济、生产具有直接、内在的联系。民族教育与民族经济存在着密切关系。经济和社会的发展是靠生产力推动的，生产力中最活跃和最重要的因素就是劳动者。任何社会的生产都需要劳动和生产资料的结合，只有劳动资源与物质资源的结合，才能创造财富。劳动者的素质状况是决定生产力水平的标志，而教育能通过培养劳动者的素质，使普通的人变为人力资源，特别是在现代知识经济飞速发展的时代，人力资源又是社会的主要财富要素。④

在我国民族地区，普遍存在人口素质低、教育发展落后的现象，这与民

---

① 唐碧艳. 以教育进步促进西部民族地区经济发展 [J]. 经济研究导刊, 2009 (30): 110–111.

② 陈晓玲, 尹丹. 农村教育: 投资与收益的不对称性 [J]. 农村经济, 2004 (1): 77–78.

③ 张学敏, 杨明宏. 民族贫困地区教育投入与经济发展关系再思考 [J]. 西北师大学报（社会科学版）, 2007 (1): 73–77.

④ 于萨日娜. 内蒙古科左后旗民族教育与民族经济协调发展的研究 [D]. 呼和浩特: 内蒙古师范大学, 2008.

族经济发展的要求不相适应的。张细移①、和文华②、辛丽平③、雷根虎④指出，我国民族地区人口素质低、文盲率高、专业技术人才缺乏、师资缺乏、教学设备简陋，又由于地方财政薄弱，对教育的投入极其有限，这导致了民族地区市场竞争能力弱，严重制约民族地区经济发展。肖文韬、李俊杰通过对长阳县落后乡镇经济发展制约因素调查，探索了民族地区经济发展制约因素。他们的研究表明，低下的工业化水平、财政资金与资本短缺、交通不便、低下的受教育程度和人力资本积累、低下的农民经济和政治组织化程度、恶劣的自然条件共同制约了长阳落后乡镇的经济发展。他们特别强调，教育水平低下、人力资本缺乏对民族经济发展的制约作用，这种制约作用在某些地方特别是在贫困村里表现得尤其突出。因此，必须要提高人的素质，加强民族教育，尤其是为民族经济发展适应现实社会发展需要的民族教育，在民族教育中确立比较合理的层次结构和类型结构。⑤

孙晓峰认为，民族经济的发展关键环节是大力开发人力资源，不断提高人的素质。必须重视智力教育，引导科技力量和人才资源西移，支援中西部民族地区建设。各级政府应树立以人为本的思想，尊重知识、尊重人才，采取有力措施，稳定现有科技队伍，营造有利于人才脱颖而出的良好机制，多方拓宽引才渠道，扭转中西部民族地区人才短缺的状况。⑥ 黎树斌、陈明华指出，"就民族地区而言，经济发展、社会进步、人民生活水平的提高必须坚持'科教兴区'路线，发展民族教育事业，充分发挥少数民族地区的优势，实施可持续发展战略，使丰富的资源优势转化为经济优势。要达到这个目的，必

---

① 张细移. 制约我国民族地区经济发展的非正式制度分析 [J]. 商场现代化，2006 (23)：243 - 244.

② 和文华. 路在何方？——对一个民族地区经济发展严重滞后的经济学分析 [J]. 经济问题探索，2000 (5)：33 - 37.

③ 辛丽平. 对西部大开发中贵州民族地区经济发展的思考 [J]. 贵州民族研究（季刊），2000 (S1)：44 - 48.

④ 雷根虎. 西部民族地区经济发展的制约因素与对策思考 [J]. 开发研究，2005 (3)：77 - 79.

⑤ 肖文韬，李俊杰. 民族地区经济发展制约因素探源——长阳县落后乡镇经济发展制约因素调查 [J]. 中南民族大学学报（人文社会科学版），2006, 26 (2)：69 - 73.

⑥ 孙晓峰. 民族地区经济发展的思考 [J]. 内蒙古大学学报（人文社会科学版），2000 (S1)：221 - 225.

须依靠人才，依靠知识，尤其是能适应社会主义市场经济体制的高素质人才"。① 金海燕则探讨了民族地区干部教育对经济社会发展的重要作用，并在分析现状的基础上，提出加强干部教育、促进民族地区经济社会全面发展的对策。②

吕萍认为，民族地区经济的发展为科教事业发展创造了物质基础。民族地区经济的发展是以民族地区科教的发展为条件的。贵州少数民族地区科学教育主要存在以下问题：①教育经费投入严重不足，"三低一高"的现象突出。"三低"是指入学率低、巩固率低、升学率低，"一高"是指辍学率高。②民族地区"普九"任务艰巨。③民族地区中、小学师资队伍素质较差。④职业技术教育发展水平较低，专业人才严重缺乏。⑤民族地区科技人员结构不合理。③

谈玉婷以湘西州为例对民族地区农村家庭教育投资能力进行研究。她指出影响农村家庭教育投资能力的因素主要包括经济条件、落后思想观念、环境等。她提出湘西州提高农村家庭教育投资能力的对策：扩大家庭教育投入、转变不合理的风俗习惯与落后的思想观念、探索多种形式的人才培养模式、深化民族地区教育投资体制改革。④

唐碧艳认为，21世纪是知识经济时代，科技教育对经济的促进作用在西方经济学领域已经得到充分的肯定。新古典经济增长模型、舒尔茨的人力资本、丹尼森的经济增长理论及库兹涅茨等理论关于教育对经济发展的作用做了充分的说明。考虑到西部教育不足，作者探索了西部民族地区教育发展的战略与方法，提出以教育进步促进经济的发展。⑤

鲁显玉针对民族院校学生就业渠道、岗位、空间相对萎缩的现状，认为在民族院校开展创业教育已势在必行。目前，高等院校存在对创业教育重视不够、创业教育教学体系不完善、社会和家庭缺乏足够的认识等现象，这也

---

① 黎树斌，陈明华. 深化教育改革为少数民族地区经济发展做贡献 [J]. 满族研究，2000（3）：9–12.

② 金海燕. 民族地区干部教育对经济社会发展的重要作用 [J]. 满族研究，2000（2）：18–21.

③ 吕萍. 重视科学教育促进贵州民族经济发展 [J]. 贵阳市委党校学报，2003（4）：60–63.

④ 谈玉婷. 民族地区农村家庭教育投资能力研究：以湘西州为例 [D]. 武汉：中南民族大学，2009.

⑤ 唐碧艳. 以教育进步促进西部民族地区经济发展 [J]. 经济研究导刊，2009（30）：110–111.

影响着民族院校的发展建设。民族院校开展创业教育,是贯彻民族区域自治政策的需要,是促进各民族和谐发展的需要,是民族院校健康发展的需要,是繁荣民族经济、提高人文素质的需要。探索一条适合民族院校特点、符合民族经济发展的创业教育之路,是缓解毕业生就业压力,鼓励民族院校学生自主创业,以创业带动就业,促进民族经济发展的有效途径。①

王纯纯阐述了我国少数民族地区经济发展现状以及影响发展的主要因素,指出少数民族地区人口教育程度偏低,少数民族地区人口存在自我发展能力不足的普遍现象,大部分群众不能很好地利用现有的自然、人文资源发展经济,对市场经济的生存模式不能适应,对经济发展的利益不能共享;提出从加大扶贫力度、提高地区自我发展能力等方面对少数民族地区人口经济发展的对策。②

陈荣哲站在经济发展的角度来讨论职业技术,探讨"双语"教育与民族地区经济发展的关系,也就是把职业技术"双语"教育看作民族地区经济发展的影响因素之一。他认为职业技术"双语"教育对于促进民族地区的生产发展和经济发展有独特的作用。职业技术"双语"教育能提高民族地区劳动力配置的效益,通过提高劳动生产率来促进民族地区经济发展。民族地区的职业技术"双语"教育的规模要与民族地区经济发展要求相一致,要与民族地区经济发展的承担能力相符合。③

陈鹏认为,民族教育是提高人口素质、实现人的现代化的先决条件,教育是引领社会发展的重要因素,教育是增强民族凝聚力的重要手段,教育也是科技进步的基础。然而,现实中人们只是一味重视加强少数民族地区教育的投资,大量的人才流出深造,他们成才后很少回乡反哺家乡,造成少数民族地区人才大量流失、经济发展缓慢的现象。研究这种现象的原因,对我们推动民族地区教育改革、民族经济发展有着重要的意义。④

赵靖如从发展少数民族教育、加强民族认同、增进国家凝聚力、推动经济发展等几个方面进行阐述。她指出我国应该采用经济支援的方式发展少数

---

① 鲁显玉. 加强民族院校创业教育的研究 [J]. 内蒙古民族大学学报, 2010 (3): 71–72.
② 王纯纯. 中国少数民族地区人口经济发展探析 [J]. 文科爱好者(教育教学版), 2010 (6): 1–2.
③ 陈荣哲. 浅谈发展职业技术"双语"教育对促进民族地区经济发展的作用 [J]. 伊犁师范学院学报(社会科学版), 2010 (1): 78–79.
④ 陈鹏. 我国民族地区教育体制改革 [J]. 企业导报, 2010 (7): 242.

民族教育，这将大力推动民族地区经济发展。例如，借助"农村中小学危房改造工程"来改善民族地区中小学办学条件；实施全国农村义务教育经费保障机制改革，免除所有民族地区义务教育阶段学生的学杂费；实施"县级职教中心建设计划"和"民族地区研究生教育创新计划"，在政策上给予倾斜，支持少数民族地区发展高等教育。此外，还应健全学生资助体系。①

马光秋等认为，边区跨境特困少数民族的教育发展不能沿循一般模式，需要国家的政策倾斜，如以政府为主体的教育投入、学前教育和高中教育的扶持、高考的地区民族优惠政策、少数民族干部的培养政策，等等。边区跨境特困少数民族的经济发展意义也不仅仅在于本民族的经济发展，对于一个国家的边区稳定有着更为深远的意义。②

笔者认为，人才素质和教育因素是制约少数民族经济发展的主要因素。因此，应加大民族地区文化教育的投入，普及义务教育，大力开发民族地区职业教育，并对少数民族地区的人力开发给予更多的优惠政策。

第三节 思想观念因素对民族经济发展的影响

民族经济发展中非经济因素研究的第三个重点是思想观念因素。思想观念是社会思想上层建筑，是社会的经济生活、政治生活的反映，随着社会经济基础的变化而变化。同时，思想观念也对社会经济发展产生能动的反作用。目前，国内对民族经济发展中的思想观念因素的研究，多从思想观念对民族经济发展的阻碍作用来分析和研究。

黄莉在《论制约民族地区社会经济发展的非经济因素》中指出陈旧落后的思想观念因素是民族地区经济发展的制约因素。虽然，随着经济、政治、教育的发展和社会生活的变化，我国民族地区人们的思想观念有了很大进步，但总体而言，仍难以适应建立社会主义市场经济体制和加速民族地区经济、社会发展的要求。③

张细移指出，我国民族地区存在一些制约民族经济发展的思想，如商品

---

① 赵靖如. 教育的民族国家认同、凝聚与经济发展 [J]. 当代青年研究，2011（1）：42－47.

② 马光秋，何庆国，方瑞龙. 景颇族教育、观念与经济发展——对边区跨境特困少数民族的调查 [J]. 贵州社会科学，2011（3）：69－74.

③ 黄莉. 论制约民族地区社会经济发展的非经济因素 [J]. 贵州民族研究（季刊），2000（4）：53－55.

观念淡薄、小农思想根深蒂固、安于现状、排外意识强烈、迷信宿命论等。这些保守落后的思想观念，与现代化市场经济发展不相适应，制约着民族地区社会经济发展。①

雷根虎指出，我国西部民族地区小农经济意识严重、求稳怕乱、安于现状，存在明显的"等、靠、要"思想。他分析了这些保守落后的思想观念对民族经济发展的消极影响。②

和文华也探讨了民族经济发展中的思想观念因素。由于经济落后，自然条件恶劣，民族地区的人们容易安于现状，缺乏竞争、创新的思维，小农经济意识也比较浓厚。③

王红、陶森修认为观念落后是制约西部民族地区经济发展的重要因素。这些消极的思想因素主要可以概括为以下三点：官本位思想、浓厚的乡土意识和"等、靠、要"依赖思想。继续解放思想是发展西部民族地区经济的思想保证，继续解放思想关键在于坚持实事求是。④

马光秋等对边区跨境特困少数民族——景颇族的教育、观念与经济发展进行了调查，认为景颇族是一个直过的边区跨境特困少数民族，自然资源丰富，但其从原始社会带来的依赖集体的生存经济观念有不少弊端：生产观念——依赖集体组织，个体缺乏长远发展目标；生活观念——集体活动较多，个体意识缺乏。改变这种观念的有效途径是进行全方位的立体教育。⑤

第四节　其他非经济因素

国内研究者还从宗教、法制、人际关系、乡规民约、制度创新等非经济因素方面讨论了民族经济的发展问题。

陈炜、侯宣杰从少数民族地区宗教交往与城镇发育的互动角度来研究民

---

① 张细移. 制约我国民族地区经济发展的非正式制度分析 [J]. 商场现代化，2006 (23)：243-244.

② 雷根虎. 西部民族地区经济发展的制约因素与对策思考 [J]. 开发研究，2005 (3)：77-79.

③ 和文华. 路在何方？——对一个民族地区经济发展严重滞后的经济学分析 [J]. 经济问题探索，2000 (5)：33-37.

④ 王红，陶森修. 继续解放思想是西部民族地区经济发展的基础 [J]. 柴达木开发研究，2008 (3)：29-31.

⑤ 马光秋，何庆国，方瑞龙. 景颇族教育、观念与经济发展——对边区跨境特困少数民族的调查 [J]. 贵州社会科学，2011 (3)：69-74.

族地区城镇经济发展问题。他们认为,宗教活动作为人们社会交往的基本形式,是探析少数民族物质生活与经济交往的重点。"宗教活动所形成的公共性、整合性和规范性与城镇发育、商业化有着密切的关联。通过社区宗教与城镇发育的互动关系可以探析少数民族地区商品经济发展的特性,即宗教活动对近代城镇发育发展的意义。"具体而言,宗教交往对少数民族经济发展的促进作用体现为:城镇市场利用了宗教活动的联系网络和消费功能;庙会场所成为经商的重要场所;宗教的教育功能对民族地区城镇商业发展具有一定的促进作用。反过来,城镇经济的发展对宗教活动也具有影响作用,主要表现为:宗教活动可以从民族经济的发展和壮大中获得更坚实的经济支持;借助城镇经济的辐射功能,民族地区宗教文化的影响进一步扩大;近代民族地区城镇经济日渐增强的吸纳功能,吸引了大批外来人口迁入,引发族群间宗教文化的互动交融。① 和文华在分析傈僳族经济时指出:"宗教的渊源也与傈僳族经济关系密切。怒江州有天主教、喇嘛教、基督教,其中信基督教者占了绝大多数。基督教对长期处于封闭落后的农业社会产生冲击,对加快怒江地区对外开放和接受新文化技术的进程具有一定的积极作用。而一些宗教的内部非法活动对经济发展却直接或间接地起了阻碍作用。"②

黄莉认为,民族地区比较单一的人际关系是制约民族经济发展的因素。少数民族人际关系多数是以自然经济为基础,少数是以血缘和宗法关系为纽带。这种人际关系形成了少数民族地区社会分工简单、社会分层比较固定、社会流动困难而迟缓等特征,阻碍了生产技术进步或社会变革,导致社会结构性流动迟缓,从而对经济建设、社会发展和建立社会主义市场经济产生不利影响。③

马奎、杨桦认为,目前民族地区发展的关键应是制度创新,也就是说,要转变政府职能,消除区域行政壁垒,建立统一、开放、有序的市场;要促进跨地区企业集团的发展,发挥大企业集团在促进民族地区经济发展中的主体作用;要实行土地使用制度的创新,加大开放力度,吸引外地企业、公民和外商投资;调整所有制结构,大力发展非公有制经济,使之成为民族经济

---

① 陈炜,侯宣杰. 民间宗教交往与近代广西民族地区城镇经济的发展 [J]. 中南民族大学学报(人文社会科学版),2004,24(5):72-74.
② 和文华. 路在何方?——对一个民族地区经济发展严重滞后的经济学分析 [J]. 经济问题探索,2000(5):33-37.
③ 黄莉. 论制约民族地区社会经济发展的非经济因素 [J]. 贵州民族研究(季刊),2000(4):53-55.

发展的重要力量。①

梁霞红分析了民族经济与民族法制的关系，指出民族经济与民族法制实际上是经济基础与上层建筑的关系。民族法制是建立在民族经济基础之上的上层建筑，是由民族经济所决定的，对民族经济具有能动的反作用，民族经济的发展需要民族法制的保障。民族经济与民族法制的关系是密不可分、相互作用的。目前，在市场经济及全球化背景下，民族地区的发展主要受制于法制资源稀缺。因此，加快民族地区经济发展，应该重视民族法制的作用。当前，发展民族经济必须健全民族法制。②

黄莉在《论制约民族地区社会经济发展的非经济因素》中，探讨了民族地区的乡规民约对民族地区社会经济发展的制约影响。她指出："乡规民约对维护当地的社会治安和维持民族传统道德，起到一定的积极作用，在一定程度上是国家法律、法规、政策的补充形式。正因如此，当地政府和法治机关在多数情况下对乡规民约采取默许的态度，只要不与国家法律有太大的出入，处罚时只要不造成严重后果，一般不干预。但是，制定乡规民约的依据是当地民族的传统习惯，有时候在制定和执行时会与法律发生冲突。"③

李岚探讨了我国民族经济发展中的制度创新问题。④ 彭秀琍通过研究指出制度创新是发展民族经济的根本。⑤ 和文华则探讨了民族经济发展中的政府机构改革问题，指出政府机构改革是推动民族地区经济发展的驱动器。⑥

李明文对云南澜沧拉祜族自治县竹塘乡进行调查研究，分析了传统价值观念、生活习俗、社会发育程度等非经济因素对边疆多民族贫困地区经济发展的影响，从而提出若干应对对策。⑦ 刘庸在《民族地区经济发展的九大制约

---

① 马奎，杨桦. 体制创新与湖北民族地区经济发展 [J]. 中南民族学院学报（人文社会科学版），2001（5）：12-14.

② 梁霞红. 丰富民族法制资源 促进民族经济发展 [D]. 北京：中央民族大学，2007.

③ 黄莉. 论制约民族地区社会经济发展的非经济因素 [J]. 贵州民族研究（季刊），2000（4）：53-55.

④ 李岚. 当代中国人口较少民族经济发展中的制度创新 [J]. 西南民族大学学报（人文社会科学版），2004，25（2）：242-244.

⑤ 彭秀琍. 制度创新是发展民族经济的根本——赴澳大利亚学习农业经济有感 [J]. 民族论坛，2002（6）：24-27.

⑥ 和文华. 路在何方？——对一个民族地区经济发展严重滞后的经济学分析 [J]. 经济问题探索，2000（5）：33-37.

⑦ 李明文. 非经济因素对边疆多民族贫困地区经济发展的影响及对策——云南澜沧拉祜族自治县竹塘乡调查研究 [J]. 思想战线，1997（6）：64-68.

因素》中也分析了社会发育程度对民族地区经济发展的影响。①

易永清在《非经济因素与民族地区可持续发展》一文中除了探讨教育、文化等因素外,还探讨影响民族经济发展的历史、社会保障、道德规范等非经济因素的作用。他指出非经济因素是民族经济运行所必不可少的外部环境,是社会生产中的一个重要环节。对于我国这样一个多民族国家,要发展民族经济,除了靠经济因素外,还需要重视和借助包括历史、政府机构、人文教育、社会保障、文化、道德规范等在内的非经济因素。②

高昕则分析了历史因素、自然因素、教育因素、文化因素、政策因素等非经济因素对民族地区经济发展的影响。他认为,要克服阻碍民族经济发展的非经济因素,需要发展教育、更新观念,加强基础设施、实施优惠政策等,使民族地区增强自身的"造血功能",促进民族地区经济又好又快发展。③

曹清华、谈玉婷指出,民族地区资源丰富,但经济发展缓慢,关键原因在于缺少资金和管理人才。在民族地区金融创新需求分析的基础上,他们建议由中央政府组建综合经营模式的区域性政策银行推动地区经济发展,最后对建议进行了可行性分析。首先,该建议有利于中央政府支持和主导民族地区经济发展。其次,该建议有利于民族地方政府发展当地经济。最后,民族地方法律制度有利于解决制度创新的法律问题。④

黄伟指出,民族区域自治是党和国家解决民族问题的基本政策,也是我国的一项基本政治制度,民族平等是我国社会主义民族政策的基石,是社会主义本质在民族关系上的具体体现。民族区域自治是实现少数民族社会地位的平等、政治权利的平等、权力分配的平等以及保持和发展民族文化平等的制度保证。⑤

马丽雅指出,西部民族地区独特的民族文化和民族精神,以及独特的历史沿革和地域特色下形成的价值观、伦理道德、风俗习惯和意识形态,能够

---

① 刘庸. 民族地区经济发展的九大制约因素 [J]. 西北第二民族学院学报(哲学社会科学版), 2003 (2): 55-59.
② 易永清. 非经济因素与民族地区可持续发展 [J]. 边疆经济与文化, 2006 (12): 5-6.
③ 高昕. 影响民族地区经济发展的非经济因素分析 [J]. 河南商业高等专科学校学报, 2008, 21 (1): 46-49.
④ 曹清华,谈玉婷. 金融制度创新支持民族地区经济发展研究 [J]. 现代商贸工业, 2009 (7): 64-65.
⑤ 黄伟. 民族区域自治:实现民族平等的制度保证 [J]. 合肥师范学院学报, 2010 (2): 58-63.

有效节约交易费用，减少道德风险，规范人们的行为，从而促进西部民族地区社会与经济的不断发展。所以，非正式制度在西部少数民族经济发展中发挥着极为重要的作用。①

聂永芬认为，自治权是《中华人民共和国宪法》和《中华人民共和国民族区域自治法》赋予民族自治地方自治机关的特殊权力，是民族区域自治制度的核心。多年来，德宏傣族景颇族自治州充分行使自治权，特别是财政经济自治权的有效行使，为发展边疆民族经济开创了新局面。德宏州有效行使自治权为大力发展边疆民族经济带来有益的启示：必须始终坚持中国共产党的领导，这是发展德宏边疆民族经济的根本保证；必须始终坚持少数民族人民当家做主，维护民族团结和边疆稳定，这是发展德宏边疆民族经济的重要基础；必须始终坚持以经济建设为中心，这是发展德宏边疆民族经济的重中之重；必须始终坚持改革开放不动摇，这是发展德宏边疆民族经济的强大动力；必须始终坚持解放思想、实事求是、与时俱进，这是发展德宏边疆民族经济的重要前提；必须始终坚持从州情出发，探索具有德宏特色的发展模式，这是发展德宏边疆民族经济的基本途径。②

总之，由于民族地区经济相对落后，目前非经济因素对少数民族经济增长的贡献还较低。思想观念保守落后、教育落后、人才奇缺、生活和生产方式还保留很多原始方式等仍制约着少数民族地区经济的发展。③ 我国民族地区自治制度、少数民族地区经济发展的优惠政策，以及传统的文化和丰富的民族旅游资源对少数民族地区的经济发展起了很大的促进作用。改善少数民族地区的非经济因素，变不利因素为有利因素，将更好地促进少数民族地区经济的和谐发展。国内研究者对少数民族地区发展的非经济因素的研究虽然文献很多，但是都局限于定性分析，亟待进行定量研究。

---

① 马丽雅. 非正式制度视角下的西部少数民族经济发展 [J]. 合作经济与科技，2010 (11)：14 – 15.

② 聂永芬. 有效行使经济自治权大力发展边疆民族经济 [J]. 西部大开发，2011 (1)：7 – 8.

③ 朱宏伟. 加快民族经济发展，构建社会主义和谐社会 [J]. 理论月刊，2007 (5)：29 – 32.

本章参考文献：

［1］李岚．应当重视西部民族地区经济发展中的"非经济"因素研究［J］．西北民族学院学报（哲学社会科学版），2002（1）．

［2］李明文．非经济因素对边疆多民族贫困地区经济发展的影响及对策——云南澜沧拉祜族自治县竹塘乡调查研究［J］．思想战线，1997（6）．

［3］杨新宇．民族经济发展的文化动因分析［D］．北京：中央民族大学，2006．

［4］马兴胜，陈之敏．西部民族经济的发展与"本土文化"的关联效应［J］．商场现代化，2008（9）．

［5］马兴胜．论区域民族经济的发展与民族文化观念的互动［J］．商场现代化，2008（23）．

［6］陈光良．从和谐社会视角探析民族经济与文化互动［J］．广西民族大学学报（哲学社会科学版），2008，30（1）．

［7］周书刚．整合旅游文化资源　发展民族经济——关于"建设恩施文化大州"战略的思考［J］．黔东南民族职业技术学院学报（综合版），2007，3（1）．

［8］吕俊彪．民族经济发展中的文化调适问题［J］．广西民族学院学报（哲学社会科学版），2003，25（2）．

［9］朱正华，窦开龙，介小兵，刘澈元．西部民族地区经济发展的三大制约因素［J］．发展，2006（8）．

［10］肖雁．以先进文化助推西部民族地区经济发展——以云南省少数民族"直过"地区为例［J］．经济论坛，2005（18）．

［11］杨忠秀，刘亭园，沈泽旭．试论彝族厚葬习俗对经济发展的负面影响［J］．西昌学院学报（社会科学版），2007（3）．

［12］佟拉嘎．民族文化的开放性特质对民族经济发展的影响——以蒙古族民族文化与内蒙古民族经济发展为例［J］．前沿，2008（2）．

［13］纳玛磋．中国少数民族经济文化旅游的变异对西部民族地区旅游业的消极影响［J］．科教文汇（中旬刊），2008（5）．

［14］郭蕾．文化因素对区域经济发展的影响——以岭南文化对广东省经济发展的影响为例［J］．郑州航空工业管理学院学报，2007，25（5）．

［15］波拉提·托力干．制约与应对：柯尔克孜传统文化与经济发展关系研究——以新疆伊犁阔克铁热克柯尔克孜民族乡为例［D］．武汉：中南民族大学，2008．

［16］杜军林．西北少数民族政治文化建设研究［D］．兰州大学，2010．

［17］白启辉．少数民族地区的文化发展［J］．前沿，2010（5）．

［18］沙木斯亚·阿力汗，买热瓦提·塞提拜．论新疆少数民族经济社会发展的文化因素［J］．边疆经济与文化，2011（1）．

［19］木拉提艾力·买西来夫，张应平．我国哈萨克族发展民族经济过程中存在的问题与对策研究［J］．商场现代化，2007（7）．

［20］雷根虎．西部民族地区经济发展的制约因素与对策思考［J］．开发研究，2005（3）．

［21］孙晓峰．民族地区经济发展的思考［J］．内蒙古大学学报（人文社会科学版），2000（S1）．

［22］唐碧艳．以教育进步促进西部民族地区经济发展［J］．经济研究导刊，2009（30）．

［23］陈晓玲，尹丹．农村教育：投资与收益的不对称性［J］．农村经济，2004（1）．

［24］张学敏，杨明宏．民族贫困地区教育投入与经济发展关系再思考［J］．西北师大学报（社会科学版），2007（1）．

［25］于萨日娜．内蒙古科左后旗民族教育与民族经济协调发展的研究［D］．呼和浩特：内蒙古师范大学，2008．

［26］张细移．制约我国民族地区经济发展的非正式制度分析［J］．商场现代化，2006（23）．

［27］和文华．路在何方？——对一个民族地区经济发展严重滞后的经济学分析［J］．经济问题探索，2000（5）．

［28］辛丽平．对西部大开发中贵州民族地区经济发展的思考［J］．贵州民族研究（季刊），2000（S1）．

［29］肖文韬，李俊杰．民族地区经济发展制约因素探源——长阳县落后乡镇经济发展制约因素调查［J］．中南民族大学学报（人文社会科学版），2006，26（2）．

［30］黎树斌，陈明华．深化教育改革为少数民族地区经济发展做贡献［J］．满族研究，2000（3）．

［31］金海燕．民族地区干部教育对经济社会发展的重要作用［J］．满族研究，2000（2）．

［32］吕萍．重视科学教育促进贵州民族经济发展［J］．贵阳市委党校学报，2003（4）．

［33］谈玉婷．民族地区农村家庭教育投资能力研究：以湘西州为例［D］．武汉：中南民族大学，2009．

[34] 鲁显玉. 加强民族院校创业教育的研究 [J]. 内蒙古民族大学学报, 2010 (3).

[35] 王纯纯. 中国少数民族地区人口经济发展探析 [J]. 文科爱好者 (教育教学版), 2010 (6).

[36] 陈荣哲. 浅谈发展职业技术"双语"教育对促进民族地区经济发展的作用 [J]. 伊犁师范学院学报（社会科学版）, 2010 (1).

[37] 陈鹏. 我国民族地区教育体制改革 [J]. 企业导报, 2010 (7).

[38] 赵靖如. 教育的民族国家认同、凝聚与经济发展 [J]. 当代青年研究, 2011 (1).

[39] 马光秋, 何庆国, 方瑞龙. 景颇族教育、观念与经济发展——对边区跨境特困少数民族的调查 [J]. 贵州社会科学, 2011 (3).

[40] 黄莉. 论制约民族地区社会经济发展的非经济因素 [J]. 贵州民族研究（季刊）, 2000 (4).

[41] 王红, 陶森修. 继续解放思想是西部民族地区经济发展的基础 [J]. 柴达木开发研究, 2008 (3).

[42] 陈炜, 侯宣杰. 民间宗教交往与近代广西民族地区城镇经济的发展 [J]. 中南民族大学学报（人文社会科学版）, 2004, 24 (5).

[43] 马奎, 杨桦. 体制创新与湖北民族地区经济发展 [J]. 中南民族学院学报（人文社会科学版）, 2001 (5).

[44] 梁霞红. 丰富民族法制资源 促进民族经济发展 [D]. 北京：中央民族大学, 2007.

[45] 李岚. 当代中国人口较少民族经济发展中的制度创新 [J]. 西南民族大学学报（人文社会科学版）, 2004, 25 (2).

[46] 彭秀琍. 制度创新是发展民族经济的根本——赴澳大利亚学习农业经济有感 [J]. 民族论坛, 2002 (6).

[47] 刘庸. 民族地区经济发展的九大制约因素 [J]. 西北第二民族学院学报（哲学社会科学版）, 2003 (2).

[48] 易永清. 非经济因素与民族地区可持续发展 [J]. 边疆经济与文化, 2006 (12).

[49] 高昕. 影响民族地区经济发展的非经济因素分析 [J]. 河南商业高等专科学校学报, 2008, 21 (1).

[50] 曹清华, 谈玉婷. 金融制度创新支持民族地区经济发展研究 [J]. 现代商贸工业, 2009 (7).

[51] 黄伟. 民族区域自治：实现民族平等的制度保证 [J]. 合肥师范学

院学报，2010（2）．

［52］马丽雅．非正式制度视角下的西部少数民族经济发展［J］．合作经济与科技，2010（11）．

［53］聂永芬．有效行使经济自治权大力发展边疆民族经济［J］．西部大开发，2011（1）．

［54］朱宏伟．加快民族经济发展，构建社会主义和谐社会［J］．理论月刊，2007（5）．

［55］朱宏伟．我国民族经济发展的非经济因素研究述评［J］．广东技术师范学院学报，2009（5）．

［56］余宗波．和谐社会视野下的和谐文化建设［D］．昆明：云南师范大学，2009．

［57］顾伯平．文化的作用［EB/OL］．光明日报，http://www.gmw.cn/01gmrb/2005-03/02/content_187948.htm.

［58］李欧．东风公司十堰辅业集团企业文化战略研究［D］．武汉：武汉大学，2005．

［59］张玉珠；芦建生；武三林．关于山西建设文化强省战略的思考［J］．生产力研究，2006（7）．

［60］潘娟．从南路壮剧的兴衰看科技对民间文化的影响［D］．桂林：广西师范大学，2009．

［61］顾伯平．文化力量与社会发展［J］．求是，2005（9）．

［62］张重才．和谐社会建设中文化之功能与使命［J］．长江大学学报（社会科学版），2008（5）．

［63］朱毅洁．试论全球化进程中我国的文化建设［D］．大连：大连海事大学，2006．

［64］孙广华．系统范式与健全的社会文化［J］．自然辩证法研究，2000（5）．

［65］蒋雪艳．弘扬优秀中华传统文化［J］．济南职业学院学报，2007（6）．

［66］武菊芳，李先龙，刘云章．社会主义和谐社会文化的功能、特征及构建原则［J］．河北师范大学学报（哲学社会科学版），2007（2）．

第十二章 城市少数民族经济与社会问题研究

第一节 城市民族经济的重要性

随着我国改革开放的不断深入,社会主义市场经济的繁荣发展,全国城镇化发展很快,城市人口迅猛增加,新建城市不断发展。所谓城镇化是指随着市场经济的不断发展,农村人口大量向城市集中,城市的数量不断增加,城市规模不断扩大的历史过程。这个过程的实质是城市文明在社会生活中的扩张,是一个社会现代化的变迁过程。在城市的增加人群中,包括来自全国各地的少数民族,因而城市民族工作的任务愈来愈艰巨。

我国城市化的发展加速了少数民族向城市流入的趋势,随着全球经济化、我国对外开放以及社会主义商品经济的发展,城市逐步向国际化、多民族、多种族发展是必然趋势。来自世界各地的人在我国经商、留学、定居,并和我国人民通婚,在城市中经常看到有色人种、洋人已不是稀奇事了。

城市经济是以城市为载体和发展空间,是第二、第三产业繁荣发展,经济结构不断优化,资本、技术、劳动力、信息等生产要素高度聚集,规模效应、聚集效应和扩散效应十分突出的地区经济。

而"城市民族经济"这一提法长期以来一直是个颇有争论的问题。陈云、林兰芬指出,城市民族经济是一种族群所有的圈子经济,目前城市少数民族采用的最主要、最常见的经济生产方式是开办"家庭企业"或"家族企业"。武汉市的回民饭店、土家菜馆、新疆风味饭馆等都是少数民族利用本民族的特色饮食风味,雇用本民族劳动力在城市中创建的、以家庭为中心的经济单位。城市民族经济体系存在路径依赖,城市应当为城市少数民族提供就业与创业的方便,积极引导他们投资更广阔的产业领域。实施税收优惠政策,合理提供小额创业贷款,加强职业培训和技能培训,创造民族经济发展的良好环境。[①]

---

① 陈云,林兰芬. 浅议城市民族经济的特征及其成因——以武汉市民族经济的发展为例[J]. 经济与社会发展,2006(8):17-20.

张继焦主持了中国社科院重点课题——"城市少数民族流动人口与各民族散居化趋势"。他经研究得出结论,中国少数民族移民在城市中要转变或创建本民族的经济文化类型。民族企业是一个社会组织形式,是转变或创建本民族经济文化类型的社会基础,没有这个结构性的实体作为依托,新的经济文化类型将无立足之地。在民族企业这个实实在在的社会组织中,企业家可以运用本民族自身显著的文化特征、民族价值观、家庭、社区、社会关系网络等民族资源,获得创业资本、廉价劳动力、商业信用等,谋求企业的创立和发展。笔者同意陈云等学者的观点,本章主要从城市少数民族流动人口的原因、特点分析,提出完善城市民族服务与管理,进一步加快城市民族经济与社会发展的对策。①

第二节　少数民族流动人口研究

随着改革开放的深入和社会主义市场经济的发展,少数民族流动人口的迅猛增长以及地区之间、城乡之间广泛而频繁的少数民族人口流动行为,已经成为国内重要的社会经济现象。少数民族流动人口由于其宗教、语言、风俗习惯等的不同,在与城市文化的适应过程中面临着诸多困难,他们势必需要构建新的社会网络来适应和面对这种生存环境与文化的变迁。

少数民族流动人口持续增加,对原有城市民族结构、民族关系产生重要影响,引起了学界的关注。我国学者对城市少数民族流动人口做了有益的探索,主要包括以下两个方面的研究。

1. 对少数民族流动的原因、特点、作用和面临的困难进行研究

金春子认为,少数民族流入城市的原因:一是由于我国城乡差别仍然很大,部分贫困农村的生活水平还很低,贫困人口渴望进城寻求新的就业机会、改善经济状况;二是随着城镇化建设推进,农村人均耕地面积减少,农村人口增多,农村机械化程度提高,农村出现了大量的剩余劳动力,他们要进入城市寻找生存机会。② 张继焦则分析了流动人口对城市就业和创业方面的贡献,包括弘扬少数民族文化、促进城市多元化、促进城乡商品流通、城市餐

---

① 张继焦. 中国城市民族经济文化类型的形成——民族企业与民族企业家的作用 [J]. 广西民族大学学报(哲学社会科学版), 2010 (9): 17 – 22.
② 金春子. 城市少数民族流动人口与城市民族工作 [J]. 中国民族, 2002 (3): 11 – 13.

饮旅游等产业的发展。① 凌锐在谈到少数民族流动人口对民族关系的影响时指出，少数民族人口向城市流动加速了城市多民族化和文化多元性趋势，少数民族人口流动促进了城市经济发展和民族地区的经济发展与社会进步，少数民族人口流动使城市民族关系进一步复杂化。②

李吉和认为，少数民族流动人口具有流动人口规模增大、流动原因的经济性强、流动的季节性和无序性明显、流动人口劳动适龄人口居多但受教育水平相对较低、从事职业具有民族经济文化特点且以体力劳动为主、居住大分散、小聚居等特点。③

方远浩指出城市化的发展突出了城市民族的特点：①世居少，移民多，居住大分散、小集中；②职业文化的多层次结构和联系的广泛性；③民族意识较强和风俗习惯的融合性；④经济发展不平衡，生活水平偏低；⑤民族问题的敏感性和民族关系的复杂性等。④

江曼琦、翁羽指出，在城市化不断推进的背景下，少数民族在离开民族地区向外迁移、寻找就业岗位的过程中面临着迁移成本、生存成本、就业搜寻等多种成本的约束，其收益可分为经济收益和非经济收益两大类。在此基础上，城市民族工作部门可以从降低搜寻成本、增加就业机会、减少制度阻碍、注重社会关怀、提高劳动者素质、增强竞争实力等方面入手，加快民族地区城市化的步伐。⑤

2. 对少数民族流动人口的适应性、聚居地的形成，以及对少数民族流动人口的管理和权益保护方面的研究

在提到少数民族流动人口权益保护时，徐合平在《论城市少数民族流动人口的劳动权益保障——以武汉市为例》一文中指出，在我国城镇化发展进程中，流动少数民族人口的劳动权益保障暴露出诸多问题，如平等就业权难以真正实现、劳动报酬权缺乏必要的保障、休息权常常受到侵犯、社会保障

---

① 张继焦. 城市民族的多样化——以少数民族人口迁移对城市的影响为例 [J]. 思想战线，2004（3）：73－78.

② 凌锐. 影响城市少数民族流动人口社会网络的因素分析 [J]. 怀化学院学报，2008（6）：24－27.

③ 李吉和. 近年来城市少数民族流动人口研究综述 [J]. 西北第二民族学院学报（哲学社会科学版），2008（3）：11－15.

④ 方远浩. 试论城市化发展与发挥城市少数民族的作用 [J]. 长江论坛，2001（4）：56－58.

⑤ 江曼琦，翁羽. 少数民族迁移就业的成本和收益与城市民族工作的开展 [J]. 云南社会科学，2010（1）：26－29.

权严重缺失、权利救济途径不够完善，等等。各级政府必须在端正思想、提高认识的基础上，制定相关的法律法规，健全相应的行政管理与服务制度，完善劳动调解、仲裁与诉讼机制。①

汗克孜·伊布拉音认为少数民族人口流动是市场经济发展的必然结果，对提高民族素质、促进民族团结、加快民族地区发展大有益处。应加强对少数民族流动人口的调研工作和理论研究，深入摸索其规律，从而制定出有针对性的措施，保障少数民族流动人口的合法权益，同时加强对少数民族流动人口的引导和管理，为促进各民族团结进步、共同发展创造良好、和谐的社会环境。②

高永久、刘庸认为，维护城市社区少数民族居民利益需要营造一个保护民族利益的大环境，制定社区内民族利益保护的法律和法规，正确处理社区建设中的民族问题。③

第三节　城市少数民族流动人口与经济发展的关系

一、关于城市少数民族流动人口的三个不同维度的概念界定

城市少数民族流动人口的大规模增长是中国经济自改革开放以来取得巨大成就的产物，是市场经济不断完善和城镇化进程的一个必然结果。当然，城市少数民族流动人口的产生同中国的多民族构成也有必然的联系。那么，要研究城市少数民族流动人口与经济发展的关系，就必须对什么是城市少数民族流动人口的概念进行界定。以往的研究者对城市少数民族流动人口的概念界定，大致可以分为三种：一是以户籍和流入地维度为切入点，二是以文化维度为切入点，三是综合前两种维度形成融合式的界定。第一种城市少数民族概念界定维度认为，城市少数民族流动人口可以称为城市流动少数民族，它是指那些"不具有流入地城市户籍，但在城市从事各种工作和活动的少数

---

① 徐合平. 论城市少数民族流动人口的劳动权益保障——以武汉市为例 [J]. 中南民族大学学报（人文社会科学版），2011 (1)：35 - 39.

② 汗克孜·伊布拉音. 少数民族流动人口对城市和谐发展的影响及对策 [J]. 未来与发展，2010 (12)：18 - 20.

③ 高永久，刘庸. 城市社区少数民族居民利益的演变 [J]. 云南民族大学学报（哲学社会科学版），2005 (6)：28 - 32.

民族，并将其与城市世居少数民族、城市新进少数民族一起纳入城市少数民族的范围"①。第二种概念界定维度认为，"我们不只是把这些被调查的民族（城市少数民族流动人口）看作是人口较少的群体，而且把他们看作拥有和城市汉民族居民不同的传统文化，也拥有与城市其他迁移者不同的文化背景的群体"②。少数民族流动人口是一个在语言、宗教信仰、风俗习惯等方面与汉族迥异的特殊群体。③ 第三种维度在融合前两种界定维度之后得出的界定是："城市少数民族流动人口主要指从农村、牧区、城镇流入城市且不改变户籍的、作为民族文化携带者存在的少数民族人口。"④ 对城市少数民族流动人口三种不同维度的概念界定，相比较而言，笔者更倾向于第三种，因为它融合了传统的城市少数民族流动人口的概念界定和文化层面的概念界定，更具有全面性和包容性。

二、城市少数民族流动人口与经济发展关系的两个维度分析

城市少数民族流动人口与经济发展的关系，可以从两个角度进行研究讨论。我们可以把经济发展定位为城市少数民族流动人口与流入地的经济发展关系和城市少数民族流动人口与流出地的经济发展关系两个经济关系发展维度，并且以第一个与流入地的经济发展关系维度为研究重心。

（一）城市少数民族流动人口与流入地的经济发展关系维度分析

中国是一个多民族的国家，并且从地域上来看，中国的少数民族一般都分布在经济发展相对比较落后的中西部农村地区或者贫困的边疆地区。这种少数民族的地域分布就决定了其流入地的方向——由中西部经济发展比较落后的农村地区或边疆贫困地区流入东部或东南部经济比较发达的城市地区。少数民族的流入，一方面丰富了流入地的经济发展的多元化取向；另一方面也给城市的整体经济社会发展带来了一些问题。

---

① 沈林，张继焦，杜宇，等．中国城市民族工作的理论与实践［M］．北京：民族出版社，2001：100．

② 张继焦．城市的适应：迁移者的就业与创业．北京：商务印书馆，2004：40．

③ 金春子．城市少数民族流动人口与城市民族工作［J］．中国民族，2002（3）：11-13．

④ 汤夺先．城市少数民族流动人口问题论析［J］．中南民族大学学报（人文社会科学版），2009（2）：31-36．

少数民族的流入给流入地的城市地区带来了特色产业经营模式和充足的劳动力供应，为城市地区的产业化结构调整和城市地区的经济发展做出了相应的贡献。学界把流入城市的少数民族依据不同的分类方法分为不同的类型，如林均昌把城市少数民族流动人口分为普通务工型、特色经营型、异地开发型和盲目流动型四种类型。① 陈云、林兰芬则以职业分化的角度来探讨城市少数民族的分化与整合，这其实也是一种对城市少数民族流动人口的分类方法，以劳动分工的不同来区分城市少数民族流动人口的从业类型，进而探讨少数民族流动人口对城市经济社会发展的贡献和存在的问题。② 而笔者认为，对城市少数民族流动人口不同的分类方法，其本质是一样的，无论是具体的类型概括或者分散的职业分类，都是在说明城市少数民族流动人口对城市经济发展的关系，只不过这种关系是分为正相关的积极贡献和负相关高的消极影响。

　　少数民族流动人口选择的流入地往往是北京、上海、广州、武汉等经济发达、吸纳能力强的大城市。据统计，2000年第五次全国人口普查中，北京、上海、广州、武汉少数民族数量分别是59万、10.41万、13.41万、5.18万，与1990年相比分别增长了17.6万、4.19万、11.08万、1.45万，1990—2000年四大城市的人口增长率分别是42.5%、67.4%、47.6%、38.91%。③ 从统计资料中可以看出，在这四个城市当中，少数民族人口增长最快的是广州，10年间少数民族人口增长率达到了47.6%。到2009年广州少数民族人口增长到了63万，"民族成分从52个增加至56个，成为广东省内为数不多的56个民族齐全的城市"④。城市少数民族的快速增长，主要的来源就是外来少数民族的流入，而世居的少数民族的比重处于下降趋势。

　　流入东部发达城市的少数民族，主要从事的行业以经商和务工为主。对于城市少数民族流动人口中经商的那一部分人员来说，主要是餐饮业、旅游业、民族特色产业（如民族文化产业和民族饰品、农产品和特色产品）等具有服务性质的行业。以广州为例，少数民族流动人口的经营带有很大的随意

---

　　① 林钧昌. 城市少数民族流动人口的"平等保护"［J］. 西北第二民族学院学报（哲学社会科学版），2007（3）：12-17.

　　② 陈云，林兰芬. 城市少数民族的分化与整合［J］. 中南民族大学学报（人文社会科学版），2006（5）：29-32.

　　③ 数据资料来源于2000年全国人口普查资料；另见，张继焦：城市民族的多样化——以少数民族人口迁移对城市的影响为例［J］. 思想战线，2004（3）：74.

　　④ 黎文坛. 广州民族社会团体组织的现状及发展策略研究［C］//广东民族研究论丛：第十四辑. 北京：民族出版社，2010：441.

性和流动性,如在天河体育中心宏城广场街边、过街隧道、五羊新邨人行天桥等地,时常见到少数民族在摆卖民族手工艺品、畜皮兽皮、首饰、牦牛头骨、羚羊角、民族乐器(如葫芦丝、芦笙)、茶叶、葡萄干、药材等少数民族土特产物品,现在仍有这样的经营方式。随着城市管理的加强,这种经营方式逐渐减少,渐渐地转向定点经营和门市经营。另外,以餐饮业和文化旅游产业为代表的少数民族产业开始在广州形成具有规模和特色的经营模式。少数民族流动人口在流入地城市当中往往是群居的,群居有利于民族特色餐饮业的发展,如在广州三元里一带维吾尔族聚居区的清真饮食产业,就丰富了广州的经济发展模式。另外,最具特色的兰州拉面和新疆羊肉串等民族特色饮食也开遍了广州的各个角落。同时,还有一些以民族特色、代表不同少数民族特色文化的民族表演,也渐渐在广州兴起。对于少数民族流动人口的务工人员来说,由于少数民族流动人口的文化素质偏低,往往都是进入一些对技能要求不高的劳动密集型产业或者企业,主要从事体力劳动。[①]

这些少数民族传统的经营方式和现代的经营方式相碰撞,激发了具有特色的少数民族产业的经营方式,同时也对产业结构的调整和城市经济的发展带来了新的变革力量和切入点。在城市务工的少数民族流动人口一定程度上满足了城市的人力需求,支持了城市经济的快速发展。

(二) 城市少数民族流动人口与流出地的经济发展关系维度分析

少数民族流出地对城市的人口输入主要是青壮年劳动力,按照地域来划分可以分为西南和西北两个大的少数民族流出地。西南少数民族主要是对外务工;而西北少数民族由于拥有传统制作餐饮技艺,主要从事商业经营。但是不论是务工还是经商,这部分流出的少数民族劳动力都是当地经济收入的重要来源和力量,对流出地的经济发展的影响有以下两个方面。

第一,他们对少数民族流出地的经济繁荣起了重要作用。少数民族流动人口无论是对外务工还是经商,一般都是以获得相应的经济回报为出发点,并且这部分从城市中获得的经济收入主要流向了少数民族的流出地。换句话说,形成了一种"城市挣钱、农村花钱"的消费模式,当然,流出少数民族人口本身也会在城市消费。这种消费模式,刺激了农村(少数民族流出地)经济的发展,并且有利于转变传统的农村经济封闭式的发展方式,逐渐地以

[①] 赵家旺. 广州民族关系研究 [J]. 广东技术师范学院学报 (哲学社会科学版),2003 (5):82-87.

开放的农业生产视角发展新型农业和科技农业,进而促进农业的现代化进程,改善农村总体贫穷、落后的状况。

另外,对于外出经商的流出少数民族人员来说,部分愿意回乡发展的少数民族人员开辟了新的经营理念和经营方式。对于流出的少数民族人员来说,他们在城市中学到了新的经营理念和方式,并且获得了在本地扩大产业规模的原始资本积累。有了新的经营理念、方式和资本的支持,对于回流的少数民族商业经营人员来说是非常有利的竞争资本。同时,对于发展当地的产业经济和吸收剩余劳动力就业起到促进作用,进而可以实现流出地经济的良性循环。

第二,少数民族人口的大量流出,会对当地的发展带来消极的影响。流出地的少数民族青壮年劳动力的大量流出,会给当地经济的发展带来劳动力缺失的现实困境,一定程度上会阻碍当地经济的发展。但是,由于流出地的少数民族劳动力整体上是剩余的,这种消极影响与其带来的积极效应比起来处于次要地位。但是,作为流出地来说,加快发展当地经济,促进当地少数民族劳动力就近就业,缩小与发达地区的差距是当下必须要做的工作。

第四节　城市少数民族流动人口流动的原因、特点

一、城市少数民族流动人口流入城市的原因分析

对于少数民族流动人口由经济社会发展落后的农业区、牧区流入经济社会发展较好的城市的原因,学界认为主要包括两个:一是少数民族流动人口流出地严酷的自然条件和落后的经济社会所形成的巨大推力,二是城市良好的经济社会条件等因素所形成的拉力。如金春子认为少数民族流入城市的原因,一是由于我国城乡差别仍然很大,部分贫困农村的生活水平还很低,贫困人口渴望进城寻求新的就业机会、改善经济状况;二是由于随着城镇化建设推进,农村出现了大量的剩余劳动力。因此,农村剩余劳动力要进入城市寻找生存机会。[①] 学者沈林、张继焦等也有类似的观点,他们认为,"改革开放以后,随着城乡经济的发展和改革开放的深入,为了寻求良好的生存、就

---

① 金春子. 城市少数民族地区流动人口与城市民族工作 [J]. 中国民族,2002 (3):11-13.

业机会和改善自身的经济状况,少数民族地区向城市的迁移人口大量增加"。①从另一个综合客观因素来说,少数民族大规模流动人口的出现,是与20世纪80年代改革开放以后,中国整体经济社会大环境的变化、全国性落后地区人口大规模流动的效应带动、少数民族自身方面的需求都有相当大的关系。我们可以把少数民族流动人口流入城市的原因概括为:"作为流出地的民族地区相对城市而言,经济条件差,收入低,就业空间有限,从而对少数民族人口流向城市产生一种推力。同时,这种推力在国家改革开放政策实施以来的全国人口流动的背景下,成为一种不可阻挡的潮流。"②

当然除了学界主流的关于分析少数民族流动人口流入城市的原因外,还有一部分学者提出了另外的看法。他们认为城乡区域经济发展不平衡的经济因素,只能作为影响少数民族人口流入城市的一个基本因素。"研究者大多应用的是'推拉理论'来解释流动人口的动因,并认为是地区经济发展不平衡的结构因素,导致欠发达地区的农村人口流向发达地区和城市。不过,这恐怕是影响那些已经处在流动之中或有着流动经历的少数民族人口的一个基本因素,但并不是唯一因素。"③ 除此之外,经济欠发达的流出地的政府在少数民族流动人口注入城市的过程中也起到一定的作用。另外,一部分的人拥有一技之长,对于这些流入城市的少数民族人口而言,经济因素对他们来说已经不是第一需要,实现个人理想可能成为他们的第一选择。因此,对于分析少数民族流动人口流入城市的原因,要采取多角度、多层次、立体的分析方式。

二、城市少数民族流动人口特点分析

周竞红在《少数民族流动人口与城市民族工作》中曾对城市少数民族流动人口的特点进行过描述。他认为,少数民族流动人口绝对数不大,少数民族流动人口在城市少数民族人口中所占比例并不高;主要集中于商业和餐饮服务业,而且小商贩占相当比例;流动人口的文化教育水平大多较低;自主、

---

① 沈林,张继焦,杜宇,等.中国城市民族工作的理论与实践[M].北京:民族出版社,2001:100.

② 李吉和.近年来城市少数民族流动人口研究综述[J].西北第二民族学院学报(哲学社会科学版),2008(3):11-12.

③ 拉毛才让:试论少数民族流动人口的构成、分布特点及动因[J].攀登,2005(2):104.

自愿的经济型流动是少数民族流动人口的主流。① 郑信哲、周竞红在共同的研究中又对少数民族的特点做了进一步总结：①少数民族人口流动量总体落后于汉族；②少数民族流动人口的从业范围具有鲜明特点，少数民族流动人口所从事的职业大多具有浓厚的民族文化特色；③在一些城市形成了颇具特色的少数民族流动人口聚落；④西部地区少数民族妇女因婚嫁而迁至东部地区的现象增多；⑤少数民族流动人口面临更多挑战②。持相似或相同观点的学者还有金春子③、陈乐奇④、华彦龙⑤、拉毛才让⑥等人。华彦龙还对城市少数民族流动人口在流入地城市中大分散、小聚居的特点进行了描述，拉毛才让在此基础上还描述了城市少数民族流动人口的年龄和性别构成（主力军为青年男性）特征，及其以血缘、地缘、族缘为基础而形成的城市少数民族流动人口所特有非正式社会支持网络的特点。此外，还有一些城市少数民族流动人口具有一定的技术专长和知识，并且具有吃苦耐劳的精神。⑦

　　因此，可以把城市少数民族流动人口的总体特点概括为以下几个方面。

　　第一，城市少数民族流动人口在流入地城市的数量绝对数不大，但呈逐年上升趋势，流动形式也逐渐呈现多样化，并且少数民族流动人口在流入地城市少数民族人口中所占比例逐年提高；第二，青壮年，特别是男性城市少数民族流动人口占流动人口总量的绝大多数，成为城市少数民族流动人口的主流；第三，城市少数民族流动人口的文化水平较低，大多低于流入地文化教育的总体水平，又由于具有特殊宗教信仰、风俗习惯等诉求，他们在适应城市生活方面面临着更大的压力；第四，自主、自愿的经济型流动是少数民族流动人口的主流，城市少数民族流动人口的从业取向大都集中于体现本民族特色的商业、旅游和餐饮服务业等领域，而且小商贩占相当比例；第五，城市少数民族流动人口在流入地的城市中呈现大分散、小聚居的分布特点，

---

　　① 周竞红：少数民族流动人口与城市民族工作［J］．民族研究，2001（4）：8-14．

　　② 郑信哲，周竞红：少数民族人口流动与城市民族关系研究［J］．中南民族大学学报（人文社会科学版），2002（4）：52-59．

　　③ 金春子．城市少数民族流动人口与城市民族工作［J］．中国民族，2002（3）：11-13．

　　④ 陈乐齐．我国城市民族关系问题及其对策研究［J］．中南民族大学学报（人文社会科学版），2006（5）：18-24．

　　⑤ 华彦龙．关于城市少数民族人口流动问题的思考［J］．中州统战，2003（10）：8-11．

　　⑥ 拉毛才让．试论少数民族流动人口的构成、分布特点及动因［J］．攀登，2005（2）：104．

　　⑦ 马强．回族特色人才的迁移就业及城市适应——广州市宁夏籍阿拉伯语从业者田野调查［J］．西北第二民族学院学报（哲学社会科学版），2007（3）：18-23．

近年西部地区少数民族妇女通过婚嫁而迁至东部地区的现象增多。

第五节　城市少数民族流动人口的服务与管理

城市散杂居民族工作是整个民族工作的重要组成部分，做好城市散杂居民族工作，无论对保障散杂居少数民族的平等权利和民主权利，促进城市经济、文化事业的发展，还是对保障小聚居少数民族区域的稳定、发展，乃至对国家的民族团结，保持大局稳定都有极为重要的意义。城市中的少数民族呈现出来源广、增长快、族别多、分布散等特点，使城市民族工作更趋社会化、多元化、复杂化，新时期的城市民族工作成为一项摆在广大民族工作者面前的新的历史课题。

根据城市少数民族流动人口的总体特点及现实存在的问题，笔者认为，应从以下方面加强城市少数民族流动人口的服务与管理。

一、加强政府层面的支持

少数民族流动人口在城市生活中相对处于弱势的地位，政府在流动人口体系中应扮演好引导者和行动者的角色。各级政府要共同创造良好的大环境，有针对性地对广大民众进行政治思想教育，大力加强正确的民族观的宣传工作。要切实解决少数民族人口在城市中出现的各种问题，努力营造少数民族流动人口自我发展的环境，从对少数民族流动人口的管理转变到对少数民族流动人口的服务上来，对侵害少数民族流动人口权益的各种问题应及时进行纠正。

政府应该进一步帮助城市少数民族流动人口融入城市创造条件，通过产业升级和产业梯度转移，吸纳更多少数民族流动人口务工就业和安家生活，不断消除不利于少数民族流动人口的各种歧视政策，落实对少数民族的各项优惠政策，进一步完善少数民族流动人口医疗、子女教育和社会保障方面的配套政策，为少数民族流动人口提供政策上的保障。

二、完善社区化组织和管理

社区化管理思想的核心是将传统的防范性管理模式转变为服务、参与型管理模式。杨军昌认为由于大多数少数民族流动人口在城市中的工作单位不稳定，通过社区平台为少数民族流动人口提供社会支持是一个很好的途径。

社区可为少数民族流动人口提供生活援助、心理疏导、技能培训,维护合法权益等;社区应该为少数民族流动人口建立系统的支持网络,包括邻里助人网络支持、民族社团支持网络、义工支持、互助网络支持、个人网络支持、社区赋权等方面。① 李林凤认为,为了做好少数民族流动人口的服务与管理工作,社区必须准确掌握社区人员的基本情况,做好社区人员的建档工作;在开展少数民族流动人口档案建档工作时,既要收集静态材料和数据,又要广泛收集动态信息,定期开展上门调查、清理、核对和治安检查,及时掌握其变动情况,实时更新资料、实时上报。② 社区还应加强管理人员的培训工作,提高管理人员素质和管理效率,以便更好地为少数民族流动人口服务。例如,江苏省制定并推行了《民族工作推进社区实施办法》,开展民族工作示范社区建设,重点发挥了39个示范社区的引领作用,值得借鉴。

三、加强与流出地政府的合作协调

少数民族流动人口流出地对流动人口的基本信息以及民族文化有较为深入全面的了解,因此加强少数民族流动人口流出地和流入地的合作与协调对引导少数民族流动人口合理流动,提高民族工作的效率有积极的意义。两者应在流动人口信息、流动人口务工需求、流动人口社会支持,以及流动人口管理方面加强合作。双方可在对流动人口开展相关的法制、政策等方面的宣传和教育工作,以及培训工作方面进行合作。

四、动员民间社会组织力量参与管理

少数民族流动人口因其分散性、流动性等特点长期游离于组织之外,可通过民间组织的引导,提高流动人口的组织程度。对一些组织程度高的民族,可通过培训其领导人物,加强对他们进行法规和政策方面的宣传教育,以此为媒介帮助少数民族流动人口适应城市生活;还可以动员民间组织力量,在文化、心理等方面帮助少数民族流动人口提高其适应城市生活的能力。建议成立专门帮助少数民族流动人口的维权组织,帮助和协调解决少数民族流动人员进城务工和经商中有关工资拖欠、工伤侵害等合法权益问题,为少数民

---

① 杨军昌. 论西北少数民族流动人口问题 [J]. 黑龙江民族丛刊, 2007 (2): 27-32.
② 李林凤. 试析城市少数民族流动人口的社区建档 [J]. 档案, 2009 (2): 57-58.

族流动人口提供多层次、多渠道、多形式的职业技能培训，并将少数民族流动人口纳入城市救助体系。

此外，少数民族流动人口应积极配合政府及社区的管理工作，主动参与到城市与社区的建设上来；在合法权益受到侵害时，要及时向有关部门反映，维护自己的合法权益。

本章参考文献：

［1］陈云，林兰芬．浅议城市民族经济的特征及其成因——以武汉市民族经济的发展为例［J］．经济与社会发展，2006（8）．

［2］张继焦．中国城市民族经济文化类型的形成——民族企业与民族企业家的作用［J］．广西民族大学学报（哲学社会科学版），2010（9）．

［3］金春子．城市少数民族流动人口与城市民族工作［J］．中国民族，2002（3）．

［4］张继焦．城市民族的多样化——以少数民族人口迁移对城市的影响为例［J］．思想战线，2004（3）．

［5］凌锐．影响城市少数民族流动人口社会网络的因素分析［J］．怀化学院学报，2008（6）．

［6］李吉和．近年来城市少数民族流动人口研究综述［J］．西北第二民族学院学报（哲学社会科学版），2008（3）．

［7］方远浩．试论城市化发展与发挥城市少数民族的作用［J］．长江论坛，2001（4）．

［8］江曼琦，翁羽．少数民族迁移就业的成本和收益与城市民族工作的开展［J］．云南社会科学，2010（1）．

［9］徐合平．论城市少数民族流动人口的劳动权益保障——以武汉市为例［J］．中南民族大学学报（人文社会科学版），2011（1）．

［10］汪克孜·伊布拉音．少数民族流动人口对城市和谐发展的影响及对策［J］．未来与发展，2010（12）．

［11］高永久，刘庸．城市社区少数民族居民利益的演变［J］．云南民族大学学报（哲学社会科学版），2005（6）．

［12］沈林，张继焦，杜宇，等．中国城市民族工作的理论与实践［M］．北京：民族出版社，2001．

［13］张继焦．城市的适应：迁移者的就业与创业［M］．北京：商务印书馆，2004．

［14］汤夺先．城市少数民族流动人口问题论析［J］．中南民族大学学报

（人文社会科学版），2009（2）．

［15］林钧昌．城市少数民族流动人口的"平等保护"［J］．西北第二民族学院学报（哲学社会科学版），2007（3）．

［16］陈云，林兰芬．城市少数民族的分化与整合［J］．中南民族大学学报（人文社会科学版），2006（5）．

［17］黎文坛．广州民族社会团体组织的现状及发展策略研究［C］//广东民族研究论丛：第十四辑．北京：民族出版社，2010．

［18］赵家旺．广州民族关系研究［J］．广东技术师范学院学报（哲学社会科学版），2003（5）．

［19］李吉和．近年来城市少数民族流动人口研究综述［J］．西北第二民族学院学报（哲学社会科学版），2008（3）．

［20］拉毛才让．试论少数民族流动人口的构成、分布特点及动因［J］．攀登，2005（2）．

［21］周竞红：少数民族流动人口与城市民族工作［J］．民族研究，2001（4）．

［22］郑信哲，周竞红：少数民族人口流动与城市民族关系研究［J］．中南民族大学学报（人文社会科学版），2002（4）．

［23］陈乐齐．我国城市民族关系问题及其对策研究［J］．中南民族大学学报（人文社会科学版），2006（5）．

［24］华彦龙．关于城市少数民族人口流动问题的思考［J］．中州统战，2003（10）．

［25］马强．回族特色人才的迁移就业及城市适应——广州市宁夏籍阿拉伯语从业者田野调查［J］．西北第二民族学院学报（哲学社会科学版），2007（3）．

［26］杨军昌．论西北少数民族流动人口问题［J］．黑龙江民族丛刊，2007（2）．

［27］李林凤．试析城市少数民族流动人口的社区建档［J］．档案，2009（2）．

［28］阿不都艾尼．在京维吾尔族流动人口调查研究［D］．北京：中央民族大学，2011．

［29］杨菲．劳动力流动对侗族家庭及其社区的影响［D］．北京：中央民族大学，2010．

［30］于萨日娜，丁继，于娜布其．城市少数民族流动人口的研究综述［J］．前沿，2011（2）．

［31］张玉玲．西北民族自治区城市民族关系研究［D］．兰州：西北民族大学，2006．

参 考 文 献

（一）著作文集类参考文献

[1] 习近平．习近平谈治国理政［M］．北京：外文出版社，2014.
[2] 中国社会科学院民族研究所．马克思恩格斯论民族问题［M］．北京：民族出版社，1987.
[3] 施正一．论科学的理论思维方法（经济学与民族学方法论）［M］．北京：民族出版社，2004.
[4] 安虎森，郝寿义．区域经济学［M］．北京：经济科学出版社，2002.
[5] 陈秀山．区域经济理论［M］．北京：商务印书馆，2003.
[6] 谭崇台．发展经济学［M］．上海：上海人民出版社，1989.
[7] 张培刚．发展经济学教程［M］．北京：经济科学出版社，2001.
[8] 斯蒂格利茨．经济学［M］．北京：中国人民大学出版社，1997.
[9] 马歇尔．经济学原理：中译本［M］．北京：商务印书馆，1997.
[10] 戴维·波普诺．社会学：第十版［M］．北京：中国人民大学出版社，1999.
[11] 杨善华．当代西方社会学理论［M］．北京：北京大学出版社，1999.
[12] 马克斯·韦伯．经济与社会：上、下［M］．北京：商务印书馆，1997.
[13] 马克斯·韦伯．社会科学方法论［M］．北京：中国人民大学出版社，1999.
[14] 陈庆德．民族经济学［M］．昆明：云南人民出版社，1994.
[15] 龙远蔚．中国少数民族经济研究导论［M］．北京：民族出版社，2004.
[16] 陈连开．中华民族研究初探［M］．上海：新知识出版社，1990.
[17] 费孝通．中华民族多元一体格局［M］．北京：中央民族学院出版社，1999.
[18] 卢勋．中华民族凝聚力的形成与发展［M］．北京：民族出版社，2000.

[19] 宋蜀华，陈克进．中国民族概论［M］．北京：中央民族大学出版社，2001．

[20] 林耀华．民族学通论：修订本［M］．北京：中央民族大学出版社，1997．

[21] 吴仕民．中国民族理论新编［M］．北京：中央民族大学出版社，2006．

[22] 李忠斌．民族经济发展新论［M］．北京：民族出版社，2004．

[23] 袁少芬．民族文化与经济互动［M］．北京：民族出版社，2004．

[24] 郝时远，阮西湖．当代世界民族问题与民族政策［M］．成都：四川民族出版社，1994．

[25] 苏东水．产业经济学［M］．北京：高等教育出版社，2000．

[26] 杨德勇，张宏艳．产业结构研究导论［M］．北京：知识产权出版社，2008．

[27] 李皓．转型与跨越：民族地区经济结构研究［M］．北京：民族出版社，2006．

[28] 陈庆德．经济人类学［M］．北京：人民出版社，2001．

[29] 速水佑次郎．发展经济学［M］．李周，译．北京：社会科学文献出版社，2003．

[30] 赵利生．民族社会学［M］．北京：民族出版社，2003．

[31] 马戎．民族社会学导论［M］．北京：北京大学出版社，2005．

[32] 张玉国．文化产业与政策导论［M］．北京：高等教育出版社，2006．

[33] 金炳镐．民族理论与民族政策概论：修订本［M］．北京：中央民族大学出版社，2006．

[34] 彭英明．新编民族理论与民族问题教程［M］．北京：中央民族大学出版社，1996．

[35] 金炳镐．中国民族理论研究二十年［M］．北京：中央民族大学出版社，2000．

[36] 贾东海．马克思主义民族理论与政策五十年研究回顾［M］．兰州：甘肃人民出版社，2000．

[37] 贾东海．毛泽东邓小平民族理论比较研究［M］．兰州：甘肃人民出版社，2003．

[38] 高鸿业．西方经济学［M］．北京：中国人民大学出版社，2005．

[39] 毕世杰．发展经济学［M］．北京：高等教育出版社，2006．

［40］施正一．民族经济学（修订本）［M］．北京：中央民族大学出版社，2006．

［41］宋蜀华．中国民族学概论［M］．北京：中央民族大学出版社，2001．

［42］郑杭生．民族社会学［M］．北京：人民大学出版社，2005．

［43］庄万禄．民族经济学［M］．成都：四川民族出版社，2003．

［44］刘晓鹰．旅游经济学［M］．北京：科学出版社，2007．

［45］曼昆．经济学原理［M］．北京：北京大学出版社，2003．

［46］谢彦君．基础旅游学［M］．北京：中国旅游出版社，2004．

［47］陈庆德．经济人类学［M］．北京：人民出版社，2001．

［48］龙远蔚，等．中国少数民族经济研究［M］．北京：民族出版社，2004．

［49］孙健，纪建悦．人力资源开发与管理——理论、工具、制度、操作［M］．北京：企业管理出版社，2004．

［50］亚当·斯密．国民财富的性质和原因的研究（中译本）［M］．北京：商务印书馆，1997．

［51］龙远蔚．中国少数民族经济研究导论［M］．北京：民族出版社，2004．

［52］李忠斌．民族经济发展新论［M］．北京：民族出版社2004．

［53］袁少芬．民族文化与经济互动［M］．北京：民族出版社，2004．

［54］金炳镐．民族问题概论［M］．牡丹江：黑龙江朝鲜民族出版社，1994．

［53］金炳镐．邓小平民族工作思想［M］．呼和浩特：内蒙古人民出版社，1996．

［54］何润主．当代中国民族问题特点和发展规律［M］．北京：民族出版社，1992．

［55］江平主．中国民族问题理论与实践［M］．北京：中共中央党校出版社，1994．

［56］杨荆楚，等．毛泽东民族理论研究［M］．北京：民族出版社，1995．

［57］果洪升，金炳镐．社会主义市场经济与民族问题［M］．北京：中央民族大学出版社，1997．

［58］黄光学．新中国的民族关系［M］．厦门：鹭江出版社，1999．

［59］陈国新．马克思主义民族理论发展史［M］．昆明：云南大学出版

社，2001.

［60］赵曙明．人力资源战略与规划［M］．北京：中国人民大学出版社，2012.

［61］劳伦斯·S. 克雷曼．人力资源管理：获取竞争优势的工具：第2版［M］．孙非，等，译．北京：机械工业出版社，1999.

［62］加里·德斯勒．人力资源管理：第六版［M］．北京：中国人民大学出版社，1999.

［63］保罗·萨缪尔森，威廉·诺德豪斯．经济学：第十六版［M］．萧琛，等，译．北京：华夏出版社，1999.

（二）论文类参考文献

［1］朱宏伟．民族经济政策研究的若干问题［J］．广西民族研究，2011（1）.

［2］朱宏伟．广东少数民族地区土地社会经济效益和生态环境效益的耦合分析［J］．广东技术师范学院学报，2010（2）.

［3］朱宏伟．民族地区生态经济研究概述［J］．广西财经学院学报，2010（2）.

［4］朱宏伟．我国民族经济发展的非经济因素研究述评［J］．广东技术师范学院学报，2009（5）.

［5］朱宏伟．论民族经济学研究方法［J］．广东技术师范学院学报，2009（10）.

［6］朱宏伟．我国民族地区人力资源开发研究概述［J］．广东财经职业学院学报，2009（6）.

［7］彭静，朱宏伟．非物质文化遗产及其在广东的保护研究［J］．广东技术师范学院学报，2008（10）.

［8］朱宏伟．民族经济发展与和谐社会的构建［J］．理论月刊，2007（5）.

［9］朱宏伟，杨云云．广东少数民族流动人口社会支持研究［J］．广西民族研究，2011（3）.

［10］朱宏伟．民族地区产业结构调整与发展战略研究述评［J］．广东商学院学报，2007（5）.

［11］朱盛华，重庆市产业结构与经济增长的实证分析［J］．重庆科技学院学报（社会科学版），2009（3）.

［12］孙亚云．产业结构与经济增长——基于广东省的实证研究［J］．改

革与战略，2010（2）．

[13] 高毅．后短缺经济时代产业结构调整对策分析［J］．合作经济与科技，2007（2）．

[14] 王寒菊．基于产业结构转变与经济增长关系的产业结构调整对策［J］．现代情报，2008（9）．

[15] 申朴，孔令丞．现代服务业为主导：产业结构优化路径的选择［J］．经济发展与改革，2010（1）．

[16] 黄溶冰，丁艳．区域产业结构研究评述［J］．哈尔滨工业大学学报（社会科学版），2005（2）．

[17] 吉小燕，基于循环经济的区域产业结构优化［D］．南京：河海大学，2006．

[18] 李霞，产业结构与经济增长的关系［J］．唯实，1998（8）．

[19] 詹结祥，覃子龙．我国产业结构与经济增长之间的关系研究［J］．中国集体经济，2009（11）．

[20] 马鹏晴．我国产业结构与经济增长的分析［J］．经济师，2009（3）．

[21] 朱慧明，韩玉启．产业结构与经济增长关系的实证分析［J］．运筹与管理，2003（2）．

[22] 李继云，孙良涛．云南产业结构与经济增长关系的实证分析［J］．工业技术经济，2005（8）．

[23] 郎永清．产业结构调整中的经济增长［D］．西安：西北大学，2005．

[24] 李家秀．试论民族理论的研究对象［J］．民族研究，1982（4）．

[25] 唐鸣．试论民族理论的对象、地位和意义［J］．中南民族学院学报，1985（1）．

[26] 金浩．试论民族理论学科的一些问题［J］．民族理论研究，1987（3）．

[27] 李毅夫．关于我国民族研究学科体系的反思和设想［J］．民族研究动态，1988（4）．

[28] 金炳镐．民族理论学科的研究对象、理论体系及性质［J］．中央民族学院学报，1988（5）．

[29] 金炳镐．中国民族理论发展五十年［J］．满族研究，1999（4）．

[30] 李瑞．关于民族理论学科建设几个问题的思考［J］．内蒙古社会科学，1989（3）．

[31] 施正一．应当确立民族理论在民族科学中的主导地位［J］．民族理论研究，1994（4）．

[32] 王希恩. 论中国民族理论的学科职能 [J]. 中央民族大学学报, 1997 (5).

[33] 马寅. 关于民族理论研究的两点意见 [J]. 新疆社会科学, 1988 (5).

[34] 逯广斌. 试论民族理论应用研究的地位、任务和方法 [J]. 黑龙江民族丛刊, 1990 (4).

[35] 徐杰舜. 民族理论研究方法新探 [J]. 内蒙古社会科学, 1986 (6).

[36] 徐杰舜. 我国民族关系制约因素探微 [J]. 民族理论研究, 1990 (4).

[37] 郭正礼. 论具有中国特色的民族理论与民族政策体系 [J]. 新疆社会经济, 1991 (4).

[38] 牙含章, 孙青. 建国以来民族理论战线的一场论战——从汉民族形成问题谈起 [J]. 民族研究, 1979 (2).

[39] 程建君. 基于知识创新的企业人力资源管理模式研究 [D]. 武汉: 武汉理工大学, 2009.

[40] 聂会平. 人力资源柔性及其对组织绩效的作用研究 [D]. 武汉: 武汉理工大学, 2009.

[41] 徐昇. 人力资源管理促进人力资源资本化研究 [D]. 杭州: 浙江大学, 2010.

[42] 朱宏伟. 岭南俚人的社会经济研究 [J]. 广东技术师范学院学报, 2011 (8).

[43] 朱宏伟. 粤北瑶族地区经济包容性增长研究 [J]. 广东技术师范学院学报, 2012 (11).

[44] 朱宏伟, 杨云云. 临高旅游业发展策略研究 [J]. 清远职业技术学院学报, 2013 (1).

[45] 汪雪阳, 朱宏伟. 南方少数民族传统文化产业化研究——以广东省为例 [J]. 广东技术师范学院学报, 2014 (12).

[46] 朱宏伟, 汪雪阳. 广东乳源县经济包容性增长探析 [J]. 深圳职业技术学院学报, 2015 (6).

[47] 朱宏伟, 米月新, 汪雪阳. 经济包容性增长研究综述 [J]. 韩山师范学院学报, 2016 (1).

后 记

2016年夏，本书即将付梓出版。首先要感谢广东技术师范学院、广东省普通高校人文社科重点研究基地广东技术师范学院民族研究所，以及广东省普通高校省级重点提升平台岭南民族研究中心为本书的出版提供的资助；其次要感谢前辈和同仁做出的研究，本书参考了他们公开发表的文章；再次要感谢杨云云、杨建军、米月新、张珏、黄葆荣帮助核对文献；最后感谢我的太太刘向红编审为本书做的编辑工作。

朱宏伟

2016年春于广东技术师范学院